AF629478

Tamar Amar-Dahl

Der Siegeszug des Neozionismus

Bibliografische Information der Deutschen Bibliothek:
Die Deutsche Bibliothek verzeichnet diese Publikation
in der Deutschen Nationalbibliografie.
Detaillierte bibliografische Daten sind im Internet über
http://dnb.ddb.de abrufbar.

© 2023 Promedia Druck- und Verlagsgesellschaft m. b. H., Wien
Alle Rechte vorbehalten

Coverfoto: Unsplash.com/Toa Heftiba

Druck: CPI Clausen & Bosse Leck
Printed in Germany
ISBN: 978-3-85371-514-7

Fordern Sie die Kataloge unseres Verlags an:
Promedia Verlag
E-Mail: promedia@mediashop.at
Web: www.mediashop.at
www.verlag-promedia.de

Tamar Amar-Dahl

Der Siegeszug des Neozionismus

Israel im neuen Millennium

PROMEDIA

Über die Autorin

Tamar Amar-Dahl, 1968 in Nahariya (Israel) geboren, ist Zeithistorikerin und beschäftigt sich mit Israels Geschichte und Politik. Sie studierte Geschichte und Philosophie in Tel Aviv, Hamburg und München. Amar-Dahl lebt und arbeitet in Berlin.

Inhalt

Einleitung

Zum Jahrtausendwechsel befand sich der jüdische Staat an einem Scheideweg seiner zionistischen Geschichte. Denn er war konfrontiert mit tiefen Widersprüchen bezüglich der Identität der Immigranten-Siedler-Gesellschaft, des Staatsverständnisses, der politischen Kultur des Landes sowie der Frage des Selbstbildes einer quasi offenen Gesellschaft und pluralistischen Demokratie. So verdichteten sich im Jahr null des neuen Millenniums sämtliche Kernprobleme des zionistischen Israel bis hin zur geschichtsträchtigen, beispiellos blutigen Auseinandersetzung mit den Palästinensern. Ende September 2000 brach die Zweite Intifada aus. Sehr bald geriet dieser Volksaufstand zu einem präzedenzlosen, neuen Krieg zwischen Israel und den Palästinensern. Dieser fünfjährige Waffengang (2000–2005) – so wird das vorliegende Buch zeigen – prägte Israels Politik, dessen politische Kultur und schrieb damit Zeitgeschichte. Er führte zu einem Rechtsruck in der israelischen Gesellschaft und dem Kollaps des Friedenslagers, und somit zum Untergang des in der politischen Gesellschaftsordnung gewichtigen *Linkszionismus*. Dadurch wurde der Weg für ein neues Phänomen geebnet, nämlich die Bewegung des *Neozionismus*. Nach dem rasanten Kollaps der linkszionistischen Regierung Ehud Barak (1999–2000), welche die Regierung Benjamin Netanjahu (1996–1999) abgelöst hatte, dominierten in Jerusalem rechtszionistische Regierungen unter Ariel Sharon (2001–2006), Ehud Olmert (2006–2009) und Benjamin Netanjahu (2009–2021).[1]

Der vorliegende Ansatz stellt die zeithistorische Frage nach der Bedeutung der Zweiten Intifada für Israel im neuen Jahrtausend. Er fragt nach der Wirkmächtigkeit des schicksalhaften Jahres 2000 auf Israels Politik, Geschichte und politische Kultur. Mit dem Ziel, den israelischen Zeitgeist in dieser Zeitgeschichte zu erfassen, sucht er, die Veränderungen in Staatsbild, Selbstbild und Feindbild besser zu verstehen. Der Ansatz übt Ideologiekritik, wobei Israels *zionistische* Staatsideologie den Dreh- und Angelpunkt der Analyse darstellt. Deren Kern ist jedoch nicht der

1 Bei den Parlamentswahlen im November 2022 erreichte Netanjahus rechtes Bündnis die Mehrheit. Im Dezember 2022 trat das Kabinett Netanjahu VI an.

historische Zionismus, sprich die *Idee* eines jüdischen Staates, sondern der *gelebte* Zionismus in der de facto binationalen Demografie in *Eretz Israel*/Palästina.

Die Analyse in diesem Buch ergibt drei Schlüsselbegriffe: *Okkupation, Zivilmilitarismus* und *Neozionismus.* Dabei stützt sie sich auf den geschichtsphilosophischen Ansatz des deutschen Hermeneutikers und Philosophen Hans-Georg Gadamer: »Der wahre historische Gegenstand ist kein Gegenstand, sondern [...] ein *Verhältnis,* in dem die Wirklichkeit der Geschichte ebenso wie Wirklichkeit des geschichtlichen Verstehens besteht.«[2] Eben in der spezifischen *Verflechtung* dieser drei Phänomene in der israelischen Ordnung findet sich ein Schlüssel für ein fundiertes Israel-Verständnis im neuen Jahrtausend. Doch während »Zivilmilitarismus« und »Neozionismus« im inner-israelischen Mainstream-Diskurs ohnehin kaum Verwendung finden, verliert in den letzten Jahren auch »Okkupation« als politischer Begriff zunehmend an Relevanz. Indessen geben gerade diese Begriffe in der kritischen Analyse der israelischen Zeitgeschichte einen erhellenden Aufschluss für eine meist schwer nachvollziehbare kulturpolitische Ordnung.

Okkupation (Hebr. *Kibusch),* sprich die israelische Besatzungsordnung in den 1967 eroberten palästinensischen Gebieten, wurde nach der Ersten Intifada der Jahre 1987–1993 sukzessive politisiert, allen voran vom Linkszionismus. Dieses große Lager, das sich um die historisch dominante oftmals regierende Arbeitspartei herausgebildet hatte, drängte Anfang der 1990er Jahre immer mehr darauf, den als Anomalie, als Abweichung vom zionistischen Staatsprojekt begriffenen *Kibusch* aufzuheben. Deshalb setzten die Linkszionisten ihre Hoffnungen in den Oslo-Friedensprozess von 1993–2000. Doch ab 2000 verliert die Besatzung immer mehr an politisch-diskursiver Relevanz, und dies, obwohl sie immer wirkmächtiger wurde, immer eindringlicher, immer konstitutiver für die »israelische Ordnung«. Die israelische Ordnung habe ich an anderer Stelle bereits definiert als »die durch die israelische Staatsräson bzw. das zionistische Projekt geprägten Verhältnisse zwischen den jeweiligen staatlichen Institutionen, mithin die politische Kultur des Landes. Dabei handelt es sich

2 Hans-Georg Gadamer: *Wahrheit und Methode. Grundzüge einer philosophischen Hermeneutik,* Tübingen 1990, S. 305.

um den Habitus der politischen und militärischen Eliten im Hinblick auf das nationalstaatliche Projekt der ›Judaisierung‹ des Landes und die eng daran gekoppelte Aufgabe der Staatssicherheit.«[3]

Im Zuge der Zweiten Intifada entschied sich das politische und militärische Israel mit seiner Kriegspolitik nicht nur dafür, die Besatzung weiterzuführen, sondern sie sogar noch zu verfestigen. In dem Verständnis, dass sie unerlässlich für die jüdisch-nationalstaatliche Existenz sei, galt es, die Besatzung stärker in die israelische Ordnung zu integrieren – mit all den Konsequenzen, über die das vorliegende Buch ausführlich berichtet. Doch wie erklärt sich dieser scheinbar abrupte Richtungswechsel? Weshalb scheiterte der politische Prozess, der angeblich die Besatzung zu beenden trachtete? Damit verbunden ist die Frage, wie das zionistische Israel die im Kern des Konflikts stehende *Palästina-Frage* verstand. Hatte das Land in den 1990ern überhaupt die politischen und ideologischen Kapazitäten, die Besatzung wirklich zu beenden? War die Zweistaatenlösung das eigentliche Ziel, das Israel mit Oslo verfolgte? Tatsächlich gab es Anfang 2001 in Israel schon keine politische Macht mehr für eine solche Lösung, auch nicht für den politischen Prozess. Im Gegenteil nahm das Militär die palästinensische Erhebung gegen die Besatzung zum Anlass, seine Herrschaft in den palästinensischen Gebieten weiter zu vertiefen und dabei einen blutigen Krieg gegen die Palästinenser zu führen. Die Folgen dieses fünfjährigen Waffengangs entpolitisierten nicht nur die Okkupation, sondern machten diese auch zum geschichtsträchtigen, zugleich jedoch verleugneten, großen Elefanten im Raum der israelischen Ordnung.

Denn Okkupation bedeutet Dauerkrieg. Der Dauerkrieg bedarf eines gesellschaftlichen Konsenses in Form des Zivilmilitarismus. Dieser Begriff meint hier den von der israelischen Gesellschaft in ihrer Gesamtheit getragenen Militarismus, womit sich der zivilgesellschaftliche Konsens für den Krieg in Israel, mithin für die Okkupationsordnung immer wieder herstellen lässt. Das Phänomen ist historisch gewachsen, bedingt durch die lange Konfliktgeschichte. Doch im neuen Jahrtausend bekommt der israelische Zivilmilitarismus eine neue Qualität. Wenn früher der israelische Linkszionismus die Friedensideologie als Aussicht, als Hoffnung

3 Tamar Amar-Dahl: *Shimon Peres. Friedenspolitiker und Nationalist*, Paderborn 2010: S. 165.

auf künftige Versöhnung zwischen Israelis und Palästinensern geboten hatte, so markiert das Jahr 2000 mit der Niederschlagung des palästinensischen Volksaufstandes den Beginn einer neuen Kriegsära. Nicht nur sind Israels *Neue Kriege* im neuen Millennium immer häufiger und fataler geworden, ihr erklärtes Ziel ist dabei auch ausdrücklicher: die Herrschaftsverhältnisse der Okkupation einmal mehr zu vertiefen, um diese längerfristig zu verfestigen.

Etablierte Okkupation, Neue Kriege und Zivilmilitarismus ohne Friedensideologie besiegelten – so die Hauptthese dieses Buches – ein neozionistisches Israel. Der Neozionismus hat sich vor allem aufgrund des Scheiterns des historischen Prozesses der 1990er-Jahre um die ur-zionistische Palästina-Frage durchgesetzt. Diese geschichtsträchtige Frage meint in aller Kürze das Verständnis – und die Auseinandersetzung der zionistischen Bewegung mit – der Frage des Territoriums für die jüdische Nationalstaatlichkeit, ein Territorium, das jedoch bereits von einem anderen Volk besiedelt war und noch immer ist: das historische Palästina. Vom Zionismus wurde es schon immer als *Eretz Israel* bezeichnet und als Land des jüdischen Volkes verstanden. Bekanntlich hat Israel ebendieses Verständnis vom Territorium im Jahre 1948 übernommen, was seine politische Ordnung tief greifend prägen sollte. Nicht zuletzt deshalb geriet das Land am Scheideweg 2000 in die tiefste Sinnkrise seiner Geschichte. Mit dem Ausbruch der Zweiten Intifada sah sich Israel nicht nur weit entfernt vom erhofften »finalen Friedensvertrag«, der das linkszionistische Staatsprojekt quasi vollenden hätte sollen. Vielmehr war das Land höchst besorgt um das *gesamte* Staatsprojekt, sah sich unmittelbar bedroht und führte nicht zuletzt deshalb einen präzedenzlos heftigen »Krieg um die Heimat«.[4]

Diese zionistische Heimat stand Ende 2000 gefühlsmäßig auf der Kippe, weshalb gerade im Zuge des damaligen zähen Waffenganges das Land massiv nach rechts rückte, da sich immer mehr jüdische Israelis auf die vertraute, altgediente Staatsideologie zurückbesannen. Den Zionismus als *die* ultimative Antwort auf Israels vertrackte Problemlage bot eben eine *neozionistische* Bewegung, welche »sämtliche Gefahren« für das zionistische Israel – ob es sich hierbei um den Friedensprozess, die Friedensideologie

4 Der hebräische Slogan dieses Krieges.

oder den sich anbahnenden Postzionismus handelte – ebenso entschlossen wie erbarmungslos bekämpfte. Der Neozionismus konnte sich nur deshalb immer mehr durchsetzen, weil »die ultimative zionistische Lösung« sowohl sicherheitspolitisch als auch im Sinne des Siedlungsprojekts in den besetzten Gebieten ohnehin die einzig vertraute, die einzig relevante für Israels Entscheidungsträger war.

Der Neozionismus entstand aus der Sinnkrise des zionistischen Israel. Er ist im Kern eine stärker ideologisierte, nationalistischere und dazu auch selbstbewusstere Version des historisch umgesetzten Zionismus des 20. Jahrhunderts. Der Neozionismus betrachtet ganz *Eretz Israel* als ausschließlich jüdisches Land, Israel als einen ausschließlich jüdischen Staat und das jüdische Volk als unhinterfragtes Staatssubjekt. Angesichts dieses Selbstverständnisses existiert für den Neozionismus weder die völkerrechtlich relevante Okkupation noch die ur-zionistische Palästina-Frage, und ebenso wenig die *Palästinenser*-Frage. Vielmehr richtet sich das neozionistische Augenmerk ausschließlich auf das *eigene* Staatsprojekt der fortwährenden Judaisierung des Landes, und zwar allen innenpolitischen sowie außenpolitischen Zwängen zum Trotz. Daher hat das neozionistische Israel besagtes Staatsprojekt nicht nur derart stark ideologisiert, dass es gänzlich resistent gegen jede Kritik ist, sondern hat darüber hinaus auch den eng daran gekoppelten hundertjährigen Konflikt gänzlich entpolitisiert.

Zur Entpolitisierung, geradezu Aufhebung der Palästina-Frage im israelischen Politdiskurs trug wie kaum ein anderer der neozionistische Premier Benjamin Netanjahu bei. Vor allem in der letzten Dekade gelang es dem umstrittenen Ministerpräsidenten, sich vom im zionistischen Israel über Jahrzehnte hinweg eingesetzten Politikinstrument der Friedensideologie zu verabschieden. Netanjahu setzte nicht nur offen und unmittelbar darauf, die Palästina-Frage von der israelischen Tagesordnung zu verdrängen. Unter ihm verabschiedete Israel darüber hinaus nach sieben Jahrzehnten nationalstaatlicher Souveränität das umstrittene Nationalstaatsgesetz (2018). Wie im Weiteren noch ausführlich dargelegt werden wird, spiegelt dieses Grundgesetz Israels staatsideologische Sinnkrise prägnant wider.

Das vorliegende Buch ist in folgende Themenblöcke unterteilt: »Das zionistische Israel und der Oslo-Friedensprozess« stellt den israelischen

Beweggrund für und die wichtigen Ereignisse rund um den politischen Friedensprozess der 1990er-Jahre bis 2000 dar. Im Fokus steht hier das Verhältnis zwischen der historisch gewachsenen, konflikthaften israelischen Ordnung einerseits und dem neuen Friedensdiskurs andererseits. Im großen Themenkomplex »Von Oslo zu Al-Aqsa: Intifada, Neuer Krieg, Zivilmilitarismus« werden Ursachen, Verlauf, Dynamiken und vor allem die zeitgeschichtliche politische und kulturpolitische Bedeutung des ersten Krieges im neuen Jahrtausend eingehend behandelt. Wie die Analyse zeigen wird, hat dieser Waffengang das Land tief greifend verwandelt, was das Jahr 2000 zu einer entscheidenden Zäsur in der israelischen Zeitgeschichte macht. Im darauffolgenden Abschnitt »Kriegsdienstverweigerung, Protest, Boykott« werden innerisraelische Debatten thematisiert, die sich rund um die Frage der Kritik und Kritikfähigkeit in Sachen Kriegspolitik, Kriegslogik und Besatzungsordnung entfalteten. Dabei gilt es vor allem zu klären, welche Erfolgschancen Kriegsdienstverweigerung in einer vom Zivilmilitarismus geprägten politischen Kultur hat. Wie werden Boykottaufrufe aus dem Ausland in Israel debattiert? Wie geht das politische Israel mit Kritik an der Besatzung um? Gekoppelt an diesen äußerst heiklen innenpolitischen Disput ist der vierte große Abschnitt »Neozionismus: Okkupation, Rechtsruck, Nationalstaatsgesetz«. Dieser Themenkomplex verschafft Einblicke in das neozionistische Israel nach der Zweiten Intifada. Im Fokus steht dabei die Frage, wie die Politik nach der sukzessiven Aufgabe der Friedensideologie das zionistische Staatsprojekt zu sichern beabsichtigt. Wie hierzu dargelegt wird, stützt sich die Politik der binationalen Demografie im Lande vermehrt auf neozionistische Gesetzgebung, allen voran das Staatsbürgerschaftsgesetz (2002) und das Nationalstaatsgesetz (2018). Hier rufen Israels Exekutive und Legislative das judikative Israel auf den Plan und lösen damit heftige, für unseren Zusammenhang höchst relevante Debatten um Israels Staatsverständnis, Feindbilder und Identität(en), kurzum um seine Zukunft, aus.

Israels nahe Zukunft ist vom bedeutendsten Premier des neuen Jahrtausends geprägt worden. In dem abschließenden Abschnitt »Benjamin Netanjahu und das neozionistische Israel« wird Netanjahus Beitrag zum Neozionismus näher erörtert. Die Leitfrage dabei lautet, wie es ihm gelungen ist, nicht nur die längste, sondern auch die turbulenteste Regierungszeit zu absolvieren, und diese dann auch noch mit dem historischen

Finale einer präzedenzlosen Politkrise (vorübergehend) zu beenden? Wie verhält sich die »Netanjahu-Krise« der Jahre 2019–2021 zu der in diesem Buch behandelten Sinnkrise des zionistischen Israel?

Abschließend ist zu betonen, dass der vorliegende ideologiekritische Ansatz eine Auseinandersetzung mit *innerisraelischen* Debatten darstellt. Meine *jüdisch-israelische* Perspektive mit meinem unmittelbaren Zugang zu u. a. hebräischsprachigen Quellen dient dem ausdrücklichen Ziel, den *israelischen Diskurs* zu beleuchten. Vom *deutschen* Diskurs um Israel, Palästina oder den Nahostkonflikt wird hier Abstand gehalten, nicht zuletzt, weil er wenig Relevanz für innerisraelische Debatten hat. Weder die diesem zugrunde liegende *Antisemitismus*-Debatte noch die *deutsch-israelischen Sonderbeziehungen* geben in diesem Kontext Aufschluss. Im Gegenteil, sie versperren geradezu den Zugang zum Untersuchungsobjekt des vorliegenden Ansatzes. Dieser erlaubt sich vielmehr, ganz im Sinne Walter Benjamins, »die Geschichte gegen den Strich zu bürsten«.[5]

Berlin, im Januar 2023,
Tamar Amar-Dahl

5 Walter Benjamin 1940: »Über den Begriff der Geschichte«, 7. These. In: *Sprache und Geschichte. Philosophische Essays*, Stuttgart: Reclam 2019, S. 145.

1. Das zionistische Israel und der Oslo-Friedensprozess

»Israels Sieg im Sechs-Tage-Krieg hat nicht nur das Schicksal des jüdischen Staates besiegelt, womöglich auch das Schicksal des ganzen jüdischen Volkes«

Yeshayahu Leibowitz, 1981[6]

2000: Eine Zäsur der israelischen Zeitgeschichte

Das Jahr 2000 stellt eine einschneidende Zäsur in der Zeitgeschichte Israels dar. In den Ereignissen dieses schicksalhaften Jahres zeigt sich im vollen Maße die für die israelische Politik so bezeichnende *Spannung zwischen Besatzungspraxis und Friedensgesprächen, zwischen Rückzug und Wiedereroberung fremder Gebiete, zwischen Friedensideologie und Kriegslogik, kurzum zwischen Krieg und Frieden.* Diese äußerst irritierende, der politischen Ordnung des Staates immanente Diskrepanz bedarf einer Erklärung. Die Wende vom vermeintlich optimistischen Jahrzehnt des Oslo-Friedensprozesses der 1990er zu einem beispiellos heftigen Krieg gegen die Palästinenser Ende 2000 verwirrte vor allem den israelischen Linkszionismus.

Dieses seinerzeit bedeutsame Friedenslager der israelischen Gesellschaft hatte das politische Israel Anfang der 1990er tatsächlich dahin bewegt, das eigentliche, ur-zionistische Problem, nämlich die *territoriale Palästina-Frage,* in einem politischen Prozess anzugehen. Die neu gewählte, linkszionistische Regierung in Jerusalem (1992–1996), geführt von Yitzhak Rabin und Shimon Peres, sah sich nach jahrzehntelanger Stagnation gezwungen, die Besatzung und somit die *Frage der Palästinenser* erstmals zum Politikum zu machen. Doch der Oslo-Friedensprozess, welcher auf die historische gegenseitige Anerkennung zwischen Israel und der PLO als Vertreterin der Palästinenser im September 1993 (verankert in der Prinzipienerklärung Oslo I) folgte, kollabierte binnen weniger Wochen im Oktober 2000 vollständig. Dadurch geriet der israelische

6 Vgl. Dokumentation von Igal Burstein 1981: »Yeshayahu Leibowitz in Maalot«, Hebr. (youtube.com).

Linkszionismus derart unter Druck – er rang angesichts der Eskalation geradezu um Rechtfertigungen –, dass er den sich anbahnenden und sich sehr bald als brutal erweisenden Krieg des israelischen Militärs gegen die aufständischen Palästinenser schließlich mittrug. Wie genau dieser Wandel zustande kam und welche Verschiebungen er nach sich zog, bedarf einer tiefergreifenden Erörterung.

Das Schicksal, oder besser gesagt die politische Kultur Israels wollte es, dass auch kurz vor dem Jahrtausendwechsel ausgerechnet ein Militär an der Spitze der israelischen Regierungspartei stand: Ehud Barak, dem ehemaligen Generalstabschef der israelischen Armee (1991–1994), war der rasante Wechsel vom Militär zur Politik gelungen. Yitzhak Rabin (Generalstabschef der Jahre 1964–1968) hatte Barak schon 1995, kurz nach dessen Abschied vom Militärdienst, zum Innenminister ernannt. Barak selbst machte jedoch schon damals keinen Hehl aus seiner Skepsis gegenüber dem umstrittenen Oslo-Prozess. Den Rückzug aus Teilen der besetzten palästinensischen Gebiete, wie er im Vertrag Oslo II vom Oktober 1995 vereinbart worden war, wollte der neue Innenminister nicht unterstützen und enthielt sich bei der entsprechenden Abstimmung im Kabinett der Stimme – zum Erstaunen des unter enormem Druck stehenden Premierministers.

Kurz nach der Ermordung Rabins im November 1995 übernahm Barak im Zuge der Abwahl der Arbeitspartei unter Shimon Peres im Mai 1996 den Parteivorsitz. Bereits im Mai 1999 wurde er von einer großen Mehrheit der Israelis gewählt und löste damit die Regierung Netanjahus ab. Denn um die Jahrtausendwende herrschte in Israel noch immer ein nicht zu unterschätzender Konsens über einen Ausgleich mit den Palästinensern auf der Grundlage der Teilung des Landes, wenn auch nur, um beide Völker endlich voneinander zu trennen. Mit seiner sicherheitspolitischen »Aura« versprach Barak unter dem Bündnis *Israel Ahat* (Ein Israel), Israels akute sicherheitspolitische Probleme zu lösen, indem er die Konfliktherde Libanon, Syrien und die Palästina-Frage tatkräftig anging.

Doch so groß Baraks Anspruch auf eine »umfassende regionale Lösung« war, so ernüchternd war seine Niederlage. Schon im Sommer 2000 begann seine Regierung auseinanderzufallen, und Ende des Jahres musste er unter dem Druck der sicherheitspolitischen Eskalation Neuwahlen ausrufen. Zu diesem Zeitpunkt war die Hoffnung einer ganzen Generation auf ein Friedensabkommen und damit die Aussicht auf eine Zukunft jenseits von Besatzung und Dauerkrieg bereits gänzlich geschwunden. Rückblickend lässt sich feststellen, dass ausgerechnet der als vielversprechender Hoffnungsträger des Linkszionismus angetretene Sicherheitspolitiker dem großen Friedenslager der 1990er-Jahre den Todeskuss gab. Und so wird sich Ehud Barak auch als bislang letzter Chef einer linkszionistischen Regierung erweisen. Seither hat der Linkszionismus immer mehr an machtpolitischer Relevanz verloren und musste schließlich zugunsten des Neozionismus seinen Platz räumen. Symptomatisch für diesen Prozess war die immer offensichtlichere Abwertung des Begriffs »Links« (Hebr. »*Smol*«, gemeint ist hier »Linkszionismus«), der vor allem während der zweiten Amtszeit von Benjamin Netanjahu (2009–2021) zum Schimpfwort degradiert wurde. Netanjahu machte seine Machtbasis an der israelischen Rechten fest, welche sich aus den rechtszionistischen, nationalreligiösen und orthodoxen Parteien zusammensetzte.

Der Untergang des Linkszionismus im neuen Jahrtausend brachte eine Verschiebung des politischen Parteisystems mit sich und ist somit von erheblicher Bedeutung für die israelische Zeitgeschichte. Doch was zeichnet den Linkszionismus aus? Wie kam es zum Bedeutungsverlust dieses wichtigen Lagers nur wenige Jahre nach dem historischen Durchbruch von 1992/1993? Und weshalb genoss 2001–2005 ausgerechnet der rechtszionistische Politiker Ariel Sharon beträchtlichen Konsens, obwohl er nicht zuletzt wegen des Libanon-Krieges 1982 gerade unter Linkszionisten sehr umstritten war? Dazu unterstützten viele auch Sharons Krieg gegen die Palästinenser.

Für die Verschiebung der politischen Verhältnisse im neuen Jahrtausend gilt es des Weiteren zu klären, inwieweit sich ein Sharon hinsichtlich seiner Friedens- und Sicherheitspolitik wirklich von einem Barak unterschied. War Barak ein echter Linkszionist, der die Friedenspolitik seiner Arbeitspartei unterstützte? Ferner drängt sich die Frage auf, ob die Friedenspolitik der Arbeitspartei, etwa eines Shimon Peres der Jahre 1995/1996 oder eines Yitzhak Rabin der Jahre 1992–1995, im Sinne der Teilung des Landes zwischen beiden Völkern, mithin einer echten Aussöhnung mit den Palästinensern, betrieben wurde. Denn dafür hätte gerade die Arbeitspartei ihre eigene Geschichte, sprich ihren eigenen Beitrag zur Besatzungsordnung, anerkennen und verarbeiten müssen. Hier ist zu hinterfragen, ob die Arbeitspartei (und mit ihr die linksliberale *Meretz*) dazu in der Lage war oder ob der Linkszionismus nicht vielmehr am altherkömmlichen, zionistischen Modell eines jüdisch-mehrheitlichen Staates in *Eretz Israel* festhielt.

Im Vordergrund steht dabei die ur-zionistische Palästina-Frage, die *von der Politik* angegangen werden musste. Doch nach zwei Jahrzehnten militärischer Besatzung (1967–1987) und einer fünfjährigen palästinensischen Erhebung (1987–1992) war es *das Militär*, welches die Besatzung auf Dauer für untragbar hielt. Weil die Militärführung keine effektive sicherheitspolitische Antwort auf den Volksaufstand der Ersten Intifada wusste, drängte es auf politische Verhandlungen. So kam also von ihm der eigentliche Impuls für den Politikwechsel. Diese Krise der Ersten Intifada war auch einer der Hauptgründe für den Machtwechsel in Jerusalem. Die neue linkszionistische Regierung der Jahre 1992–1996 sah sich gezwungen, *politische* Antworten auf die Palästina-Frage anzubieten.

Doch die neue Regierung wurde von sicherheitspolitisch orientierten Persönlichkeiten geführt. Rabin und Peres prägten nicht nur selbst über Jahrzehnte hinweg die ausgesprochen sicherheitspolitisch orientierte israelische Ordnung, beide waren darüber hinaus fest in dieser Ordnung gefangen. Sie hatten den Friedensprozess nämlich als *sicherheitspolitisches Projekt* des zionistischen Staats begriffen, weshalb sie auch sehr zäh und zögerlich vorankamen. Auch Barak und Sharon erhielten das Regierungsmandat letztendlich eben aufgrund ihrer sicherheitspolitischen Aura und blieben durchgehend der israelischen Ordnung verpflichtet. An dieser Stelle sei erneut betont, dass Israels politische, mithin sicherheitspolitische Ordnung eng mit der zionistischen Staatsräson eines jüdischen Nationalstaats im Lande Israel zusammenhängt. Diese wurde von allen hier genannten Politikern verfolgt, wodurch Israels Zeitgeschichte nachhaltig geprägt wurde.

Die politische Person und die israelische Geschichte

Welche Rolle spielt die politische Person in der Geschichte? Rabin, Peres, Netanjahu, Barak und Sharon prägten als Persönlichkeiten Israels Geschicke, ob als Fürsprecher oder Gegner, als aktive Unterstützer oder bittere Gegner politischer Prozesse. Doch die Person unterliegt der Geschichte und verhält sich dialektisch zu ihr. Und so lohnt sich bei der Frage nach Baraks Beitrag zum Scheitern im Jahr 2000 und zu den nachfolgenden blutigen Auseinandersetzungen ein genauerer Blick auf ihn und seine politischen Rivalen.

Denn Ariel Sharons Werdegang erzählt wie kaum ein anderer die Geschichte eines Israel, das hin und her irrt zwischen Krieg und Frieden, zwischen Okkupation und Rückzug aus besetzten Territorien.[7] Sharons Laufbahn ist paradigmatisch für diese Irrfahrt in den Abgrund. Der Premier der Zweiten Intifada durfte nicht nur den Krieg gegen den palästinensischen Aufstand mit beispielloser Härte führen, sondern hatte zuvor schon die sogenannte palästinensische Option, die Teilung des Landes zwischen beiden Völkern, über Jahrzehnte rigoros bekämpft. In den 1950er- und 1960er-Jahren nahm der Militär Sharon an den sogenannten Grenzkriegen teil, um jegliche Rückkehrversuche vertriebener Palästinenser des ersten Kriegs von 1948 zu verhindern. In den 1970er-Jahren wurde er berühmt-berüchtigt für die Niederschlagung der palästinensischen Aufstände in Gaza, nachdem Israel 1967 den Streifen erobert hatte. Im Jahr 1982 schickte Sharon, nun als Verteidigungsminister unter Premierminister Menachem Begin, die Armee in den Libanon, um eine »neue Ordnung« in Nahost zu forcieren. Sharons anvisiertes Kriegsziel war unter anderem, die palästinensische Autonomie im Westjordanland und im Gazastreifen zu vereiteln.[8] Die Autonomie war im Camp David Abkommen von 1979 zwischen Ägypten und Israel ausgehandelt worden, doch Israel weigerte sich, sie zu implementieren. Stattdessen griff Sharon mit der ausdrücklichen Unterstützung Begins zu militärischen Mitteln, um die Palästinenser-Frage über den Libanon im benachbarten Jordanien zu lösen.[9] Das Anliegen war und blieb, das im Herzen des Landes liegende Westjordanland nicht aufgeben zu müssen. Die Regierung Begin (1977–1983) war zwar hinsichtlich dieser Kriegsziele nicht ganz im Bilde, doch sie blieb dem zionistischen Ansatz treu und betrieb ebenso wie ihre

7 David Landau: *Arik. The Life of Ariel Sharon*, Kinneret Zmora-Bitan Dvir Publishing House Ltd. 2015, Hebr.

8 Vgl. Yigal Kipnis: *1982: Lebanon, The Road to War*, Kinneret, Zmora, Dvir Publishing House Ltd. 2022, Hebr.

9 Landau 2015, S. 140; Kipnis 2022, S. 33ff.

Vorgängerinnen weiterhin die Siedlungspolitik in den palästinensischen Gebieten.

Der Krieg artete bald zum »Libanon-Sumpf« aus. Nach drei Jahren erbittertem Kampf entschied die Regierung der Nationalen Einheit 1985 einen Teilrückzug aus dem Nachbarland. Premierminister Peres und Verteidigungsminister Rabin setzten sich gegen ihre Likud-Partner in der Regierung durch und ließen die israelischen Truppen aus dem Nordlibanon zurückziehen, um im Südlibanon einen sogenannten »Sicherheitsgürtel« einzurichten. Während das Militär die Zone als Puffer für die Sicherheit von Nordisrael verstehen wollte, entwickelte sich in Wirklichkeit ein erbitterter 15-jähriger Guerillakampf zwischen der israelischen Armee (IDF) und der mit ihr verbündeten South Lebanese Army (SLA) auf der einen Seite und der 1982 im Zuge des israelischen Einmarsches gegründeten schiitischen Miliz Hisbollah auf der anderen. Die *Hisbollah* (arab. Gotteskämpfer) wurde gerade in den 1990ern zu einer echten sicherheitspolitischen Herausforderung. De facto führte sie gegen Israel einen 18-jährigen »Krieg ohne Namen«.[10]

Der Guerilladauerkampf in der Sicherheitszone eskalierte zuweilen zu moralisch untragbaren, groß angelegten militärischen Einsätzen der IDF im Libanon, wie 1993 mit der Operation »Abrechnung« mit Barak als Generalstabschef und Rabin als Premier sowie 1996 mit der Operation »Früchte des Zorns« unter Barak als Innenminister und Peres als Premier- und Verteidigungsminister. Beide Militäroperationen gingen für die libanesische Bevölkerung im Südlibanon katastophal aus, ohne dass dabei nennenswerte Ziele erreicht wurden. Erst im Mai 2000 setzte Barak, nun in der Doppelfunktion als Premier- und Verteidigungsminister, den sogenannten *einseitigen Rückzug* durch, und zwar gegen die ausdrückliche Position der Generäle und vor allem des Generalstabschefs der bevorstehenden Zweiten Intifada, Shaul Mofas.

»Einseitig« war der Rückzug in dem Sinne, als das Militär aus dem Libanon abtrat, ohne ein Abkommen mit der libanesischen Regierung oder der Besatzungsmacht Syrien, geschweige denn mit der Hisbollah, zu suchen. Die israelischen Militärs sahen in diesem einseitigen Rückzug,

10 Vgl. Israel Rosner u. Matti Friedman: »Krieg ohne Namen«, Dokumentation der Israeli Public Broadcasting Corporation *KAN*. 2020, Hebr.

der ohne eine wirkliche Entscheidung gegenüber der Hisbollah erfolgte, nicht nur »Defätismus« und »Demütigung«, sondern fürchteten gar um die israelische Abschreckungsmacht. Hierbei hatten sie nicht zuletzt die palästinensische Front im Blick, welche 2000 ja ebenfalls auf der israelischen Tagesordnung stand. Wenn es der Hisbollah schließlich gelungen sei, Israel mithilfe eines Guerillakampfs zum Rückzug an die international anerkannte israelisch-libanesische Grenze zu zwingen, so könnten sich die Palästinenser hiervon inspirieren lassen und ebenfalls zur Waffe greifen. Doch während die Palästinenser die Grenzen vom 4. Juni 1967 als Verhandlungsbasis bei den Oslo-Gesprächen voraussetzten, galt dies keineswegs für das politische Israel. In einflussreichen sicherheitspolitischen Kreisen wurde der Ausbruch der Zweiten Intifada vielfach als die palästinensische Antwort auf den Rückzug aus dem Libanon aufgefasst.

Der bewaffneten Intifada der Jahre 2000–2005 war ein anderer, eher zivilgesellschaftlich orientierter und gut organisierter Aufstand der PalästinenserInnen vorangegangen: Als Ende 1987 die Erste Intifada ausbrach, welche auch als die Intifada der Steine bekannt wurde, zwang sie Jerusalem einen Kurswechsel auf. Zwei Jahrzehnte nach dem Eroberungskrieg von 1967 erhob sich die palästinensische Zivilgesellschaft in etlichen Flüchtlingslagern innerhalb der besetzten Gebiete gegen Israels Besatzungsordnung mit ihrer schleichenden und dezidierten Landenteignung für jüdische Siedlungen und den damit einhergehenden sozioökonomischen Krisen. Darüber hinaus fühlten sich die militärisch unterdrückten Palästinenser insgesamt unsicher, niedergehalten und ausgebeutet.

Denn zum einen erstarkte im Laufe der 1980er-Jahre ein jüdischer Terroruntergrund, der gezielt gegen palästinensische Bürgermeister und weitere Führerpersönlichkeiten der palästinensischen Gesellschaft vorging. Das Ziel des von jüdischen Siedlern betriebenen Terrorismus war es, die Palästinenser aus dem Land zu vertreiben und gleichzeitig die israelische Regierung unter Druck zu setzen, die nun »befreiten« Gebiete zu annektieren. 1984 deckte der Inlandgeheimdienst *Schin Bet* eine entsprechende Untergrundzelle auf. Deren Mitgliedern wurde zwar der Prozess gemacht, doch sie kamen allesamt mit geringen Strafen davon.[11]

11 Uri Ben-Eliezer: *War Rather Than Peace. One Hundred Years of Nationalism and Militarism in Israel*, Ben Shemen: Modan Publishing House 2019, Hebr., S. 410–412.

Zum anderen kam der sogenannte politische Prozess kaum voran. 1987 lehnte die israelische Regierung das mit viel Mühe erzielte London-Abkommen ab, das zwischen Außenminister Peres und Jordaniens König Hussein ausgehandelt worden war. Die Vereinbarung sah vor, dass Jordanien die Kontrolle über das Westjordanland zurückbekäme und auf dieser Basis mit Israel einen Friedensvertrag schließen würde.[12] Peres konnte sich jedoch nicht gegen seine Koalitionspartner im Likud durchsetzen, woraufhin König Hussein seinen Anspruch auf das Westjordanland aufgab und Jordanien sich von sämtlichen Pflichten gegenüber den Einwohnern zurückzog. 1987 war das zionistische Israel weit davon entfernt, die Palästina-Frage ernsthaft anzuerkennen. Stattdessen bevorzugte die politische Führung den mit der Besatzungsordnung einhergehenden, konflikthaften Status quo.

Der Aufstand Ende 1987 wurde entfacht durch einen Verkehrsunfall in Gaza, bei dem vier palästinensische Arbeiter ums Leben kamen. In Gaza hielt man den Unfall wegen des beteiligten israelischen LKW für einen gezielten Anschlag. Der Aufruhr verbreitete sich wie ein Lauffeuer bis ins Westjordanland und nach Jerusalem. Sehr bald wurde der Widerstand durch lokale Kommissionen übernommen und organisiert. Mit dem Ziel, die Besatzungsmacht »abzuschütteln« (dies bedeutet der arabische Begriff »Intifada«) , wurden zunächst gewaltlose Proteste in Form von Generalstreiks in Handel und Steuerwesen organisiert, später wurden auch Hauptstraßen durch Barrikaden versperrt und Soldaten mit Steinen angegriffen.

Militär und Politik zeigten sich hiervon sehr überrascht, nicht zuletzt aufgrund ihres Selbstverständnisses, um nicht zu sagen ihrer Arroganz, als Regionalmacht, die davon ausging, dass die Palästina-Frage längst in ihrem Sinne geklärt sei. Daher rechneten Israels Entscheidungsträger nicht mit dem Anhalten der Aufstände, ebenso wenig mit der kritischen Reaktion der internationalen Weltgemeinschaft auf die militärische Niederschlagung der Erhebung, bei der Verteidigungsminister Rabin eine wichtige Rolle spielte. Er hatte mit Stöcken bewaffnete Militäreinheiten in die Gebiete geschickt, um die Protestierenden buchstäblich zu brechen. Bilder von Soldaten, die brutal auf palästinensische Jugendliche

12 Vgl. archives.gov.il: Londoner Abkommen 11.4.1987: ISA-PMO-StateDocumentsDep-0011uey, Hebr.

einschlugen, gingen um die Welt und zeigten ein hässliches Gesicht der israelischen Okkupation.

Aber nicht nur das Image einer modernisierenden, »aufgeklärten Besatzung« war in diesen Jahren dahin. Das Militärregime im Westjordanland und in Gaza schien nicht mehr tragbar, jedenfalls nicht in seiner seit 1967 bestehenden Form. Im Zuge dieser Ersten Intifada wurde die israelische Gesellschaft, die schon durch den Libanon-Krieg immer stärker auseinanderdriftete, zunehmend polarisiert. Dabei handelte es sich um eine innerisraelische, sozusagen *zionistische* Debatte. Der linkszionistische Verteidigungsminister Rabin, selbst erstverantwortlich für die gewalttätige Unterdrückung des Aufstandes, erkannte allmählich den Schaden für Israel, da die Besatzungsordnung längerfristig auf ausdrücklich rassistische Verhältnisse hinauslief. Demgegenüber begründete der rechtszionistische Premierminister Yitzhak Shamir (1986–1992) seine strikte Weigerungshaltung gegen jegliche Verhandlungen damit, dass die »Araber« (gemeint sind die Palästinenser) sowieso das ganze Land und eben nicht nur die 1967 eroberten Gebiete beansprucht hätten, so dass es keinerlei Verhandlungsbasis gebe.[13]

Dieser Disput prägte seit den 1980er-Jahren den israelischen Diskurs. Beide Lager, Rechtszionisten wie Linkszionisten, verfolgten zwar in der Praxis und in der Ideologie ähnliche zionistische Ziele der Judaisierung des Landes, weshalb sie über Jahrzehnte auch gut kooperieren konnten, doch sie unterschieden sich in ihrer Rhetorik. Während der Rechtszionismus offen und klar zur Bedeutung der zionistischen Politik im ganzen Land stand, und zwar *ungeachtet* der Demografie und des Völkerrechts, befürchtete der Linkszionismus zunehmend die binationale Demografie im Lande sowie die sich daraus ergebende Besatzungsordnung als »Achillesferse« des zionistischen Staatsprojekts. Beide beeinträchtigten massiv die israelische Demokratie und Israels Ansehen in der Weltgemeinschaft, so dass man sie für längerfristig untragbar hielt.

Diesbezüglich wurde die Erste Intifada als Weckruf verstanden. Doch Israels reflexartige Reaktion auf den Aufstand der Zivilbevölkerung blieb zunächst im militärisch-operativen Denken verhaftet. Neben dem Einsatz von Stöcken als Waffe zur Unterdrückung der Intifada gründete das

13 Ben-Eliezer 2019, S. 418–419.

Militär auch eine neue Spezialeinheit: Die *Mistaarvim*, arabisch verkleidete Soldaten und Soldatinnen, sollten sich unter die Demonstranten mischen, um Anführer ausfindig zu machen und sie gezielt zu »neutralisieren«. Auf diese Weise sollten die Ziele der Intifada sabotiert werden.[14] Eine weitere Maßnahme bestand darin, die Siedler zu bewaffnen, damit sich auch diese jüdisch-israelischen Zivilisten in den besetzten Gebieten am Kampf beteiligten konnten. Zwar erfolgte diese Maßnahme auf Druck des selbst ernannten Siedlerrats und traf auf Skepsis seitens des Militärs, doch sie führte wie erwartet zu einer weiteren Eskalation der Verhältnisse zwischen den ohnehin verfeindeten Bevölkerungsgruppen in den besetzten Gebieten.[15]

Der sechswöchige Golfkrieg im Winter 1991 trug noch mehr zur Verwirrung bei. Für die Israelis war es eine neue Erfahrung mit Krieg und Ohnmacht.[16] Während Israel nicht in das Kampfgeschehen zwischen dem Irak und den US-Amerikanern und ihren Verbündeten eingreifen durfte, sodass die israelische Armee zur Zurückhaltung gezwungen war, stand das ganze Land Nacht für Nacht unter Schad-Raketen-Angriffen des irakischen Diktators. Es war ungewiss, welche Art von Waffen Saddam Hussen einsetzen würde, wobei auch der Einsatz chemischer oder biologischer Waffen zu befürchten war. Doch mit dem schnellen Sieg der westlichen Allianz, allemal mit der historischen Wende im Kalten Krieg, wurde eine neue weltpolitische Ordnung eingeläutet, in der sich auch Israel neu justieren musste.

In dieser neuen Weltordnung suchten US-Präsident George Bush und sein Außenminister James Baker auch sogleich, die historische Palästina-Frage anzugehen. Der Druck auf Israel wuchs zunehmend und die Regierung von Yitzhak Shamir wurde gezwungen, eine Delegation nach Madrid zu senden. Die Madrider Internationale Konferenz von 1991 war dazu konzipiert, alle Parteien des Nahostkonflikts an einen Tisch zu bringen, um ein Forum für bilaterale Verhandlungen zu schaffen. Die USA wollten Israel an einen politischen Prozess auf der Basis der UN-Sicherheitsresolutionen 242 und 338 binden. Hinsichtlich der Palästina-Frage hieß dies

14 Ben-Eliezer 2019, S. 433.

15 Ben-Eliezer 2019, S. 419 ff.

16 Moshe Zuckermann: *Shoah in the Sealed Room. The »Holocaust« in Israeli Press During the Gulf War*, Tel Aviv. 1993, Hebr.

die Teilung des Landes und die Implementierung der Zweistaatenlösung auf der Basis der Grenzen vom 4. Juni 1967.

Ariel Sharon, der Minister für Handel und Industrie in der Regierung Shamir, führte die laute Opposition innerhalb der Partei, und das mit Erfolg. Der Premier sandte zwar eine israelische Delegation nach Madrid, erteilte ihr aber kein Mandat, mit der palästinensischen Delegation zu verhandeln. Die Madrider Gespräche mündeten schließlich in die Washington-Gespräche, welche ebenso ins Leere führten. Shamir spielte offensichtlich auf Zeit, um dem amerikanischen Druck standzuhalten. Doch während seine rechte Regierung an ihrer Verweigerungshaltung festhielt, geriet sie innenpolitisch immer stärker unter Druck und verlor nicht zuletzt aufgrund der bereits aufgenommenen Friedensgespräche die Macht. Allem Anschein nach zeichnete sich eine Wende in Jerusalem ab.

1991 öffnete sich die Arbeitspartei zunehmend für die Demokratisierung ihrer Institutionen, und es wurden erstmalig Vorwahlen abgehalten. Der langjährige Parteivorsitzende Shimon Peres (1977–1992) war abgewählt worden, sein langjähriger Rivale Yitzhak Rabin übernahm die Parteiführung und kurz darauf, im Juni 1992, gewann er die Parlamentswahl. Nach 15 Jahren bildete die Arbeitspartei erstmals eine Regierung ohne die Volkspartei Likud, mit der sie sechs Jahre gemeinsam regiert hatte (1984–1990).

Die nun linkszionistische Regierung setzte auf Friedenspolitik, sodass ein neuer Kurs in der Palästina-Frage möglich schien. Trotz seiner zweifelhaften Rolle in der Ersten Intifada wurde Rabin mit seinem Versprechen neuer nationaler Prioritäten, nämlich weg von der Investition jenseits des international anerkannten Staatsgebietes hin zum Kernland Israel, bald zum Hoffnungsträger des Friedenslagers.

Vor allem LinkszionistInnen wollten »die alte Welt« hinter sich lassen und sich in die neue Weltordnung integrieren. Die Globalisierung, Öffnung der Märkte und eine marktorientierte, neoliberale Gesellschaft schienen vielversprechend, daran wollten auch die israelischen Eliten teilhaben. Auch die starke jüdische Immigration aus der ehemaligen UdSSR von ca. einer Million Menschen sollte den Optimismus dieses Jahrzehnts – wohlgemerkt aus zionistischer Perspektive – abrunden.

Dabei erschienen Okkupation, Intifada, Palästina-Frage und Siedlerbewegung immer mehr wie lästige Hürden. Im linkszionistischen

Friedenslager wollte man diese überwunden wissen und war daher bereit, sie nun endlich anzugehen. Hier drängt sich sogleich die Frage auf, warum ausgerechnet der Ex-General und Verteidigungsminister der Ersten Intifada für diesen Kurswechsel als geeignet galt. Genau hier kommt die Rolle der Person in der Geschichte zum Tragen, denn im Jahre 1992, in Israels aussichtsloser Lage und angesichts einer stagnierenden Politelite, schien Rabin im Vergleich zum hartnäckigen Verhandlungsverweigerer Shamir ausreichend flexibel. Es herrschte vielfach die Meinung, Rabin habe verstanden, dass sich die Zeiten verändert hätten. Er sei sich der großen Erwartungen seiner Wähler bewusst und würde schließlich bald liefern.[17]

In der Tat setzten Rabin und auch Peres die Friedensideologie[18] bald geschickt ein und zeigten sich gesprächswillig. Die langjährigen Politrivalen, die in den 1990er-Jahren beide in ihrem *achten* Lebensjahrzehnt standen, strebten weiterhin nach politischer Macht. Zwar forcierte die junge Politikergeneration der Arbeitspartei einen Kurswechsel in der Friedenspolitik, doch sie scheute weitestgehend davor zurück, die alte Garde herauszufordern. Es mag dem israelischen Konformismus oder der politischen Kultur geschuldet sein, dass Rabin gerade seiner sicherheitspolitischen Aura wegen als charismatisch im Sinne Max Webers galt. Somit avancierte er zum Hoffnungsträger für ein großes, sich nach Veränderung sehnendes Lager. Doch konnten diese *sicherheitspolitisch orientierten* Politiker, die die Arbeitspartei seit über zwei Jahrzehnten geführt und so die Geschicke des Landes durchaus mitgeprägt hatten, einen echten Wechsel in der israelischen Ordnung herbeiführen? In den Jahren 1992/93 sprach tatsächlich einiges dafür.

Zum Oslo-Friedensprozess und dessen Scheitern

Das Scheitern des einzigen politischen Prozesses für eine Friedenslösung der Jahre 1993–2000 bedarf eines genaueren Blicks auf die Dynamiken innerhalb der israelischen Gesellschaft. Der israelische Soziologe Uri Ben-Eliezer unterscheidet in diesem Zusammenhang zwei Lager, welche

17 Lev Grinberg: *Imagined Peace, Discourse of War. The Failure of Leadership, Politics and Democracy in Israel, 1992–2006*, Tel Aviv: Resling Publishing 2007, Hebr., S. 68ff.

18 Siehe im Weiteren das Unterkapitel: »Zur Ideologisierung des Friedens«.

sich seit 1967 und insbesondere im Laufe der 1980er-Jahre herausgebildet hätten, nämlich die »Zivilgesellschaft« einerseits und die »militaristisch-religiöse Gesellschaft« andererseits. Während erstere als international orientiert galt und sich in die westlichen Demokratien und die Globalisierung einzugliedern suchte, richtete sich das militaristisch-religiöse Lager nach innen, indem es auf jüdischen Nationalismus, sprich auf »Rasse, Ethnie, Nation bzw. die Religion«, setzte.[19]

Bei dieser Unterscheidung zwischen einer offenen, säkularen Zivilgesellschaft und einer fundamentalistischen, militaristisch-national-religiösen Gesellschaftsgruppe wird jedoch nicht nur das spezifisch israelische Phänomen des Zivilmilitarismus (ein noch zu erörternder Schlüsselbegriff der Kriegspolitik u. a. in der Zweiten Intifada) übersehen, sondern auch die zionistische Staatsräson des Linkszionismus ausgeblendet, welche der israelisch-säkularen Gesellschaft zugrunde liegt. Tatsächlich eröffnete sich 1967 für nationalistische bzw. national-religiöse Strömungen innerhalb der israelischen Gesellschaft die Möglichkeit, das linkszionistische Staatsestablishment herauszufordern. Doch dies gelang ihnen nur deshalb, weil die Arbeitspartei seit 1967 nicht minder erpicht war, die eroberten Gebiete zu behalten und, was noch wichtiger ist, sie jüdisch zu besiedeln.

Ob nun auf der Halbinsel Sinai, im Gazastreifen, dem syrischen Golan oder dem Westjordanland – die Siedlungen wurden von der sicherheitspolitisch orientierten Regierung der Arbeitspartei auch als Sicherheitsvorposten verstanden, welche dem geografisch schmalen Land Verteidigungsgrenzen verliehen. So trug gerade die Arbeitspartei zu einem zivilmilitarisierten Verständnis des Siedlungsprojekts und schließlich zum ausgeprägten israelischen Gesellschaftscode des Sicherheitsmythos bei.[20]

Darüber hinaus sahen die religiösen Zionisten ebenso wie die säkularen Rechtszionisten »im Wunder vom Sechstagekrieg« ein Zeichen für die Verheißung des Landes. *Eretz Israel* wurde ab 1967 immer stärker Dreh- und Angelpunkt des zionistischen Staatsprojekts, sodass bald der Mythos von Großisrael zum Leitmotiv der Politik wurde.[21] Gestärkt durch

19 Ben-Eliezer 2019, S. 438, 440.

20 Baruch Kimmerling: »Militarismus in der israelischen Gesellschaft«, *Theory and Critiscism 4*, Jerusalem 1993, S. 123–141, Hebr.; Grinberg 2007; Tamar Amar-Dahl: *Das zionistische Israel. Jüdischer Nationalismus und die Geschichte des Nahostkonflikts*, Paderborn: Schöningh 2012.

21 Amar-Dahl 2012.

die 1974 gegründete, radikale Siedlerbewegung *Gush-Emunim* (Block der Gläubigen) strebten die Nationalreligiösen immer manifester danach, Israel in einen *Halacha*-Staat gemäß dem jüdischen Gesetz zu verwandeln.[22]

Betrachtet man die Kräfteverhältnisse zwischen Rechtszionisten und Linkszionisten in den Jahren 1993–2000, so muss man sich zunächst vor Augen führen, dass der Oslo-Friedensprozess von der Warte Israels aus in erster Linie eine Reaktion auf eine sicherheitspolitische Krise darstellte. Die Militärs erkannten nach dem fünfjährigen palästinensischen Aufstand ihre eigenen Grenzen und drängten die Politik zum Handeln. Tatsächlich befürchtete Rabin die Abnutzung der Armee in immer umfangreicheren polizeilichen Aufgaben der Besatzung und setzte 1992 auf einen innenpolitischen Kurswechsel. Dieser sollte, wie bereits erwähnt, weg vom großen nationalen Siedlungsprojekt jenseits der international anerkannten Staatsgrenzen hin zu mehr Investitionen innerhalb »Kleinisraels« führen.

Doch ohne eine jüdisch-zionistische Mehrheit konnte die neue Regierung in Jerusalem den Weg nach Oslo nur mit der Unterstützung der arabischen Parteien in der *Knesset* bahnen. In Norwegen liefen die Gespräche allerdings unter strenger Geheimhaltung, denn diesmal verhandelte Israel direkt mit Vertretern der PLO, was nach israelischem Gesetz seit 1985 verboten war. Das Gesetz musste also zuerst annulliert werden, um die Prinzipienerklärung (Oslo I) vom September 1993 überhaupt gültig zu machen. Darin erkannten sich die PLO und Israel zum ersten Mal gegenseitig an. Dafür musste die PLO auch ihr erklärtes Ziel, (ganz) Palästina zu befreien, von ihrer Charta streichen. Vom Oslo-Friedensprozess versprach sie sich einen palästinensischen Staat in den 1967 von Israel eroberten Gebieten im Westjordanland und Gaza.

Doch was genau erhoffte sich Israel von Oslo? Verfolgt man Israels Politik dieser Jahre, so lässt sich folgendes feststellen: Während das Militär und die Wirtschaft konkrete Ziele im Auge hatten, irrten Politik und Gesellschaft durch den Prozess und seine Folgen. Die Ereignisse zwischen September 1993 (Oslo I) und dem Mord am Premierminister Rabin im November 1995 zeugen von einem äußerst zähen, kaum durchsetzbaren

22 Steffen Hagemann: *Die Siedlerbewegung. Fundamentalismus in Israel*, Wochenschau, Schwalbach/Ts 2010, S. 109ff.

Prozess. Israels erklärtes Ziel der Trennung beider Völker erwies sich als ein ausgesprochen schwieriges Unterfangen. Denn ohne die konkrete Teilung des Landes, also unter Beibehaltung der Okkupation, war dies nur mit dramatischen Einschränkungen der Bewegungsfreiheit der Palästinenser möglich.

Israel hatte bereits 1991 mit der Politik der Abriegelung experimentiert und verhängte diese ab 1993 im Zuge von Oslo immer häufiger. Die Grenzen zwischen dem Kernland und den besetzten Gebieten waren seitdem nicht ohne weiteres passierbar. Dies führte dazu, dass Israel die palästinensischen ArbeitnehmerInnen immer mehr aus der israelischen Wirtschaft verdrängte und stattdessen Gastarbeiter aus dem Ausland importierte, sodass Oslo für viele Palästinenser ökonomische Not bedeutete. Die sogenannte »Brot-Intifada« im Sommer 1994 war deren bekannter Ausdruck. Damals kam es zu massiven Unruhen am Gaza-Checkpoint *Erez,* als Palästinenser sich auf die Suche nach Arbeit in Israel machten.

In diesem Zusammenhang fragt der israelische Wirtschaftssoziologe Lev Grinberg, ob israelische Sozialhilfe als Übergangslösung für die akute palästinensische Wirtschaftskrise nicht der günstigere Weg zur Förderung des Friedensprozesses gewesen wäre. Doch seiner Einschätzung nach hatten Israels Eliten kaum Interesse an einer solchen Lösung; für das Militär sei die palästinensische Not ein effektives Druckmittel gegen Arafat gewesen, palästinensische Gewalt gegen Israel resolut zu bekämpfen, während die israelische Wirtschaft von der Abriegelungspolitik insofern profitierte, als sie den palästinensischen Markt in Abhängigkeit von Israel hielt. 1994 sei Israels Würgegriff in den Gebieten noch voll intakt gewesen.[23]

Solche Kontrollmechanismen der »alten« Ordnung erwiesen sich jedoch als kontraproduktiv für den Friedensprozess. Ohnehin hatte Oslo in beiden Gesellschaften Gegner, die den Prozess gefährdeten. So setzten sich Dynamiken in Gang, welche die sowieso krisenhafte Sicherheitslage der Jahre 1994–1995 verschärften: Im Februar 1994 verübte ein jüdischer Siedler aus Hebron ein Massaker an 29 muslimischen Betenden in der Ibrahimi-Moschee mit dem Ziel, den Friedensprozess zu stoppen. Diese Tat eines jüdischen Terroristen wäre die große Chance für die Regierung

23 Grinberg 2007, S. 142.

Rabin gewesen, die kleine, in der israelischen Gesellschaft damals aber höchst umstrittene jüdische Siedlung in der palästinensischen Stadt Hebron zu räumen. Dies hätte zu einer Beruhigung der Lage geführt und den Palästinensern signalisiert, dass Israel es mit dem Friedensprozess ernst meinte. Stattdessen verhängte das politische Israel eine unbefristete Ausgangssperre über die palästinensische Bevölkerung von Hebron und sorgte damit für große Irritation unter den Palästinensern.

War diese folgenschwere Entscheidung politisches Kalkül des Ministerpräsidenten Rabin, oder offenbarte sie vielmehr seine Schwäche im Angesicht des massiven Drucks der Siedler auf seine Regierung? Außer Frage steht, dass Rabin diese Chance vom Februar 1994 hätte ergreifen müssen, hätte er die ernsthafte Absicht gehabt, jüdische Siedlungen im Rahmen von Oslo zu räumen. Sein Zögern und letztendliches Zurückweichen vor der Entscheidung signalisierten seinen politischen Rivalen im rechtszionistischen Lager, dass der Oslo-Prozess durchaus rückgängig gemacht werden konnte.

Dem Hebron-Massaker folgte 1994 eine Eskalationskette, die den Friedensprozess überschattete: ein Attentat gegen Israelis in Jerusalem, ein Selbstmordanschlag auf einen Linienbus in der israelischen Metropole Tel Aviv und die Entführung eines israelischen Soldaten durch die Hamas im Westjordanland, um den Hamas-Gründer Ahmed Jassin aus israelischer Gefängnishaft freizupressen. Generalstabschef Ehud Barak wollte auch diesmal nicht auf die Forderungen der Entführer eingehen. Stattdessen versuchte eine Spezialeinheit der Armee, den Entführten mit militärischer Gewalt zu befreien. Die Befreiungsaktion scheiterte, neben den drei Geiselnehmern starben der Entführte und ein weiterer Soldat.

Als Vergeltung für die Entführung tötete die Armee einen politischen Führer des Islamischen Dschihad im Gaza. Dieser wiederum rächte sich mit einem Attentat auf drei israelische Offiziere in der jüdischen Siedlung *Nezarim* im Gazastreifen. Als das Militär daraufhin den Gazastreifen abriegelte, folgten Ausschreitungen in Gaza, was den Druck auf Arafat dementsprechend erhöhte. Grinberg kommentiert hierzu: »Was das Militär selbst seit 1988 nicht geschafft hatte, nämlich die Intifada zu unterdrücken, verlangte man nun [im Rahmen von Oslo] von Arafat«.[24]

24 Ebd., S. 120.

Doch der Generalstabschef war dem Konzept von Oslo gegenüber skeptisch. Mitte 1994 vertrat Barak die Position des Militärs im Kabinett, wonach im Falle eines Rückzugs aus den palästinensischen Städten das Militär für die Sicherheit der Siedler in den besetzten Gebieten nicht mehr garantieren könne. Baraks Position verzögerte den Beschluss von Oslo II bis Oktober 1995, wodurch die Wahl für das Parlament der Palästinensischen Autonomiebehörde auf Januar 1996 verschoben wurde.[25] Wie bereits erwähnt, wollte Ehud Barak auch als Innenminister Oslo II, welches unter anderem den Truppenrückzug aus den palästinensischen Städten vorsah und den Weg für ein finales Friedensabkommen eröffnen sollte, im Kabinett nicht unterstützen.

Baraks Verzögerungstaktik hinsichtlich des »einfachen« Teils von Oslo ließ erahnen, wie es um die heikle Frage der jüdischen Siedlungen, mithin des finalen Abkommens, bestellt sein würde. Dass Rabins Regierung mit Oslo nicht auf die Großräumung von Siedlungen abzielte, zeigt das unter seiner Regierung beschlossene Projekt der Umgehungsstraßen im Westjordanland. Es handelt sich dabei um ein dichtes Netz von Schnellstraßen, durch welches die Siedlungen untereinander und mit dem Kernland gut verbunden werden, und das wohlgemerkt auf palästinensischem Boden.

Weshalb ging Rabin diesen Weg? Eine Antwort wäre, dass die Maßnahme dazu diente, die Siedler zu beschwichtigen und sie so an den Prozess zu binden. Eine überzeugendere These bietet Grinberg an: Rabin habe den Siedlern damit signalisieren wollen, er hätte nicht wirklich vor, die Siedlungen zu räumen und den Palästinensern die besetzten Gebiete zur Gründung eines eigenen Staates zu überlassen.[26] Tatsächlich baute die israelische Regierung bestehende Siedlungen im Laufe der Oslo-Gespräche weiter aus. In den Jahren 1993–1995 kamen ca. 80.000 neue Siedler hinzu, allein 1995 wurden 1800 Baugenehmigungen erteilt.[27]

Und so sprach man schon Ende 1994 von einer Sackgasse, in die sich die israelische Politik verrannt hatte. Im Januar 1995 beschloss Israel neue Siedlungen, vertagte indes die Parlamentswahl in den palästinensischen Autonomiegebieten. Während Rabin die Siedler zu beschwichtigen suchte und Arafat sich seinerseits bemühte, die Hamas zu bändigen, schlug der

25 Ebd., S. 125.
26 Ebd., S. 144.
27 Ebd.

Islamische Dschihad erneut zu: Bei einem Selbstmordattentat im Kernland starben an einer Bushaltestelle 21 israelische Soldaten. Unter Schock riegelte Israel die besetzten Gebiete ab. Als Vergeltung genehmigte Rabin die Ermordung des Führers des palästinensischen Islamischen Dschihad, Fathi Schaak. Im Oktober 1995 führte der Mossad den Mord durch.[28]

Dass der Hoffnungsträger Rabin im Sicherheitsdenken gefangen war, wurde dem Friedensprozess und sehr bald auch ihm selbst zum Verhängnis. Seine Politik verlor rasant an Orientierung, noch bevor die massiven Proteste der israelischen Rechten gegen Oslo an Fahrt gewannen. Grinberg beobachtet hierzu, dass Unklarheit darüber herrschte, ob angesichts der Sicherheitslage ganz auf den Prozess verzichtet oder lediglich über dessen Implementierung neu nachgedacht werden sollte.[29] Der israelische Schriftsteller David Grossman bemängelte die unkritische, geradezu entpolitisierte Haltung des Friedenslagers gegenüber Rabins fragwürdiger Friedenspolitik. Der Linkszionismus habe geschwiegen, er sei beinah verschwunden und habe den Rechten die Straßen überlassen.[30]

Doch bald kam eine neue *linkszionistische* Idee auf die Tagesordnung: Eine Mauer sollte beide Völker physisch voneinander trennen. Dies sollte allerdings nicht im Sinne der politischen Lösung von zwei Staaten Seite an Seite geschehen, sondern mit dem engen Fokus auf Israels Sicherheit. Als »pragmatischer Zionismus« wurde diese Maßnahme verstanden. Mitte 1995 rief Rabins Regierung eine Sonderkommission unter der Führung von Moshe Shahal dazu auf, das Projekt Trennmauer zu prüfen. Doch solch eine Mauer bedurfte vereinbarter Grenzen, und da Israel 1995 weit entfernt davon war, die Grenzfrage zu thematisieren, geschweige denn zu beschließen, wurde das Mauer-Projekt zunächst einmal auf Eis gelegt. Auch Rabins Nachfolger Shimon Peres wird 1996 jegliche Grenzziehung zwischen Israel und Palästina strikt ablehnen.

Hier ist wichtig festzuhalten, dass 1996 Militär und Wirtschaft die Errichtung einer Trennmauer noch ablehnten, um die Kontrolle über die palästinensische Wirtschaft und Politelite aufrechtzuerhalten. Erst infolge der akuten Sicherheitskrise 2002 wird die Regierung Ariel Sharon

28 Ronen Bergman: *Der Schattenkrieg. Israel und die geheimen Tötungskommandos des Mossad*. München: Deutsche Verlags-Anstalt 2018, S. 508.

29 Grinberg 2007, S. 145–146.

30 Ebd., S. 145–146; vgl. David Grossman: *Haaretz* 4.4.1995.

den Bau einer Trennmauer beschließen. Der Verlauf wird jedoch weder auf einer vereinbarten Grenze beruhen, noch wird dies Israels endgültige Staatsgrenzen markieren. Vielmehr wird die Mauer zu einem weiteren Instrument der Okkupation im neuen Millennium.

Was den einflussreichen Siedlerrat anbelangt, so lehnte er naturgemäß jegliche Grenzziehung innerhalb des Landes zwischen Mittelmeer und Jordan zusammen mit der israelischen Rechten strikt ab. Der Mythos von und feste Glaube an Großisrael als ausschließlich jüdisches Land bewegte sie zu beispiellos heftigen und entschlossenen Demonstrationen gegen die mit Oslo assoziierte Teilung des Landes, wobei die Besatzungsmacht als Mittel zum Zweck, gewissermaßen als notwendiges Übel, aufgefasst wurde. Das Motto des Rechtszionismus lautete »Zuerst kommt *Eretz Israel*, danach die Sicherheit«. Oslo-Fürsprecher hingegen erhofften sich in erster Linie Sicherheit durch Trennung, also durch die Teilung des Landes, ob nun auf der Grundlage eines Abkommens oder mithilfe einer acht Meter hohen Betonmauer durch das Westjordanland und rund um Jerusalem. Die Frage des palästinensischen Anspruchs auf Staatlichkeit im eigenen Territorium wurde auch von Oslo-Fürsprechern dezidiert marginalisiert, als sei sie von sekundärer Bedeutung.

Darin lag die Achillesferse des Oslo-Friedensprozesses: Der linkszionistische Diskurs der Jahre 1993–1996 befreite paradoxerweise den Staat, mithin das Militär, von der direkten Verantwortung für die Besatzung und damit für das Siedlungsprojekt. Die Linkszionisten lasteten die Besatzung allein den Siedlern, mithin den Rechtszionisten, mit ihrem Anspruch auf Großisrael an, als sei dies allein *ihr* Projekt. Dabei wollte man glauben, mit dem Oslo-Prozess in seiner bestehenden Form wäre es getan. Diese entpolitisierte Logik des linkszionistischen Diskurses bezeichnet Grinberg treffend als »Imagined Peace«.[31] Der linkszionistische Mainstream wollte fest daran glauben, dass Staat und Militär wirklich willens und sogar bereits im Begriff seien, den Rückzug aus den besetzten Gebieten umzusetzen. Sie glaubten, die Zweistaatenlösung stünde vor der Tür.

Da aber Oslo nicht einmal Sicherheit innerhalb Israels garantieren konnte, konnte die rechte Opposition immer mehr an Überzeugungskraft gewinnen. So konnten Oslo-Gegner mit ihrer Entschlossenheit Erfolge

31 Grindberg 2007, S. 133.

erzielen und das Bewusstsein für die Grenzziehung vernebeln. »*JESHA* ist hier« – Judäa und Samaria seien Bestandteil von Israel –, hieß ein bekannter Slogan. Vor allem die israelische Mitte ließ sich immer mehr überzeugen, Oslo sei nicht nur nicht zielführend, sondern geradezu gefährlich für die Juden. Tatsächlich bedienten sich die israelischen Rechten der Diaspora-Rhetorik von »Auschwitz-Grenzen«, »Nazi-Palästinensern« und den Juden als ultimativen Opfern. In dieser aufgeheizten Stimmung wurde der israelische Premier durch einen jüdischen Extremisten ermordet.

Bereits im Mai 1995 hatten sich die scharfen Attacken der Rechten gegen die politische Person Rabin und seine Regierung zu konkretisieren begonnen. Zu diesem Zeitpunkt hatte das Militär seinen Rückzugsvorschlag präsentiert, den die *Knesset* im Oktober mit knapper Mehrheit auch billigte. Ursprünglich sollte Oslo II der PA (Palästinensische Autonomiebehörde) die volle Kontrolle über lediglich 2.5 % des Westjordanlandes gewähren, also lediglich über einige Großstädte. Da dies jedoch als zu wenig erschien, wurde die Kategorie B hinzugefügt. Diese sah vor, dass benachbarte palästinensische Dörfer gemeinsam mit dem Militär kontrolliert würden. Alles in allem beinhaltete Oslo II die Übergabe von 27 % des Westjordanlandes an die PA.

Dagegen führte der Likud mit dem neuen Parteichef Benjamin Netanjahu an der Spitze zusammen mit der religiösen Siedlerbewegung, *JESHA*-Rat, eine aggressive Kampagne. Likud-Mitglied Ariel Sharon beschuldigte die Regierung, die Juden im Stich zu lassen, und forderte, deren Führer vor Gericht zu stellen. Er rief die Siedler dazu auf, die vom Militär abgetretenen Gebiete rasch zu übernehmen, um die Grenzziehung selbst in die Hand zu nehmen. So entstanden die sogenannten »illegalen Siedlungen«.[32] Berühmt-berüchtigt für ihre Hetze gegen die Person Rabin wird schließlich die Kundgebung vom 5. Oktober 1995 in Jerusalem, wo Fotomontagen von Rabin in SS-Uniform und mit palästinensischem *Kafia*-Tuch präsentiert wurden. Netanjahu schrie der Menge zu, dass die Regierung sich auf die fünf arabischen Stimmen in der *Knesset* stütze, welche in Wahrheit die PLO verträten. Diese Regierung hätte daher keine *zionistische* Mehrheit.[33] Auch Staatspräsident Ezer Weizman äußerte

32 Ebd., S. 149.
33 Ebd.

Zweifel an der Legitimation des Prozesses in Anbetracht der »arabischen Stimmen«. Solch eine historische Entscheidung bedürfe einer jüdischen Mehrheit, hieß es.[34] Die Tatsache, dass diese Position im zionistischen Israel durchaus weit verbreitet war, sollte die Konfliktgeschichte noch über Jahre hinweg bestimmen.

Dennoch gelang es Rabin, Oslo II in der *Knesset* durchzusetzen, indem er die »pragmatischen Rechten« und die *Mizrahi*-orthodoxe *Schas*-Partei überzeugte. Rabins Charisma, welches nicht zuletzt von seiner Sicherheitsaura genährt wurde, war dabei von entscheidender Bedeutung. Doch gleichzeitig wurde ihm eben diese persönliche Ausstrahlungskraft zum Verhängnis. Denn er als Person wurde gerade deshalb anvisiert, weil er den Prozess beinahe allein trug. Aus rabbinisch-fundamentalistischen Kreisen mehrten sich die Stimmen, dass Rabin selbst *Eretz Israel* und damit die Juden gefährde. Über ihn wurde sogar das altjüdische Gebot *Din-Moser* verhängt. Dieses religiöse Verfolgungsgebot nahm der jüdische Jurastudent Igal Amir wortwörtlich und ermordete den Premier am 4. November 1995 in Tel Aviv, bedeutsamerweise an einer vom Friedenslager organisierten Kundgebung für den Friedensprozess.

Amirs Kalkül, dass der Friedensprozess vom charismatischen Rabin abhing, ging mit der Abwahl der Arbeitspartei im Mai 1996 tatsächlich auf. Vom politischen Mord äußerst verunsichert, setzte der neue Premier auf innerjüdische Versöhnung. Shimon Peres wollte die durch den Mord hervorgetretene »Spaltung des Volkes« überwinden, wofür er ausgerechnet die Siedlerpartei *Mafdal* an seine Koalition zu binden suchte, indem er ihr zusicherte, von der Räumung von Siedlungen abzusehen. Obwohl diese Annährungsversuche letztendlich scheiterten, setzte Peres in seiner kurzen Amtszeit weiterhin auf die »Einheit des Volks« und trug damit dazu bei, dass der Fokus des politischen Diskurses weg vom Friedensprozess mit den Palästinensern hin zur »Spaltung des Volkes« und zur Notwendigkeit des Friedens »unter uns Juden« verlagert wurde. Dabei wurde nicht nur Oslo, sondern auch Rabins politisch motivierte Ermordung ins Abseits gerückt. Innerjüdische Einheit und Versöhnung schienen dringlicher.

Doch mit Oslo war innerjüdische Versöhnung in Israel wohl kaum möglich. In den wenigen Monaten seiner Legislatur schlug Peres einen

34 Ebd., S. 152.

von Zweifel und Orientierungslosigkeit geprägten Kurs ein, was sich aus der historischen Perspektive als fatal erweisen sollte. Zwar ließ er im Dezember 1995 einen Teil von Oslo II implementieren und die palästinensischen Großstädte im Westjordanland mit Ausnahme von Hebron militärisch räumen, sodass im Januar 1996 ein palästinensischer Präsident und ein Legislativrat gewählt werden konnten. Zugleich genehmigte der neue Premier auf Drängen des Inlandgeheimdienstes aber auch die Ermordung eines im Gaza versteckten mutmaßlichen Drahtziehers der Hamas-Selbstmordattentate. Daraufhin rollte im Februar und März eine Terrorwelle durch israelische Städte, der rund 80 Israelis zum Opfer fielen. Mit seiner Entscheidung für einen weiteren Militäreinsatz im Südlibanon im April verlor der Chef der Arbeitspartei Peres auch die israelisch-arabischen Stimmen für die anstehenden Parlamentswahlen.

Hinzu kommt, dass Peres zwar basierend auf seiner Friedenspolitik wiedergewählt werden wollte, sich zugleich aber strikt weigerte, den Ende 1995 in Stockholm bereits ausgehandelten Plan für die endgültigen Grenzen zwischen Israel und Palästina zur Grundlage seines Wahlkampfs zu machen. Sein langjähriger Weggefährte Yossi Beilin und Arafats Vertrauter Mahmud Abbas hatten diesen finalen Friedensvertrag für den im Oslo-Friedensprozess vorgesehenen letzten Schritt bereits ausgehandelt. Hier hätte Peres nur zugreifen müssen, um seiner Friedenspolitik die Zweistaatenlösung zu Grunde zu legen. Danach wäre er mit hoher Wahrscheinlichkeit auch wiedergewählt worden.

Diese Verzögerung, die Peres' zionistischer Überzeugung geschuldet war,[35] kam seinem Herausforderer zugute. Nach dem Mord an Rabin erholte sich der Oppositionsführer Benjamin Netanjahu binnen weniger Wochen von seinen niedrigen Popularitätswerten und führte gekonnt einen Wahlkampf, in dem er mit allen Schwächen und Zweifeln seines politischen Rivalen, mithin der israelischen Gesellschaft, spielte. Angesichts der Terrorwelle im Frühjahr 1996 trafen Netanjahus Wahlkampfslogans den Nerv der angeschlagenen Israelis. »Bibi ist gut für die Juden« implizierte, dass der Oslo-Prozess beziehungsweise sein Initiator Peres im Sinne der »Araber« und damit »des Terrorismus« wirkten. Wenn der

35 Tamar Amar-Dahl: *Shimon Peres. Friedenspolitiker und Nationalist*, Paderborn: Ferdinand Schöningh 2010.

Friedensprozess dazu auch noch Gebietsverzicht bedeutete, so bestünde die Gefahr, dass auch die Hauptstadt geteilt werden müsste. Der Wahlslogan »Peres wird Jerusalem teilen« brachte Netanjahu einen, wenn auch sehr knappen, Sieg ein.

Andererseits erklärte Netanjahu schon während des Wahlkampfs, er würde das in Oslo bereits Vereinbarte respektieren. Damit zielte er darauf ab, gemäßigte politische Kräfte wie die religiöse Schas-Partei, die Orthodoxen und die Russische Partei an seine Koalition zu binden. Diese waren damals keine glühenden Gegner von Oslo und 1996–1999 stand der Prozess weiterhin auf der israelischen Tagesordnung. Netanjahu ließ 1997 Teile von Hebron räumen und handelte 1998 das Wye-Abkommen mit Arafat aus, welches die Rückgabe weiterer 13 % des Westjordanlandes an die Palästinensische Autonomiebehörde vorsah. Doch selbst diese kleinen Fortschritte im Friedensprozess veranlassten die Siedler und ihre Vertreter in *Knesset* und Regierung dazu, Netanjahu zu Fall zu bringen.

Die politische Person Netanjahu, die 1994–1995 mit aller Wucht gegen Oslo protestiert hatte, fiel 1999 ebenfalls dem historischen Prozess zum Opfer und verlor zunächst einmal die Macht. In seiner zweiten Amtszeit 2009–2021 wird Netanjahu die Palästina-Frage auf effektivere Weise aus dem politischen Diskurs drängen. Doch dies wird ihm nicht zuletzt deshalb so gut gelingen, weil sein Nachfolger aus der Arbeitspartei effiziente Vorarbeit dazu leistete.

2000: Das Jahr der Entscheidung

Ehud Baraks Beitrag zum Untergang des Linkszionismus veranschaulicht einmal mehr das dialektische Verhältnis zwischen Person und Geschichte. Rabins Ziehkind und Peres' Nachfolger an der Spitze der Arbeitspartei erhielt 1999 das ausdrückliche Mandat, den Friedensprozess zu vollenden. Und doch wird er derjenige sein, der binnen eines Jahres nicht nur Oslo gegen die Wand fährt, sondern dem israelischen Friedenslager auch den Todesstoß verpasst. Nach nur 18 Monaten im Amt (Juli 1999-Februar 2001) wird der Hoffnungsträger des Linkszionismus abtreten müssen, doch nicht, bevor er das Land in die heftigsten Kämpfe seiner Geschichte und damit in seine tiefste Sinnkrise geführt hat.

Die Tatsache, dass sich das Jahr 2000 schließlich als derart schicksalhaft und geschichtsträchtig erweisen würde, ist nicht zuletzt dem Führungsstil des neuen Premiers geschuldet. Ebenso wie Netanjahu passte sich auch Barak an die neue medial-politische Ära an, indem er seine Person in den Mittelpunkt stellte und den direkten Kontakt zur Öffentlichkeit suchte. Gleichzeitig verloren die großen Volksparteien mit ihren Institutionen und Apparaten zunehmend an Macht und Einfluss. Es wurden regelmäßig Meinungsumfragen abgehalten, auch stilisierte Feindbilder innerhalb der eigenen Gesellschaft wurden ausfindig gemacht. Während Netanjahu die Linken (sprich Linkszionisten) verteufelte, stilisierte Barak 1999 die nicht-zionistische Orthodoxie zum Feind der israelischen Gesellschaft, indem er die Orthodoxen dafür anprangerte, sich nicht an der weltlichen Arbeitswelt und dem Militärdienst zu beteiligen und ihren Lebensunterhalt direkt vom Staat zu beziehen.[36]

Wollte Barak Israels Gesellschaftsordnung reformieren? Der in Israel geborene General osteuropäischer Herkunft diente bis 1995 im Militär. Baraks Erfahrung in Partei und Politik beschränkte sich auf wenige Jahre, 1995–1996 als Innenminister sowie 1997–1999 als Parteivorsitzender. Umso überraschender war daher sein groß angekündigter Anspruch auf eine *gesamtregionale Regelung,* noch bevor er die auf der Tagesordnung stehende Palästina-Frage anzugehen beabsichtige. Der neue Premier ließ verlauten, Syrien sei der Schlüssel für eine solche Regelung, da die Befriedung von Israels Nordgrenze von einer Vereinbarung mit Syrien abhänge. Baraks Wahlversprechen war tatsächlich, die israelischen Truppen aus dem Südlibanon zurückzuziehen, um den langjährigen Guerillakrieg mit der Hisbollah (1985–2000), welcher die israelische Zivilgesellschaft zermürbte, zu beenden. Höhepunkt dieses Abnutzungskrieges war der Unfall zweier Helikopter auf dem Weg in den Libanon, bei dem alle 73 Soldaten starben. Infolge dieses Ereignisses vom 4.2.1997 suchten mehrere zivilgesellschaftliche Bewegungen nach Wegen, diesen Krieg zu beenden. Die bekannteste unter ihnen war die »Vier-Mütter-Bewegung«, die von Müttern von im Libanon gefallenen Soldaten gegründet wurde und der es schließlich gelang, die Politik entschlossen unter Druck zu setzen.

36 Grinberg 2007, S. 210.

Im Mai 2000 löste Barak sein Wahlversprechen ein und setzte den sogenannten einseitigen Rückzug aus dem Südlibanon um. »Einseitig« meint hier eine *nicht* mit der libanesischen Regierung ausgehandelte Truppenbewegung. Der neue Premier und Verteidigungsminister wollte zwar mit Syrien ein Abkommen, unter anderem um die Hisbollah zu bändigen, doch genau wie seine Vorgänger Rabin (1995) und Peres (1996) scheiterte auch Barak an der territorialen Frage. Dem israelischen Rückzug aus dem syrischen Golan konnte Barak während des siebentägigen Gipfels im Januar 2000 im US-amerikanischen Shepherdstown nicht zustimmen. Obwohl er den Amerikanern zunächst sein Einverständnis signalisierte, zog er letztendlich zurück. Baraks Kompromissbereitschaft entsprach jedenfalls nicht der Vorstellung von Hafez al-Assad, der stets die Grenzen von 4. Juni 1967 vor Augen hatte. Sogar seinen engsten Mitarbeitern waren Baraks genaue Ziele nicht ersichtlich. Auch der letzte Versuch des US-amerikanischen Präsidenten Bill Clinton Ende März 2000, den syrischen Präsidenten mit einem israelischen Teilrückzug zu überzeugen, war vergebens.

Weshalb zögerte Barak »wegen 10 Metern östlich des Sees Genezareth«,[37] wenn er doch sämtliche friedenspolitischen Pläne an einem Frieden mit Syrien festgemacht hatte? Eine Antwort liegt im Innenpolitischen, genauer gesagt in den Umfragen. Diesen zufolge sei eine knappe israelische Mehrheit nicht gewillt gewesen, den *kompletten Rückzug* aus dem Golan zu akzeptieren, was den neuen Premier zum Rückzieher veranlasste.[38]

Doch bedarf es hier einer tiefergehenden Erklärung. Folgende These gilt es im Weiteren zu berücksichtigen: Am Scheideweg im Jahr 2000 sah sich Barak mit einer schlussendlich unüberbrückbaren Diskrepanz des zionistischen Israel konfrontiert, nämlich einerseits dem Anspruch auf Frieden mit den Nachbarländern zur langfristigen Sicherung von Israels Existenz in der Region und andererseits dem historisch gewachsenen Sicherheitsverständnis, gemäß welchem das Land nur mit geografischer Tiefe existenzfähig sei. Demzufolge ist ein territorialer Kompromiss nur bedingt möglich, da der syrische Golan, vor allem aber das palästinensische Westjordanland von Israel seit 1967 als sicherheitspolitisch

37 Raviv Drucker: *Hara-kiri. Ehud Barak and the Moment of Truth,* Tel Aviv: Miskal – Yedioth Ahronoth Books and Chemed Books 2002, Hebr.: http://drucker10.net.

38 Grinberg 2007, S. 230.

unabdingbar aufgefasst werden. Und genau deshalb wird sich deren Rückgabe immer wieder als politisch undurchsetzbar erweisen.

Den Truppenrückzug aus dem Südlibanon am 24. Mai 2000 konnte Barak nur kraft seiner Autorität als Premier und Verteidigungsminister, mithin als Sicherheitspolitiker, durchsetzen. Seine Militärs hatten laut protestiert, damit würden Israels Abschreckungsmacht, sein Prestige als Regionalmacht, unterminiert werden. Tatsächlich feierte die Hisbollah Israels Rückzug als eigenen Sieg, sehr zum Leidwesen der israelischen Militärelite. Hisbollah-Chef Hassan Nasrallah hielt am 26. Mai 2000 eine berühmt-berüchtigte Siegesrede in der südlibanesischen Stadt *Bint Dschubail*, wo die IDF ihren wichtigen Stützpunkt jahrelang besetzt hatte. Nasrallah verhöhnte die Zerbrechlichkeit der israelischen Zivilgesellschaft mit dem Bild eines *Spinnennetzes*. Diese »Demütigung« wurde vom Militär deutlich vernommen, was im Folgenden gravierende Auswirkungen sowohl für den anstehenden Kampf mit den Palästinensern in den Jahren 2000–2005 als auch für den sogenannten Zweiten Libanonkrieg im Sommer 2006 sowie auch für Israels *Neue Kriege* im neuen Millennium haben sollte.

Von Belang ist hier die *einseitige* Gebietsabtretung: Nach einem 18-jährigen erbitterten Kampf um immer vager formulierte sicherheitspolitische Ziele im Südlibanon zog sich Israel aus dem Nachbarland zurück. Im Übrigen bezieht sich das Wort *einseitig* nicht nur auf die libanesische Regierung, sondern ist vor allem auch innenpolitisch zu verstehen. Denn der Rückzug wurde wenig thematisiert, sodass der lange, tragische »Guerillakrieg ohne Namen« kaum Erwähnung fand. Die israelische Öffentlichkeit sah sich in diesem schicksalhaften Jahr mit zu vielen anderen Krisen konfrontiert, als dass sie diesen langjährigen Aufenthalt im »libanesischen Sumpf« hätte aufarbeiten können. Im Sinne des Zivilmilitarismus überließen die Israelis somit ihrem Militär die Interpretation des »plötzlichen« Rückzugs. Dieses behauptete, dass Israels Abschreckung beeinträchtigt worden sei; »die Vier Mütter-Bewegung« in Kriegsangelegenheiten nichts zu melden habe; die Truppen in Libanon jahrzehntelang Israels Hinterland gesichert hätten; und Fragen von Sicherheit und Frieden militärischer Natur seien, was im israelischen Kontext als »sicherheitspolitische Natur« zu lesen ist. Doch Barak sprach ein Machtwort und das ganze Land atmete auf, als hätte man endlich eine Naturkatastrophe überwunden.

Erst im Sommer 2000, ein knappes Jahr nach Baraks Amtsantritt, kam der Oslo-Friedensprozess wieder auf den Tisch. Um das sich anbahnende Scheitern nachvollziehen zu können, gilt es auch hier, sich die aufgezeigte Diskrepanz, die »Altlast« des zionistischen Israel, vor Augen zu führen. Da war die *Spannung* zwischen dem linkszionistisch motivierten Friedenswillen eines Premiers der Arbeitspartei im Sinne der Friedensideologie einerseits und einer vom Sicherheitsverständnis geprägten Friedenspolitik andererseits. Des Weiteren existiert für das zionistische Israel die territoriale Palästina-Frage nicht wirklich, denn das Territorium wird als *Eretz Israel* bezeichnet und entsprechend als das historische, dem jüdischen Volk zustehende Land Israel verstanden.

Daher begreift der Linkszionismus die Palästinensergebiete als »umstrittenes Territorium«, ein absichtlich vage gehaltener Begriff mit schlimmen Konsequenzen nicht zuletzt für das Friedenslager selbst. Verhandelbar wäre vor diesem Hintergrund lediglich die *Palästinenser-Frage*, die Frage nach dem Status der palästinensischen Einwohner im Westjordanland (im hebräischen Judäa und Samaria) und in Gaza. Sollen sie Staatsbürger eines Palästinenserstaates, Bewohner eines Palästinensischen Autonomiegebietes oder weiterhin Untertanen des israelischen Besatzungsregimes sein? Die Oslo-Abkommen von 1993 und 1995 haben gerade diese entscheidende Frage dezidiert offengelassen. Netanjahu, Ministerpräsident der Jahre 1996–1999, umging sie nach Möglichkeit. Doch Mitte 2000 ging Barak sie offensiv an.

Barak wollte das 1998 von Netanjahu unterzeichnete Wye-Abkommen über einen weiteren Truppenabzug aus dem Westjordanland nicht umsetzen, nicht zuletzt, weil er das Oslo-Konzept des schrittweisen Vertrauensaufbaus ablehnte. Stattdessen wollte er den einen »großen Deal«, wohlgemerkt ohne Rücksprache mit und Zustimmung von Gesprächspartner Jassir Arafat. Auch in seiner Partei, in der *Knesset* oder im Kabinett thematisierte Barak seine eigentlichen Vorstellungen kaum, schon gar nicht in der Öffentlichkeit. Doch angesichts der Tatsache, dass der Oslo-Friedensprozess am 4. Mai 1999 mit dem finalen Abkommen abgeschlossen werden sollte, drängte die Zeit.

Welche Markierungslinien hatte der Premier im Sinn? Ein Indiz gibt Baraks Bemerkung an den palästinensischen Unterhändler Mahmud Abbas kurz vor dem Camp-David-Gipfel: »Wir beide wissen, dass es vor

1967 kein palästinensisches Volk gab. Wir [Israel und Palästina] hatten [infolgedessen] keine gemeinsame Grenze; die einzige Grenze, die es gab, war die zwischen Jordanien und Palästina«.[39]

Camp David, Juli 2000: Die Wende von Oslo

Geschichtsträchtig wurde die israelisch-palästinensische Begegnung vom Juli 2000 nicht zuletzt deshalb, weil es Ehud Barak so schnell gelang, diese Friedenskonferenz in ein historisches »kollektives Übergangsritual«[40] zu verwandeln, mit anderen Worten in einen Übergang vom Friedensdiskurs zum altbekannten Kriegsmodus. Ob nun aus Fahrlässigkeit oder aus Kalkül, um aus Oslo auszusteigen, gelang Barak tatsächlich der historische Übergang. Nach nur 10-tägigem Gipfel in Camp David formulierte Barak das neue israelische Narrativ, durch welches das israelisch-palästinensische Verhältnis im neuen Jahrtausend auf nachhaltige, ja folgenschwere Weise geprägt werden würde.

Baraks Narrativ lautete, dass Israel einen höchst großzügigen historischen Friedensvorschlag vorgelegt hätte, doch die palästinensische Delegation unter der Führung Jassir Arafats ihn abgelehnt habe. Sein Fazit, dass »Israel keinen palästinensischen Partner für den Frieden hat«, wird Geschichte schreiben. Dabei war Barak mit dem erklärten Ziel nach Camp David gereist, »dem Jahrhundertkonflikt ein Ende zu setzen«. »*Sof Hasichsuch*«, das Ende des Konflikts, wurde auch zu einem geläufigen Mantra Baraks. Daher hatte er mit dem Gipfel im Juli 2000 eine *Entscheidung*skonferenz im Sinn. Doch die Skepsis war groß, nicht zuletzt unter den Palästinensern selbst, da sich Barak bis zum Vorabend des Gipfels geweigert hatte, den Verhandlungsprozess voranzutreiben. Arafat hielt die Zeit für Abschlussverhandlungen daher nicht reif, so dass sich die Palästinenser nur unter erheblichem amerikanischem Druck dazu bereit erklärten, am Gipfel teilzunehmen.

Schon im Februar hatten palästinensische Intellektuelle an die Israelis appelliert, dass ein auf Diktat und Demütigung basiertes Abkommen kaum von Dauer sein könne. Auch der 52. *Nakba-Tag* im Mai 2000 fiel

39 Drucker 2002, Kapitel 15: http://drucker10.net/?page_id=1283. Hebr.
40 Grinberg 2007, S. 233.

besonders gewalttätig aus. Demonstrationen im Westjordanland und in Gaza, deren gewaltsame Niederschlagung durch das Militär sowie ein Hungerstreik von politischen Gefangen in israelischen Gefängnissen hatten fünf palästinensische Tote und hunderte Verletzte zur Folge. Auch unter den israelischen Soldaten gab es etliche Verletzte. Mit den Unruhen im Land zeichnete sich die historische Wende ab, denn neben dem israelischen Truppenrückzug aus dem Libanon planten die Palästinenser, am 13. 9. 2000 ihre Unabhängigkeit zu erklären.

Was in Camp David geschah, ist vielfach und äußerst kontrovers berichtet und analysiert worden. In der Tat wurde die Kontroverse über die diversen Erzählungen selbst zum Gegenstand des Konfliktes. Für unseren Zusammenhang ist die israelische Version ihrer Wirkmächtigkeit wegen relevant. Der israelische Journalist und Buchautor Raviv Drucker fasste Baraks eigene Version in dessen Biografie von 2018 zusammen:

> »In Camp David ging ein menschliches Drama vor sich. Der Mann, der gewöhnt gewesen war, die Realität für seine Zwecke zu biegen, fühlte gerade in diesen Tagen, wie alles um ihn herum auf einmal zusammenbrach: die Koalition, die Verhandlungen, und vor allem [musste er mit ansehen, wie] Arafat ihn täuschte. [...] Barak sperrte sich drei Tage lang in Camp David ein. Er weigerte sich rauszukommen und wies [seine Delegation] an, die Verhandlungen einzustellen, und zwar mit dem Vorwand, Clinton sei einige Tage verreist. Er wollte lieber nachdenken.«

Drucker folgert, dass Barak in Camp David

> »die Beziehungen zu den Palästinensern unwiederbringlich [zerstörte]. Er führte uns [Israelis] in eine verheerende Intifada mit einem gelogenen Narrativ: *Wir hätten Frieden angeboten, sie hätten mit der Intifada reagiert.* [...] Mit dieser Biografie hätte Barak die Chance gehabt, zuzugeben, dass kein palästinensischer Führer bereit wäre, sein Angebot anzunehmen. Er selbst hatte ein paar Monate später ein besseres vorgeschlagen. Barak war ohnehin immer skeptisch hinsichtlich

> der Absichten Arafats. Er ahnte [im Vorfeld], dass die Verhandlungen scheitern würden, bereitete sich daher auf die Intifada vor.«[41]

Barak selbst musste also schon im Vorfeld klar gewesen sein, dass die Konferenz kaum Erfolgschancen haben würde. Zum einen hatte der Premier für solch historisch weitreichende Entscheidungen keinen Rückhalt in der Regierung. Seine Koalition begann schon im März auseinander zu driften. Daher waren alle um ihn herum – die eigene Partei, sein Kabinett, das Friedenslager, die Amerikaner und selbstverständlich die Palästinenser – nicht überzeugt, dass eine solche Konferenz zu diesem Zeitpunkt sinnvoll sei. Zum anderen weigerte sich Barak im Laufe des Gipfels, mit Arafat zusammenzutreffen, geschweige denn mit ihm direkt zu verhandeln. Seinen Friedensvorschlag übermittelte er über die Amerikaner und bestand zudem darauf, dass dieser als amerikanischer und nicht israelischer Vorschlag gelte.

Baraks verblüffende Aussage vom 26.7.2000 unmittelbar nach dem Gipfel offenbart seine wahre Haltung zu Oslo: »Ich war bereit, den schmerzhaften Preis [für den Frieden] zu zahlen, um den Konflikt zu beenden […]. Doch wir müssen in die Konfrontation [mit den Palästinensern] gehen. Folglich werden wir unseren Kindern zuversichtlich in die Augen schauen können, mit dem Wissen also, dass wir alles getan haben, um die Konfrontation zu vermeiden.«[42]

Spricht aus diesen Worten ein Militär, der den Krieg als unvermeidbar versteht, oder ein Politiker, der sein Scheitern vermitteln muss? Ob nun Camp David als Ausweg aus Oslo gedacht war, ob Barak damit seine Regierung retten wollte,[43] oder ob sich hier ein »verwöhnter Politiker« zeigt, der wirklich glaubte, er könne die Realitäten nach eigenem Gutdünken biegen, eines bleibt klar: *Barak nutzte die schwache Position der Palästinenser gekonnt aus, um beides zu erzielen: vom eigenen Scheitern abzulenken und gleichzeitig den politisch ohnehin undurchsetzbaren Friedensprozess zu beenden.* Schließlich bediente er sich eines in der israelischen Konfliktgeschichte weitverbreiteten Feindverständnisses von den

41 Raviv Drucker: Rezension zu Ehud Baraks Buch: »My Country, My Life«, *Haaretz*, 25.6.2018; vgl. http://drucker10.net/?p=3284, Hebr.

42 Grinberg 2007, S. 236.

43 Ebd., S. 233.

»bösen, vor allem widerspenstigen und friedensunwilligen Arabern«,[44] mittels dessen Israels Kriegspolitik wiederholt gerechtfertigt wird.

Nicht von ungefähr ging Baraks Strategie auch reibungslos auf. Das Feindbild Arafat musste nach einigen Jahren Friedensgesprächen wieder neu belebt werden. »Arafats wahres Gesicht« zu zeigen, ihm »die Maske vom Gesicht zu reißen«, so verstand Barak seine Aufgabe im Dienst des Friedenslagers. 2003 erklärte er:

> »Meine Strategie in Camp David war, zunächst einmal herauszufinden, wer Arafat war, was er wollte. [Es stellte sich heraus], dass er ein Terrorist ist. *Die Linken wollten es nicht wahrhaben, dass mit ihm kein Frieden möglich ist.*«[45] [meine Betonung, TA.]

Camp David stellte somit eine Zäsur dar. Auch wenn die Parteien bis zu Baraks Abwahl im Februar 2001 weiterhin verhandelten, war ab dem Sommer 2000 das Restvertrauen nicht mehr wiederherzustellen. Die Entscheidungskonferenz steht für den Beginn der Eskalation. Denn nach ihrem Scheitern ging es um den Kampf um die Wahrheit, um das eigentliche Narrativ des Gipfels. Vor allem ging es um die Schuldfrage, weshalb es nicht zu einem finalen Friedensvertrag kam. Dabei wurde Palästinenserpräsident Jassir Arafat nicht nur von israelischer Seite, sondern auch von den amerikanischen Vermittlern beschuldigt, sich geweigert zu haben, das angeblich ausgehandelte Papier zu unterzeichnen. Er hätte damit sogleich das »Ende des Konflikts« mit unterschreiben müssen.

Doch in den zentralen Fragen des Konfliktes – Jerusalem, jüdische Siedlungen und palästinensische Flüchtlinge – war in Camp David ohnehin keine Einigung zu erreichen. Ein Palästinenserstaat in den Grenzen vom 4.6.1967 mit Ost-Jerusalem als Hauptstadt und eine israelische Anerkennung der palästinensischen *Nakba* von 1948 war für Barak weder ideologisch noch politisch hinnehmbar. Außerdem hätte der israelische Premier eine solche Vereinbarung ohnehin in seiner Regierung mit der national-religiösen Partei *Mafdal* kaum durchsetzen können.

Baraks berühmt-berüchtigter Kompromissvorschlag, den Tempelberg

44 Amar-Dahl 2012, Kapitel 2.
45 Zitiert bei Grinberg 2007, S. 238; vgl. *Maariv* 13.6.2003.

in der Altstadt Jerusalems gemeinsamer israelisch-palästinensischer Souveränität zu unterstellen, wurde erst zum Schluss der Konferenz vorgelegt, als sich deren Scheitern bereits abzeichnete. War dieser Vorschlag in letzter Minute für PR-Zwecke gedacht? Am 10. Juli, einige Tage *vor* Camp David, publizierte der der Regierung nahestehende linkszionistische Journalist Dan Margalit ein bemerkenswert ähnliches Argument in *Haaretz*: Barak sollte [in Camp David] weitreichende Kompromisse [gegenüber der PA] wagen, doch sollten diese abgelehnt werden, *so wird es dem Westen und auch der arabischen Welt klar werden, dass Arafat dem Frieden nicht gewachsen sei.*[46] Diese Botschaft war in erster Linie an das linkszionistische Friedenslager gerichtet.

Baraks Wahrheit und die linkszionistischen Intellektuellen

Baraks Narrativ über Israels »großzügiges Angebot« und »die widerspenstigen, friedensunfähigen, friedensunwilligen Palästinenser« machte die Zweite Intifada und den brutalen Krieg gegen die Palästinenser erst möglich. Doch wie konnte sich eine derart plakative Interpretation der Ereignisse so rasant innerhalb eines großen Lagers verbreiten, zumal dieses nur ein Jahr zuvor Barak eben dazu gewählt hatte, den Friedensprozess mit den PalästinenserInnen im Sinne von Rabins Friedenspolitik zu vollziehen?

Eine Antwort liegt in der effektiven Überzeugungsarbeit der linkszionistischen Schreibeliten. Wenn es darum ging, Israel den Weg des Krieges zu ebnen, spielten prominente Persönlichkeiten eine entscheidende Rolle. Der israelische Dichter, Literaturkritiker und Publizist Yitzhak Laor erkannte bereits im Dezember 2000 die fatale Funktion der linkszionistischen Intellektuellen zu Beginn der Intifada.[47] 2009 erläutert Laor diese

46 Dan Margalit, *Haaretz* 10.7.2000; vgl. Rima Hamami u. Salim Tamari: »Anatomie einer weiteren Erhebung«. In: Adi Ophir (Hg.), *Real Time – Al-Aqsa Intifada and the Israeli Left*, Jerusalem: Keter Publishing House Ltd. 2001, S. 76. Im Folgenden: *Real Time* 2001.

47 Yitzhak Laor: »›Wir rufen die palästinensische Führung auf, den Konflikt ohne Gewalt zu schlichten‹ – Zur Rolle der linkszionistischen Intellektuellen beim Konsensbau zu Beginn der Intifada«. In: ders., *Things That Are Better (Not) Kept Silent*, Tel Aviv: Babel 2002, Hebr., S. 78–108. Im Folgenden: Laor 2000.

bittere Rolle und meint: »Schaut nicht auf die Intellektuellen herab. Sie haben die Macht, eine Wahrheit zu konstruieren.«[48]

Tatsächlich beteiligten sich an diesem Konstrukt prominente Autoren aus dem Friedenslager, darunter Amos Oz, A.B. Yehoshua, David Grossman, Philosophie-Professoren wie Menachem Brinker und Avishai Margalit sowie linkszionistische Politiker wie Juli Tamir und Uzi Baram. Sie alle trugen zu Baraks fataler Erzählung bei, und all dies mit einem äußerst heiklen Timing.

Schon *während* der Konferenz in Camp David beeilten sich Brinker und Margalit, Barak zur Seite zu stehen, obwohl zu diesem Zeitpunkt noch niemand wissen konnte, was dort eigentlich vor sich ging.[49] Noch am 17.7.2000 pries Brinker Baraks »weitreichenden Plan, mit dessen Grenzziehung die israelischen Linken sehr wohl leben konnten [...].« Dazu meinte er: »Israel kann nur unmöglich die juristische und moralische Verantwortung für den Ausgang [meint: für die Flucht und Vertreibung] der [palästinensischen] Flüchtlinge [der *Nakba* 1948] übernehmen. Nicht Politiker sind hierzu zuständig, vielmehr die Historiker.« Margalit äußerte sich in der internationalen Presse schon zu *Konferenzbeginn*: »Kein israelischer Führer hat den Palästinensern ein solches Angebot gemacht.« Auch Baraks Parteiweggefährten Juli Tamir und Uzi Baram – ausdrückliche Unterstützer von Oslo – verbreiteten Baraks Botschaft zu Camp David in den USA erfolgreich.[50]

Vor allem Amos Oz vertrat vehement Baraks Wahrheit im Ausland. Oz' Texte aus dieser Zeit gewähren Einblick in das Selbstverständnis einer schreibenden Elite, die durch und durch ideologisch unterwegs ist. Nach Laors Einschätzung diente Oz dabei als wichtige Kriegstrommel.[51] Diese Elite fühle sich in erster Linie dem zionistischen Israel verpflichtet, noch mehr jedoch der vermeintlich eigenen linkszionistischen Regierung. Am 25.7.2000, noch bevor Barak selbst den Gipfel gegenüber den Israelis zusammenfasste, brachte Oz unter dem Titel »Even if Camp David fails,

48 Yitzhak Laor: »The Right of Return (of the Colonial): On the Role of the ›Peace Camp‹ and its French Sponsors«. In: ders., *The Myths of Liberal Zionism*, London/New York: Verso 2009, S. 39. Im Folgenden: Laor 2009.

49 Laor 2000, S. 107.

50 Laor 2000, S. 107–108.

51 Laor 2000, S. 95.

this conflict is on its last legs« im britischen *Guardian* folgendes zum Ausdruck:

> »Ehud Barak ging einen sehr langen Weg auf die Palästinenser zu, noch vor Beginn des Gipfels von Camp David; länger als jeder seiner Vorgänger je zu gehen träumte; länger als jeder andere israelische Premierminister wahrscheinlich gehen wird. Auf dem Weg nach Camp David war Baraks ausdrückliche Haltung so kompromissorientiert, dass er seine parlamentarische Mehrheit, seine Regierungskoalition und sogar einen Teil seiner Wählerschaft verlor. Dennoch machte er weiter, obwohl er unterwegs Flügel, Körper und Schwanz verlor, wie ein fliegendes Cockpit, er machte weiter. Offenbar ist Jassir Arafat nicht so einen langen und einsamen Weg auf die Israelis zugegangen.«[52]

Auch einige Tage später macht Oz deutlich, weshalb Verhandlungen mit Arafat zwecklos, wenn nicht sogar fahrlässig seien. In der *New York Times* vom 28.7.2000 führt Oz unter dem furchterregenden Titel »Die Gespenster von Saladin« aus:

> »Schon 1967 war ich einer der ganz wenigen Israelis, die die Lösung zweier benachbarter Staaten mit Jerusalem als Hauptstadt beider Staaten, gegenseitiger Anerkennung und gegenseitiger Akzeptanz beschworen. [...] Ich erinnere mich, dass damals eine einzige Telefonzelle ausgereicht hätte, um die gesamte nationale Versammlung der israelischen Friedensaktivisten aufzunehmen. Wir konnten uns buchstäblich an einer Fingerspitze abzählen, eine winzige Minderheit unter Minderheiten. Heute ist alles anders. Mehr als die Hälfte der Nation ist auf unserer Seite [...], doch die Palästinenser haben Nein gesagt.«[53]

Was genau lehnten die Palästinenser ab?

> »Sie bestehen auf ihrem ›Recht auf Rückkehr‹, obwohl wir alle sehr gut wissen, dass ›Recht auf Rückkehr‹ hierzulande ein arabischer

52 Zitiert nach Laor 2009, S. 51–52.

53 Zitiert nach Laor 2009, S. 62–63; vgl. Amos Oz: »The Specters of Saladin«, *New York Times*, 28.7.2000.

> Euphemismus für die Liquidierung Israels ist. Herr Arafat besteht nicht nur auf dem Recht auf einen palästinensischen Staat, ein Recht, das ich voll und ganz unterstütze. Jetzt fordert er, dass die palästinensischen Exilanten nicht nur nach Palästina, sondern auch nach Israel zurückkehren sollen, wodurch das demografische Gleichgewicht gestört und Israel schließlich zum 26sten arabischen Land werden würde.«[54]

Das Rückkehrrecht der palästinensischen Flüchtlinge wird hier als ultimatives Instrument dargestellt. Laor führt aus, wie die Maschinerie der israelischen Propaganda in diesen fatalen Monaten funktionierte und wie im Moment des Kollapses das Tabu des zionistischen Israel herangezogen wurde, um das Ausland, vor allem aber die Mitte der israelischen Gesellschaft, für den Ausstieg aus dem Friedensprozess zu gewinnen. Das palästinensische Rückkehrrecht diente hier als effektives Argument, weil in dieser Frage keinerlei Kompromisse gemacht werden könnten, jedenfalls nicht im Konsens des zionistischen Israel.

In der Tat könnte Oz' Text ebenso von einem Rechtszionisten oder einem Siedler geschrieben worden sein. Denn seit jeher bedienen sich diese des dichotomischen Diskurses im Sinne von entweder »sie« oder »wir« – nicht zuletzt, um Verhandlungen auszuschließen. Solch ein Diskurs entzieht jegliche Basis für einen Dialog, macht ihn sinnlos. Denn wenn die palästinensische Bedingung für ein finales Abkommen das »Recht auf Rückkehr« sein sollte, dann bedeutet der Frieden für Oz sogleich »die Liquidierung Israels«.

Nicht von ungefähr bediente sich Oz der Saladin-Metapher. Der kurdisch-muslimische Krieger aus dem 12. Jahrhundert, der erfolgreich gegen die Kreuzzüge im Heiligen Land gekämpft hatte, veranschaulichte für Oz die Gefahr vollends. Arafat mit Saladin zu assoziieren, diente seinem Bild als Terrorist. Entsprechend kommentierte Oz kurz nach dem Camp-David-Gipfel: »Ich sitze vor dem Fernseher in meinem Wohnzimmer und sehe, wie Jassir Arafat in Gaza einen triumphalen Heldenempfang erhält, und all dies, weil er Nein zum Frieden mit Israel sagte. Der Streifen ist

54 Zitiert nach Laor 2009, S. 64; vgl. Oz: »The Specters of Saladin«.

mit Fahnen und Slogans bedeckt, die den ›palästinensischen Saladin‹ verkünden. [...] Mein Herz bricht.«[55]

Laor zufolge war es Oz' Kalkül, mit einer solchen Metapher das christliche, abendländische Ausland anzusprechen: »In der Hoffnung, an den latenten kolonialen Christenhass zu appellieren [...]. Die europäische Angst vor muslimischen Einwanderungswellen wurde hier voll ausgenutzt.«[56]

Denn im Fokus stand in erster Linie die *Schuldfrage.* Innenpolitisch galt es, das linkszionistische Lager, mithin die israelische »Friedensbewegung« wie *Peace Now,* für den bevorstehenden Kampf zu gewinnen. Das manichäische Narrativ war daher vonnöten. Noch effektiver war jedoch das personifizierte Feindbild Arafats, das in Israel seit Jahrzehnten existierte. Am 13.10.2000, ungefähr zwei Wochen nach dem Ausbruch der Intifada, schrieb Oz im britischen *Guardian* »Why Arafat must take the blame«:

> »Ehud Barak trieb diese unbeständige neue Strömung in Israel auf die Spitze, als er in Camp David anbot, den Palästinensern mehr als 90 % des Westjordanlandes zu überlassen und einen palästinensischen Staat mit Ostjerusalem als Hauptstadt anzuerkennen. Mit zusammengebissenen Zähnen stimmte er sogar zu, Jerusalems umstrittene heilige Stätten in muslimische Obhut zu geben. Vergeblich. Als Jassir Arafat im August aus Camp David zurückkehrte, nannte er sich den neuen Saladin. Die palästinensische Presse und die Medien begannen sofort, die Trommeln für einen heiligen Krieg gegen die Juden zu schlagen, ›für die Erlösung der heiligen Stätten‹. [...]
> Herr Arafat ist eine kolossale Tragödie für beide Völker. Er hat zugelassen, dass die neu geschaffene Palästinensische Autonomiebehörde in Korruption versinkt, und er hat sein Volk gegen Israel und gegen

55 Zitiert nach Laor 2009, S. 45. Laut Laor bemühte Oz die Saladin-Metapher bereits Anfang August 2000, also kurz nach dem gescheiterten Camp-David-Gipfel, als das Militär palästinensische Unruhen erwartete (Ebd. S. 44). Auch Ehud Barak bediente sich dieser Metapher: »Arafat sieht sich selbst als wiedergeborener Saladin – als den kurdischen muslimischen General, der die Kreuzfahrer im zwölften Jahrhundert besiegte – und Israel als einen weiteren kurzlebigen Kreuzfahrerstaat.« Vgl. »Camp David and After: An Exchange. An Interview with Ehud Barak«, *New York Review of Books* 49/10, 13.6.2002, zitiert nach Laor 2009, S. 43, FN 4.

56 Vgl. Laor 2009, S. 44, 64.

> die Juden aufgehetzt. Schließlich hat er diesen jüngsten Ausbruch hasserfüllter Gewalt initiiert, um die gesamte arabische und islamische Welt zu einem Dschihad, einem heiligen Krieg, gegen die Juden anzustacheln. Wenn ich mir die Rhetorik des offiziellen palästinensischen Staates [sic!] und der Medien sowie der arafatesken Intellektuellen anhöre, dann überrascht mich der Lynchmord in Ramallah kaum. Das palästinensische Volk wird von blindem Hass erstickt und vergiftet.«[57]

Dies war harter Tobak aus dem Munde eines Friedensaktivisten, der seit jeher die Zweistaatenlösung befürwortet hatte. Und dies war wohlgemerkt kurz nach Beginn der Eskalation im Oktober 2000, zu einem Zeitpunkt, als selbst dem israelischen Militär noch unklar war, wohin sie führen würde. Auch hier fragt man sich, was Oz mit einem solchen Text eigentlich bezweckte. Wofür plädiert er? Und inwieweit unterscheidet sich dessen Urheber von gewöhnlichen Kritikern des Friedensprozesses? Zu diesem Zeitpunkt war das linkszionistische Lager vollends in Verlegenheit geraten.

Ende 2000 war das israelische Friedenscamp und mit ihm der Linkszionismus verwirrt, irritiert und sowohl intellektuell als auch moralisch und politisch führungslos. »Left in Distress« – die »Irritation der Linken« – wurde zum geläufigen Begriff jener Tage. Gegen Ende Oktober, als die Gewalt mehrere Höhepunkte erreicht hatte [im Weiteren näherer erörtert], forderte die Tageszeitung *Haaretz* etliche Intellektuelle dazu auf, ihrer Wut – besser gesagt, ihren Irritationen – Ausdruck zu verleihen. Die Beiträge verstärkten nicht nur die Irritationen der Linken, sondern gaben auch einen verblüffenden Einblick in die Mechanismen, die den Krieg in Israel immer wieder möglich machen.

Der Schriftsteller A. B. Yehoshua hierzu: »Wir haben uns mit Arafat zusammengesetzt, Baraks Angebot war großzügig, und dann hat Arafat alles zertrümmert, weil er dachte, er könne nur mit Gewalt und internationalem Druck mehr erreichen. Deshalb die Enttäuschung. Und er hat einen großen Fehler gemacht, denn er stand Barak und nicht Sharon oder Netanjahu gegenüber, mit einem breiten Konsens, um den Deal

57 Zitiert nach Laor 2009, S. 42–43.

abzuschließen.«[58] Seine verblüffende Argumentation beendete der Autor mit dem Geständnis: »Ich gebe zu, ich verstehe nicht, was Arafat will.«[59]

Ebenso apologetisch beteuerte der Literaturforscher Dan Miron: »In diesem Kampf hat Israel völlig recht wie noch nie zuvor«, um dann zum gängigen entpolitisierenden Argument zu gelangen, dass »weder die besetzten Gebiete noch die Siedlungen [in Camp David] Gegenstand dieses Kampfes [sind], auch nicht das Großisrael, das ohnehin kein Thema mehr für die israelische Öffentlichkeit ist (sic!). Alles, was Israel verlangt, ist, dass diese [hier nicht genau definierten] Gebiete an die PA mit einem vereinbarten, finalen Vertrag übergeben werden, sodass Israels vitale Interessen garantiert bleiben.«[60]

Mitte November 2000, als der gewalttätige palästinensische Aufstand in dessen brutaler Niederschlagung mündete – mehr als 300 Tote, tausende palästinensische Verletzte waren der israelischen Armee schon zum Opfer gefallen –, publizierten linkszionistische Intellektuelle den Appell »Stoppt die Eskalation«:

> »Die Regierung Barak hat keine einzige Siedlung geräumt. Sie hat sogar mehr gebaut als Netanjahu. […] Diese [Siedlungen] stehen ohne Zweifel jeder Grenzziehung zwischen Israel und Palästina im Wege. Diese [Siedlungen] zementieren den Konflikt. Wir rufen die israelische Regierung dazu auf, den Siedlungsbau einzufrieren und die Grenzen vom 4. Juni 1967 als Grundlage für die Markierung zwischen uns und den Palästinensern zu akzeptieren. […] Am Ende werden ohnehin die meisten Siedlungen geräumt werden müssen.«[61]

Den abschließenden Satz dieses Appells (»Wir rufen die palästinensische Führung auf, den Konflikt zu lösen, und zwar ohne Gewalt«) hebt insbesondere Laor kritisch hervor. Nicht nur, dass diese schreibende Elite mit einem solchen Satz wahrlich zeigte, wie wenig sie begriff, worum es bei

58 Laor 2009, S. 44; vgl. »Left in Distress«, *Haaretz Magazine* 20.10.2000.

59 »Left in Distress«, *Haaretz Magazine* 20.10.2000.

60 Dan Miron: »Worum geht es beim Kampf?«, *Yedioth Ahronoth*, 24.10.2000.

61 Vgl. *Haaretz* 17.11.2000: »Stoppt die Eskalation«, zitiert nach Ran HaCohen: »Mapping die Siedlungen«. In: *Real Time* 2001, S. 138–146. Hier S. 140–141: Unterschrieben haben HaCohen zufolge: u.a. Amos Oz, A.B. Yehoshua, Natan Sach, S. Izhar, Sammy Smooha, Eli Amir, Shulmait Wolkow, Dave Kimchi und Aviad Kleinberg.

diesem Konflikt wirklich ging und weshalb die palästinensische Führung »den Konflikt nicht lösen kann«, ob nun mit Gewalt oder ohne. Laor liest in diesem Satz nicht weniger als den Casus Belli für Israel und damit die Legitimierung des bereits geführten Krieges gegen die Palästinenser.[62]

Doch bald wird dieser Krieg zum Konsens, zum »notwendigen Kampf um die Heimat«. Die »legitimierte Gewalt« in Israels politischer Kultur resultiert unmittelbar aus diesem Verständnis des Kriegs als unerlässlichem Instrument der Sicherheit, damit der nationalstaatlichen Existenz. Die Vorstellung von der Notwendigkeit des Kriegs ist gerade bei den Linkszionisten stark ausgeprägt. Die Angst vor dem Kollaps der auf Sicherheit und somit letztlich auf Besatzung basierten politischen Ordnung wird im weiteren Verlauf den Kampf bestimmen. In dieser Ordnung darf das Militär als Sicherheitsinstitution die Sicherheitspolitik durchaus (mit)bestimmen.

Dieses Verständnis, gemäß dem das israelische Militär eine Institution im ausschließlichen Dienst des als heilig aufgefassten Staates ist, hätten diese Intellektuellen nach Laors Ansicht so verinnerlicht, dass sie nicht in der Lage seien, es zu kritisieren. Die Gewalt des Militärs werde nicht nur als legitim, sondern als unabwendbar suggeriert. Daher rühre ihre Sichtweise, wonach die Gewalt der Palästinenser das Alibi für die Gewalt des eigenen Militärs darstelle. Denn »die Verbrechen von 1948 und der Jahre danach« seien dezidiert verleugnet worden, wobei diese Intellektuellen in diese große Verleugnung hineingeboren worden seien. Und eben diese Verleugnung erkläre ihre fahrlässige Arroganz bei der blinden Unterstützung des Generals/Premiers Barak.

Die Kehrseite der Arroganz der linkszionistischen Intellektuellen sei die damalige Euphorie von Oslo gewesen, als hätte dieser Prozess den »Sieg eines pragmatischen Linkszionismus« bewiesen. In Oslo habe der Linkszionismus sein eigenes Selbstbild vom Leben ohne Palästinenser konstruiert. »Sie« seien dort, wir seien hier. Eine Trennung sei völlig illusionär gewesen, da die Palästinenser stets unter »unserer militärischen Kontrolle« stünden.[63]

Die linkszionistische Intelligenzia verharrte also gerade in den kritischen Wochen nach Ausbruch der Gewalt Ende September im alten

62 Laor 2000, S. 105.
63 Laor 2000, S. 106ff.

manichäischen Diskurs. Sie kehrte zurück zum »alt-zionistischen« Bild eines existenziellen Krieges. So stellte der palästinensische Journalist Muhamad Hamsa Nahim im Dezember 2000 fest: »Die Intelligenzija reproduziert ein veraltetes Narrativ«.[64] In Anlehnung an Boaz Evrons bahnbrechendes Werk »Die Nationale Abrechnung« (1988), in welchem die Funktion der historischen Ohnmacht der Juden als Grundlage für deren illusionären Glauben an die militärische Macht als dominantes Instrument der Nationalstaatlichkeit herausgearbeitet wird, führt Nahim die Reaktionen dieser Elite aus und schließt daraus, dass gerade diese »liberalen, jüdischen Intellektuellen« einen falschen und spaltenden Friedensdiskurs an den Tag legten.

Naim bezieht sich nicht nur auf die Gewalt des Militärs, sondern auch auf einen weiteren Aufruf, der am 10.11.2000 von mehr als hundert palästinensischen Prominenten direkt an die Israelis gerichtet wurde: »[...] Das palästinensische Volk ist [im Zuge Oslos] ohne physischen, rechtlichen oder staatlichen Schutz; die Besatzung prägt unser Leben auf fatale Weise. Gerade Oslo verwehrt uns den Schutz durch das internationale Recht.«[65]

Auf diesen Aufruf reagierte der israelische Schriftsteller David Grossman mit einem auf Arabisch verfassten Brief an die Palästinenser. Grossman suchte zwar den Dialog, doch zu diesem Zeitpunkt (21.11.2000) zählten die Palästinenser bereits zahlreiche Tote und Verletzte. »Die Wut der Palästinenser war den Israelis nicht bewusst, doch sie sind schockiert von dem Ausmaß der [palästinensischen] Gewalt. Mir fehlt [im palästinensischen Aufruf] eine klare Distanzierung davon. Ebenso wie die Zusage, dass [im Falle eines] Friedensabkommens die Palästinenser keine weiteren Forderungen mehr stellen werden«. Hier klingt das ersehnte »Ende des Konfliktes« an. Grossmans Text zeugt vom Verständnis zweier ebenbürtiger Parteien, die noch am Verhandlungstisch sitzen, weshalb von »Gegenseitigkeit« die Rede ist. Er glaubt weiterhin an das israelische Narrativ, wenn er beklagt, »die meisten Israelis glaubten an den Prozess, an die Versöhnung, und nun, gegen Ende aus ihrer Sicht, werden sie verraten.«[66]

64 Muhamad Hamsa Nahim: »Die Intelligenzia reproduziert ein veraltetes Narrativ«. In: *Real Time* 2001, S. 224–237.

65 Ebd., S. 228.

66 Ebd., S. 229.

Der Palästinenser Nahim ist über Grossmans Text verzweifelt angesichts der Tatsache, dass sogar der wahrlich wohlwollende Israeli nicht von der trügerischen Vorstellung der Symmetrie loskommen könne.[67] Und dies obwohl Grossman das Problem durchaus erkannte. Schließlich rief er schon am 4.11.2000 in *Haaretz* dazu auf, die Siedlungen nun endlich als zentrales Hindernis für eine Vereinbarung anzuerkennen und sie im Namen eines gerechten Friedens zu räumen. »Jede wie auch immer große und solide Siedlung, die dem Frieden im Wege steht. [...] Es ist kein Geheimnis, dass diese gerade dafür geschaffen worden waren, um den Frieden und damit einen palästinensischen Staat zu verhindern.«[68]

Wie weit israelische und palästinensische Intellektuelle Ende 2000 voneinander entfernt waren und inwiefern die israelische Intelligenzia überhaupt in der Lage war, die *realen* Verhältnisse in diesem Konflikt wahrzunehmen, lässt sich an den folgenden Reaktionen ablesen. So legt der israelische Schriftsteller Nissim Kalderon den palästinensischen Aufruf von Ende 2000 wie folgt aus: »Der Unabhängigkeitskrieg von 1948 sei eine israelische Sünde; folglich müsste man das Rückkehrrecht [der palästinensischen Flüchtlinge] akzeptieren und daher die Grenzen vom 4.6.1967 verwerfen. Diese [Interpretation] lehne ich entschieden ab.«[69]

A. B. Yehoshua rief die Siedler auf: »Euern Kindern zuliebe kehrt bloß nach Hause aus der palästinensischen Diaspora [sic!] zurück.«[70] Ahron Meged hingegen protestierte gegen den Begriff »palästinensische Diaspora«:

> »Zwar werden wir [eines Tages] einen palästinensischen Staat in Teilen von *Eretz Israel* akzeptieren [müssen], doch auch dann werden wir nicht loslassen können von dieser ›Diaspora‹, weder historisch noch kulturell noch religiös, auch nicht mit unserer Erfahrungsgeschichte. Denn wenn Judäa, Samaria, Hebron, Jericho und Betlehem [jüdische] Diaspora sein sollten, wozu sind wir dann überhaupt hier?«

67 Ebd., S. 230–231.

68 Vgl. David Grossman: »Mit dem Stottern stoppen«. In: *Real Time* 2001, S. 127–124; 2003 bekräftigt Grossman: »Es stimmt, dass es keine Symmetrie zwischen den Zugeständnissen gibt, die beide Seiten machen können. Israel hat fast alle Trümpfe in der Hand, während die Palästinenser nur begrenzte Möglichkeiten haben. Dennoch kann man sich des Eindrucks nicht erwehren, dass Arafat der weniger mutige, weniger kreative und sturere der beiden Führer war.« Vgl. Grossman: *Death as a Way of Life*, New York 2003, S. 78, zitiert nach Laor 2009, S. 41.

69 Nahim 2001, S. 232.

70 Ebd., S. 234.

Für Meged stellt das »Land der Urväter« demnach die Grundlage auch für das säkulare zionistische Projekt dar. Die schmale Küste von »Nahariya bis Nizanim« (dem Kernland) könne doch unmöglich als Verheißungsland gelten.[71] Der irakischstämmige linke Schriftsteller Sami Michael positionierte sich zwar auf der Seite des Friedensprozesses, doch zugleich bemerkte er besorgt: »[D]ie echten Zionisten heute sind die Siedler. [...] Sie erobern das Land und riskieren ihr Leben. [...] Ich fürchte um sie, um ihre Kinder. Es ist gefährlich dort, kommt zurück nach Hause.«[72] Natan Zach sprach von nicht weniger als dem »Verrat« des palästinensischen Partners und von der »Rückkehr in die Wüste«.[73] Es scheint, als hätte diese linkszionistische Intelligenzia die israelisch-palästinensische Konfliktgeschichte im Sinne Salo W. Barons als *Lacrymoser*, also vor allem als israelisch-jüdische *Leidens*geschichte, wahrgenommen. Adi Ophir brachte diese Irritationen im Linkszionismus auf den Punkt: »Der aufgeklärte Israeli ist Ende September 2000 aufgewacht und entdeckte zu seinem Entsetzen, dass er die Besatzungsstiefel noch immer trägt.«[74]

Ehud Baraks Altlast

Was hinterließ der letzte Hoffnungsträger des linkszionistischen Lagers, Ehud Barak? Ein Jahrzehnt später resümiert Laor: »Es war die hässlichste Stunde des Linkszionismus, er gab sich gern verwirrt.« Israel habe den antikolonialistischen Kampf der Palästinenser verleugnen wollen, indes seien die massiven Attacken des Militärs in den besetzten Gebieten, die Attentate und die Wiedereroberung des Westjordanlandes kaum auf eine Opposition gestoßen. »Die Dummheit siegte: der einzige Palästinenser, der zum Kompromiss führen konnte, wurde mit Hilfe des Linkszionismus als Satan dargestellt. [...] Der Linkszionismus hat sich selbst aufgelöst, schließlich vergraben.«[75]

Doch waren Barak und mit ihm das linkszionistische Lager überhaupt

71 Ebd., S. 234–235.
72 Ebd., S. 235.
73 Ebd., S. 237.
74 Zitiert nach Nahim, ebd., S. 237.
75 Yitzhak Laor: »11 Jahre für den Untergang der Linken«, *Haaretz* 18.9.2011.

objektiv in der Lage, den Jahrhundertkonflikt zu lösen? Genauer gesagt, *war das zionistische Israel 2000 so weit, die ur-zionistische Palästina-Frage ernsthaft anzugehen?* Wie unausgereift, wie unschlüssig Baraks »großzügige Offerte« an die Palästinenser tatsächlich war, wird anhand der immer wieder veränderten Vorschläge ersichtlich. Im November 1999 sprach Barak gegenüber Bill Clinton von einem palästinensischen Staat auf bis zu 50 % des Westjordanlandes; im Mai 2000 war das Territorium schon auf 80 % gewachsen, allerdings nur graduell; im Juni waren es schon 87 %; auf dem Gipfel von Camp David im Juli war die Rede von 91 %, während in Taba im Januar 2001, einige Monate nach Ausbruch der Intifada, schon von fast 100 % des Westjordanlands gesprochen wurde.[76]

Wenn also Barak selbst kaum eine konkrete Vorstellung davon hatte, wie der »Deal« mit den Palästinensern aussehen sollte, wie sollte er irgendeines dieser Angebote politisch durchsetzen können? In Anbetracht seiner Koalition war dies wohl kaum möglich, denn vier Parteien – die drei religiösen und die russische *Israel B'Aliya* – waren schon *vor* Camp David aus seiner Regierung ausgetreten. Noch entschlossener war die Opposition aus Siedlerbewegung und des kämpferischen Likud mit Ariel Sharon an der Spitze. Diese hätte jeglichen Deal ohnehin mit allen Mitteln bekämpft, wie sie es schon 1995 getan hatte. Betrachtet man zudem Baraks Vorgeschichte mit dem Oslo-Friedensprozess, seine Überzeugungen, seine langjährige Tätigkeit im Militär einschließlich der Bekämpfung der PLO und der Verfolgung ihres Chefs Jassir Arafat höchst persönlich, so drängt sich der Eindruck auf, dass Baraks Manöver von Camp David vielleicht doch nur den rationalen Weg darstellen, um Israel geschickt von Oslo zu befreien. Dazu bedurfte es nur, das eigene linkszionistische Lager zu überzeugen.[77]

Raviv Drucker fasst Baraks kurze Amtszeit als Regierungschef nicht ohne Ironie zusammen:

76 Drucker 2002, Kapitel 15: »100 Tage für einen 100-jährigen Konflikt«, http://drucker10.net/?page_id=1283, Hebr.

77 Grinberg 2007, S. 238–240. Auf die Frage, ob er als Chef des Inlandgeheimdiensts nicht im Vorfeld konsultiert worden sei, sollte der Camp-David-Gipfel scheitern, antwortet Avi Dichter Jahre später, dass er nicht in Echtzeit einbezogen wurde. »Doch im Nachhinein wurde klar, dass [die israelische Führung auf dem Gipfel] im Sinn hatte, die Palästinenser zum Äußersten zu drängen, um dann zeigen zu können, dass sie nicht die Absicht hätten, Frieden [mit Israel] zu schließen.« Vgl. Dror Moreh: »The Gatekeepers«. Dokumentation in 5 Folgen, *KAN*: Israeli Public Broadcasting Corporation 2013, Hebr., Folge 4, Minute 50.

> »Der Premier versuchte in anderthalb Jahren, alle Mythen der israelischen Gesellschaft zu sprengen [...], einen Frieden mit Syrien zu schließen, ebenso eine endgültige Regelung mit den Palästinensern auf der Basis der 1967-Linien mit der Teilung Jerusalems, der Räumung der Siedlungen und der Rückgabe des Tempelbergs zu erreichen. [...] Nebenbei [wollte Barak] Israels Verfasstheit revolutionieren, Staat und Religion trennen und die Orthodoxen ins Militär rekrutieren lassen.«[78]

Die Ironie liegt hier nicht nur in der großen Diskrepanz zwischen Baraks Anspruch, Israel von seinen strukturimmanenten Kernproblemen zu befreien, und dessen gänzlichem Scheitern. Die bittere Ironie besteht vielmehr darin, dass ausgerechnet der arrogante, da erfolgsverwöhnte, General/Politiker/Hoffnungsträger des Friedenslagers in kürzester Zeit das politische Israel um Jahrzehnte zurückwarf und das Land dabei in eine Sinnkrise stürzte, sodass der Krieg als einziger Ausweg erschien. Binnen weniger Wochen, so der israelische Historiker Gadi Elgazi, sei der alte, sicherheitsorientierte Diskurs wieder herangezogen worden. Im Zuge dessen wurden die Palästinenser zu »den Arabern«, die Demonstranten zu Unruhestiftenden, der schmutzige Kolonialkrieg zum »unerlässlichen Krieg« und das Militär zu »unseren Soldaten«.[79]

Der Ausstieg aus Oslo, welcher dem Abbruch des einzigen politischen Prozesses gleichkam, konnte nichts anderes bedeuten als die Wiederkehr der »alten Ordnung«, ergo der ideologisierten Sicherheitsfrage mit all ihrer zerstörerischen Kraft. Denn wenn das ganze zionistische Staatsprojekt bedroht war, schien der »Kampf um die Heimat« geradezu vonnöten.

Kurz nach dem Machtwechsel in Jerusalem zieht Ran HaCohen im März 2001 folgende Bilanz bezüglich Baraks historischem Beitrag zu diesem schicksalhaften Scheideweg:

> »Baraks Vermächtnis ist ideologischer Natur. Es ist ihm gelungen, den ewigen Slogan aller kriegführenden Gesellschaften selbst bei den treuesten Anhängern des Friedens wiedereinzuführen: ›Wir wollen Frieden, der Feind will Krieg‹, und das in einer speziell auf die

78 Vgl. Drucker 2002: Kapitel 1: http://drucker10.net/?page_id=755

79 Gadi Elgazi 2000: »Hinter der Mauer«. In: *Real Time* 2001, S. 240–241.

Besatzungssituation zugeschnittenen Version. Dieser Slogan wurde von den israelischen Hardlinern nie aufgegeben, aber es war Barak, der ihn zu einem neuen Konsens machte, der fast vom gesamten politischen Spektrum geteilt wird. [...] Aufgrund dieses Vermächtnisses von Barak war die Rückkehr der vorherigen Generation israelischer Führer nur eine logische Konsequenz. Wenn es ›keinen Partner für den Frieden gibt‹, wie jetzt nicht nur Barak, sondern sogar Yossi Sarid behauptet, wenn die Palästinenser ›Israelis einfach ins Meer werfen wollen‹ (wie das Rückkehrrecht in Israel üblicherweise interpretiert wird), dann befinden wir uns wieder im Jahr 1948, im Unabhängigkeitskrieg – und lassen uns nicht durch solche Fakten wie 34 Jahre Besatzung, [Israels Status als] regionale Supermacht, Atomwaffen oder stabile Friedensverträge mit Ägypten und Jordanien verwirren. Barak hat oft das Jahr 1948 als historischen Referenzrahmen benutzt, indem er sich bescheiden mit David Ben-Gurion verglich und sagte, dass ›Israels Jugend, wenn nötig, so kämpfen wird wie damals 1948‹. Mit diesem historischen Vergleich schaufelte Barak nicht nur buchstäblich die Gräber von Hunderten von Palästinensern, sondern auch sein eigenes politisches Grab. Denn wenn wir uns schon in das Jahr 1948 zurückversetzen, so der Wähler, dann sollten wir einen alten Kämpfer aus dieser Generation zum Premierminister machen. Und genau hier setzt [Ariel] Sharon an. Es bleibt nun abzuwarten, wie weit Sharon den neuen Konsens über die Besatzung und ihre ›unvermeidlichen‹ und ›gerechtfertigten‹ Gräueltaten tragen wird und wie er seine eigenen Versprechen, Frieden zu schaffen, einhalten wird: Bedeutet Frieden *Frieden,* oder bedeutet Frieden eher Krieg? Aber welchen Weg Sharon auch immer einschlagen wird, eines ist sicher: Sein treuer Außenminister Shimon Peres wird der Welt immer erklären können, dass dies der wahre und einzige Weg zum Frieden sei.«[80]

80 Vgl. https://original.antiwar.com/hacohen/2001/03/23/baraks-legacy/.

2. Von Oslo zu Al-Aqsa: Intifada, Neuer Krieg, Zivilmilitarismus

»Ich sehe mich verpflichtet, [...] ein effektives, innovatives und tödliches Militär aufzustellen.«

Aviv Kochavi, Israels Generalstabschef (2019–2021), in seiner Antrittsrede vom 15. 1. 2019[81]

Wie lässt sich der Übergang vom Frieden zum Krieg erklären? *Wer* hatte Interesse an einer solchen Eskalation? Was sollte diese *erzielen*? Der Rahmen für die Wende liegt im *Wesen* des langjährigen Konflikts, eines asymmetrischen Jahrhundertkonflikts zwischen zwei Völkern, welche zwar ein und dasselbe Land beanspruchen, wo jedoch die eine Partei die politisch-militärische Vormacht hat, so dass sie ihre Interessen immer mehr durchsetzt. Ein zentrales Instrument dieser Macht ist wiederum das fest *etablierte Besatzungsregime.*

Wie im Folgenden dargelegt wird, entschied sich das politische Israel im Jahr 2000 mit seiner Kriegspolitik, das seit 1967 bestehende Okkupationsregime in den palästinensischen Gebieten nicht nur aufrechtzuerhalten, sondern sogar noch zu verfestigen – und es damit als *ein vitales Instrument seiner politischen Ordnung* zu versiegeln. Den palästinensischen Volksaufstand wollte Israel als blanken Terrorismus sehen, weshalb es bereit war, einen präzedenzlos brutalen Krieg gegen die Palästinenser zu führen. Obwohl der »Siebte Krieg«[82] einerseits eine wichtige Zäsur in der israelischen Zeitgeschichte darstellt, lag sein Ziel andererseits darin, das der israelischen Ordnung zugrunde liegende Okkupationsregime *aufrechtzuerhalten*, zu *festigen* und zu *etablieren.* Während der historische Friedensprozess (1993–2000) besagte Gewaltordnung in Frage gestellt hatte, wurde sie durch die nicht minder historische Auseinandersetzung der Jahre 2000–2005 zementiert.

81 Vgl. Yaniv Kobowitz, *Haaretz* 15. 1. 2019.

82 Amos Harel und Avi Issacharoff prägten 2004 den Begriff in ihrem gleichnamigen Buch: »The Seventh War«, Tel Aviv: Miskal – Yedioth Ahronoth Books and Chemed Books, Hebr. (hier verwendete digitale Version: IVRIT).

Oktober-»Pogrome«

Der Oktober 2000 markiert die Wende vom Friedensprozess zum Kriegsmodus. In wenigen Wochen erschütterte eine Reihe von Gewalttaten das Restvertrauen zwischen beiden Parteien und stürzte das Land in bürgerkriegsähnliche Zustände, welche mehrere Jahre andauern sollten. Den Beginn der Eskalation markiert der Besuch des Oppositionsführers Ariel Sharon auf dem Jerusalemer Tempelberg, dem Haram al Sharif der Palästinenser mit den muslimischen Heiligtümern Al-Aqsa-Moschee und Felsendom. Sharons Motiv war machtpolitischer Natur. Der damals 71-jährige vorübergehende Likud-Chef wollte sich gegenüber seinem politischen Rivalen profilieren. Und da Barak zu diesem Zeitpunkt angeblich in Camp David über die Hauptstadt Jerusalem verhandelte, hielten Sharons Berater einen solchen Besuch für geeignet, um den Premierminister der Arbeitspartei »bloßzustellen«.

Mit diesem heiklen Tempelberg-Besuch gelang Sharon tatsächlich sein politisches Comeback. Dazu trug nicht zuletzt der Umstand bei, dass Barak die Gefahr nicht wahrhaben wollte und darauf verzichtete, Sharon den Besuch zu untersagen, obwohl er unter anderem auch von Jassir Arafat ausdrücklich darum gebeten wurde. Auch erfahrene und hochrangige israelische Polizeibeamte fürchteten die Konsequenzen, denn Ende September war die Lage vor allem in Jerusalem äußerst explosiv. Doch Barak wollte das demokratische Prinzip hochhalten, er sei nicht befugt, die Schritte des Oppositionsführers zu diktieren, zumal der militärische Geheimdienst *AMAN* grünes Licht für den Besuch gegeben hatte, was im Nachhinein jedoch revidiert wurde.

Tatsächlich läutete Sharons 45-minütiger Auftritt am Tempelberg am Vorabend des jüdischen Neujahrs, am frühen Morgen des 28. 9. 2000, den Beginn der Zweiten Intifada ein. Am folgenden Tag brachen im Anschluss an das Freitagsgebet Unruhen aus, die einige Stunden anhielten. Muslimische Betende warfen Steine und andere Gegenstände auf jüdische Betende an der Klagemauer. Die israelische Polizei reagierte außergewöhnlich brutal mit dem Einsatz von Scharfschützen, was auf palästinensischer Seite zu sieben Todesopfern und dutzenden Verletzten führte.

Ein Zwischenfall, der sich am folgenden Tag im Gazastreifen ereignete, wurde zum Symbolbild der Zweiten Intifada. Die unfassbaren Bilder eines vor laufender Kamera getöteten Kindes gingen um die Welt. Muhamad al-Dura hatte zusammen mit seinem Vater versucht, auf dem Heimweg die Kreuzung Nezarim zu überqueren. Dort gerieten die beiden fast 20 Minuten lang unter Beschuss. Während die Rettung dem verletzten Vater zu Hilfe kam, wurde auch sie beschossen und der Fahrer getötet. All dies löste bei den Palästinensern Wut und Ohnmacht aus.

Am darauffolgenden Tag eskalierte die Lage im Kernland. Am 1.10.2000 gingen tausende arabische Israelis auf die Straße und blockierten zentrale Kreuzungen im Norden des Landes. Für die Rückkehrer aus dem Rosh-Hashana-Wochenende war dies eine unheimliche, neue Situation. Angst und Ratlosigkeit machten sich rasant bereit. Auch hier resultierte das tiefsitzende gegenseitige Misstrauen in auseinanderklaffenden Wahrnehmungen: Während die Demonstranten sich mit ihren Landsleuten in den besetzten Gebieten zu solidarisieren suchten, fassten die jüdischen Israelis dies als eine weitere Front im Kampf der Palästinenser gegen den jüdischen Staat auf.

Daraufhin eskalierte die Situation weiter: Ein israelischer Jude wurde auf der Küstenstraße von einem israelischen Araber durch einen Steinwurf getötet. Bald wurden Israels gemischte Städte zum Schauplatz der Auseinandersetzung. Neue Parolen wurden geprägt: »Die Intifada in Galiläa und Jaffa«, »Palästina ist hier« »Feuer in Nazareth und Akko«;[83] »Fast ein Krieg in den Gebieten, Intifada im Kernland«, »In Nazareth rief man ›Tod den Juden‹«.[84]

Die israelische Polizei reagierte mit Waffengewalt und dem Einsatz scharfer Munition. Binnen zehn Tagen tötete sie 13 arabisch-israelische Demonstranten. Der Unmut war so groß, dass es eines Untersuchungsausschusses bedurfte, um die Lage einigermaßen zu beruhigen. Der Theodor-Or-Ausschuss widerlegte schließlich die israelische Befürchtung, es gäbe eine Absprache zwischen der PA und der Führung der arabischen Staatsbürger, gemeinsam gegen Israel vorzugehen.[85] Vor allem befürchtete man in Israel die palästinensische Erhebung *im ganzen Land*, weshalb die Reaktion der Polizei auch im Kernland so fatal ausfiel.

Denn Israel musste auch im Westjordanland Rückschläge einstecken.

83 Vgl. *Yedioth Ahronoth* 3.10.2000.

84 Vgl. *Maariv* 3.10.2000.

85 Vgl. Bericht der Theodor-Or-Kommission, August 2003: http://uri.mitkadem.co.il/vaadat-or/, Hebr.

Am 1.10.2000 stürmten und besetzten Palästinenser das Josefsgrab nahe Nablus. Nachdem sie die dort stationierten Soldaten zum Rückzug gezwungen hatten, zerstörten sie schließlich das Grabmal, welches von rechtsextremen jüdischen Siedlern als heiliger Ort beansprucht und zum Standort der 1982 gegründeten Talmud-Schule *Od Yosef Chai* (Josef lebt) gemacht worden war. Die Schule war zum Unmut der dort lebenden Siedler bereits einige Tage zuvor evakuiert worden. Bei der Stürmung starb ein Soldat, nachdem er stundenlang verletzt liegengelassen worden war. Man hätte ihn retten können, hätten die beiden Sicherheitsbehörden einander mehr vertraut. Erinnert wird der Vorfall vor allem aufgrund der Verletzung des militärischen Ethik-Codes, wonach verwundete Soldaten nicht auf dem Schlachtfeld zurückgelassen werden dürfen.

Zur Verwirrung dieser Tage trug die Widersprüchlichkeit der politischen Ereignisse bei: Während Israelis das jüdische Neujahr im gefühlten Belagerungsbewusstsein der Jahre 1947–1949 verbrachten, tagten Barak und Arafat erneut in Paris. Auf Druck der Gastgeber, der US-Außenministerin und des französischen Präsidenten, bemühten sich die Parteien um ein Abkommen. Doch die bereits ausgebrochene Gewalt spielte zu diesem Zeitpunkt eine nicht zu unterschätzende Rolle. Arafat insistierte auf eine Untersuchung der letzten Tage, denn bis zum 4.10.2000 hatte das israelische Militär schon 64 Palästinenser getötet. Barak hingegen lehnte jegliche Untersuchung entschlossen ab und hielt an seinem Motto fest, dass Arafat »keinen politischen Profit« aus der Gewalt schlagen dürfe. Und so konnten die Pariser Gespräche weder das Vertrauen wiederherstellen, noch eine Aussicht auf Entspannung der Lage bringen.

Stück für Stück geriet das Land im Oktober 2000 in einen bürgerkriegsähnlichen Zustand. Einige Tage nach Sharons Tempelbergbesuch, am jüdischen Versöhnungstag *Yom Kippur*, gingen in mehreren Städten wie Tel Aviv, Jaffa, Jerusalem und Nazareth tausende wütende jüdische Israelis auf die Straßen und lieferten sich Straßenschlachten mit palästinensischen Staatsbürgern. Diese Bilder gingen durch die Medien und sorgten für regelrechte Angst. Fassungslosigkeit und Irritation machten sich rasant breit, denn an diesen Tagen brach die Gewalt an mehreren Fronten gleichzeitig aus. In Nordisrael entführte die Hisbollah drei israelische Soldaten an der Grenze zum Libanon, in Jerusalem hissten palästinensische Polizisten auf dem Haram al Sharif demonstrativ die palästinensische Flagge. Es herrschte das Klima eines neuen Unabhängigkeitskriegs.

Aus israelischer Sicht erreichte die Gewalt ihren Höhepunkt mit dem *Lynchmord von Ramallah*. Am 12.10.2000 verirrten sich zwei israelische Reservisten auf dem Weg zu ihrem Stützpunkt in die nahegelegene palästinensische Stadt. Sie wurden zur Polizeistation gebracht, dort jedoch von einer Menge gelyncht. Zuvor hatten nämlich Gerüchte die Runde gemacht, dass es sich bei den beiden Männern um sogenannte *MistaAravim* handle, um als Palästinenser getarnte Undercover-Soldaten. Deshalb stürmten wütende Palästinenser die Polizeistation und ermordeten die beiden. Die Bilder der Angreifer mit blutverschmierten Händen wurden im israelischen Fernsehen wiederholt ausgestrahlt, woraufhin Barak noch am selben Tag Ziele in Ramallah bombardieren ließ.

Die Bilder gelynchter Soldaten kollidierten gänzlich mit dem israelischen Ethos der Wehrhaftigkeit. Die Ohnmacht ging mit Kontrollverlust einher, und dies erforderte nach der militärischen Doktrin die sofortige Vergeltung zum Zwecke der Wiederherstellung der Abschreckung, Demonstration von Stärke und israelischer Vormacht. Doch Baraks Strafaktion war nicht zuletzt deshalb kontraproduktiv, weil Arafat die betroffenen Gebäude rechtzeitig hatte räumen lassen, darunter auch ein Gefängnis, dessen Insassen sogleich freigelassen wurden. Dies wiederum trug dazu bei, das israelische Arafat-Bild als »Gewalt-Unterstützer« zu untermauern.[86] Doch die Ratio dieser Tage war, dass die aus den Fugen geratene israelische Ordnung wiederhergestellt werden müsse – notfalls auch mit einem neuen Krieg.

Das alt-neue Kriegsnarrativ

Wie lässt sich ein neuer Krieg rechtfertigen? Baraks Botschaft aus Camp David, wonach es »keinen Partner für den Frieden« gebe, wurde bald von einem neuen Kriegsnarrativ ergänzt. Es lautete: »Mit der Intifada hat Arafat geplant, Israel zu vernichten«. Diese scharfe Auffassung wurde vor allem von Amos Gilad, dem Direktor der Forschungsabteilung im

86 Grinberg 2007, S. 263.

Geheimdienst, unermüdlich verbreitet.[87] Zwar wurde Gilads Interpretation schon 2004 als reine Propaganda und »erfundenes Konzept« kritisiert, wie etwa vom *AMAN*-Chef Amos Malka. Nichtsdestotrotz wurde dieses Narrativ sehr schnell zur ultimativen israelischen Wahrheit, weshalb der bevorstehende Krieg sogleich als »Kampf um die Heimat« interpretiert wurde.

Schon zu Beginn der Auseinandersetzungen bemühte sich das Militär, das alt-neue Narrativ über die feindseligen Absichten der Palästinenser zu verfestigen. Wie Uri Ben-Eliezer beobachtet, stellte man die palästinensische Erhebung bereits in den ersten Oktoberwochen als Krieg dar.[88] Dabei habe das Militär die Dynamik der Gewalt ausgenutzt, um die palästinensischen Demonstrierenden in eine Falle zu locken. Während diese Steine und Molotowcocktails verwendeten, nutzten Militär und Polizei scharfe Munition, sodass es unter den Palästinensern schon nach zwei Kampftagen 42 Tote und 1600 Verletzte gab.[89] Dabei sollten die vom Militär massiv und systematisch eingesetzten Scharfschützen noch eine Schlüsselfunktion bei der Eskalation spielen. Denn die hohen Opferzahlen bei den Palästinensern veranlassten die palästinensischen Milizen, ihren Kampf gegen Israel umso entschlossener zu führen und schließlich bis zur radikalsten Form der Selbstmordattentate zu steigern. Tatsächlich verschossen die IDF-Soldaten allein im ersten Monat eine Million Scharfschützenmunition, 700.000 Patronen in der Westbank und 300.000 in Gaza. Wie *AMAN*-Chef Amos Malka rückblickend feststellte, spielte das Militär schlichtweg verrückt.[90]

Schon in den ersten Tagen der Intifada kündigte der Generalstabschef Shaul Mofas seine Vergeltungspolitik an. Er sprach vom notwendigen Sieg und verordnete im Sinne der Vergeltungslogik, »einen Preis zu verlangen«. Mofas wollte an jeder Front täglich 10 tote Palästinenser sehen. Grinberg hat die Rechnung gemacht und kam auf 70 Tote am Tag.[91] Die

87 Grinberg 2007, S. 266.

88 Ben-Eliezer 2019, S. 504; zu dieser Erkenntnis gelangte der Maariv-Journalist Ben Caspit mitten in der Zweiten Intifada, vgl. Ben Caspit, *Maariv* 5.9.2002: »Israel ist nicht ein Staat mit eigener Armee, vielmehr eine Armee, die einen Staat hat«, Hebr., https://www.makorrishon.co.il/nrg/online/archive/ART/344/233.html.

89 Ben-Eliezer 2019, S. 500–501.

90 Ben-Eliezer 2019, S. 510; Caspit, *Maariv* 5.9.2002.

91 Grinberg 2007, S. 256.

Botschaft des Generalstabschefs stieß bei manchen Militärs auf Unverständnis, denn im Oktober war es noch ungewiss, wie die Eskalation ausgehen würde. Doch die Verluste auf der palästinensischen Seite dokumentierten die bittere Logik: In den ersten 14 Tagen verlangte die IDF den Preis von 73 Palästinensern, darunter 8 Kinder; bis zum 4.10.2000, also in den ersten sechs Tagen, wurden 1780 verletzt; in den ersten drei Monaten waren es dann 272 Tote (weitere sechs Menschen wurden von Siedlern getötet) und mehr als zehntausend Verletzte. Zum Vergleich beklagte Israel in den ersten drei Monaten 18 Zivilisten und 19 Soldaten, die meisten in den besetzen Gebieten. Mehr als 4000 Scharfschützen nahmen aus der Ferne palästinensische Demonstranten ins Visier, um die führenden Köpfe auszuschalten. Denn das Militär strebte vor allem danach, die Demonstrationen einzudämmen.[92]

Israels Kriegslogik, seine Kampflehre dieser Tage, hieß »*Erschöpfung des Bewusstseins*«.[93] Dabei galt es, den palästinensischen Kampfgeist mit israelischer Gewalt zu erschöpfen, bis der Kampfwille vollends gebrochen war. Diese Kampflehre war im Zuge der Auseinandersetzung um den *Kotel*-Tunnel im September 1996 entwickelt worden. Die dreitätigen gewaltsamen Ausschreitungen, bei denen 18 Soldaten und 80 Palästinenser ums Leben kamen, waren die Folge der Entscheidung der Regierung Netanjahu, die westliche Seite des Tunnels zur Klagemauer unter dem Tempelberg zu eröffnen.[94]

Die Kampfdoktrin von 1996 war auch eine Reaktion auf das hybride System von Oslo, bei dem die gemeinsame Koordination der Sicherheit mit den palästinensischen Behörden mit der Tatsache kollidierte, dass die Herrschaftsverhältnisse mit Oslo keineswegs aufgehoben waren. Da die Besatzung das Unausgesprochene an Oslo blieb, musste sich das Militär mit der Frage auseinandersetzen, wie man die palästinensischen Sicherheitspartner überzeugen konnte, vom Aufstand gegen die Besatzung abzusehen.

Im Jahr 2000 setzten die Palästinenser immer gezielter auf das Ende der Besatzung, worin das Militär gerade den Casus Belli sah. Das alt-neue

92 Ben-Eliezer 2019, S. 509; vgl. Amira Hass, *Haaretz* 1.10.2010: »Ein Jahrzehnt für die Intifada. Schießen und Reagieren: Die Intifada als Duell-Chronik«, Hebr.

93 Ben-Eliezer 2019, S. 500–501, wird auch als »Das Bewusstsein einbrennen« bezeichnet.

94 Grinberg 2007, S. 193.

Kriegsnarrativ, wonach »Arafat sogar mit Oslo Israel vernichten will«, wurde immer stärker verbreitet. Dies war notwendig, um die israelische Zivilgesellschaft von der Unausweichlichkeit des neuen Krieges zu überzeugen. Bald wurde das Narrativ in die Alltagssprache integriert. Medien und Öffentlichkeit sollten das dazugehörige Vokabular von Vergeltung, Siegesgewissheit, Abschreckung, Kampfmoral und nicht zuletzt der »israelischen Armee als einer moralische Institution« verinnerlichen. Denn die Ideologisierung des Militärs, das angeblich stets Vorsicht und Zurückhaltung übe, ging Hand in Hand mit der Dämonisierung des Feindes als gewalttätig, brutal, blutrünstig und dazu auch unorganisiert, unzuverlässig und irrational. In diesem großen, mythischen Bild fand auch die Friedensideologie ihren Platz.

Zur Ideologisierung des Friedens

Die in Israels politischer Kultur verankerte Ideologisierung des Friedens, und damit des Friedensprozesses, ist von zentraler Bedeutung für den neuen Krieg. Den Schlüsseltext zu *Israels Friedensideologie* verfasste der Tel Aviver Historiker Moshe Zuckermann bereits Ende 2000, kurz nach Ausbruch der Intifada. In dem hebräischen Aufsatz »Angst-Sehnsucht und Friedensideologie«[95] fragt er, »was jene meinten, die auf israelischer Seite so entschieden von ›finaler Lösung‹ sprachen. Meinten sie allen Ernstes, die Camp-David-Offerten würden von den Palästinensern angenommen werden können? Glaubten sie wirklich, diese Angebote würden ausreichen, um die territoriale Grundlage zur Errichtung eines palästinensischen Staates zu stellen; daß ein souveräner palästinensischer Staat ohne Ostjerusalem als seine Hauptstadt möglich wäre? Daß es vorstellbar wäre, einen Schlußstrich unter das von Israel an den Palästinensern begangene historische Unrecht zu ziehen, ohne das Rückkehrrecht auch nur zum Debattenthema zu erheben – und sei's einer Debatte, die ein symbolisches Zeichen zu setzen vermöchte, daß Israel seinen eigenen Anteil an der Verursachung des historischen Unrechts anerkennt?« Zuckermanns Antwort darauf lautet: »Die schiere Tatsache, daß Barak und

95 Vgl. Moshe Zuckermann 2000: »Angst-Sehnsucht und Friedensideologie«. In: *Real Time* 2001, S. 265–274, Hebr.; vgl. hierzu Moshe Zuckermann: »Ideologie des Friedens«. In: ders., *Sechzig Jahre Israel: Die Genesis einer politischen Krise des Zionismus*. Bonn: Pahl-Rugenstein 2009, S. 107–116.

seine rührigen Propagandisten tatsächlich meinten, Israel habe auf dem Weg zum Abkommen ›jeden Stein umgekippt‹, mithin jede mögliche Lösung austariert, indiziert aufs beredtste, wie weit sich sein politisches Lager von der Beendigung des historischen Konflikts – einem Ziel, dem Barak selbst in überheblichem Dünkel einen dichten, unflexiblen Zeitplan aufzwang – noch immer befand.«[96]

In der von der Regierung Ehud Barak getragenen Politik des Schusswaffengebrauchs durch die Polizei gegen arabisch-israelische Demonstranten im Kernland sieht Zuckermann einen »systemgewachsenen Rassismus«.[97] Dazu führt er aus:

> »Wie groß, wie dunkel muß das halbverdrängte kollektive Schuldgefühl sein, das sich in tödlicher Gewalt am konkreten Gegenstand des Schuldgefühls und seiner historischen Ursache entlädt. Wie perfide zudem jene Ideologie der vorgeblichen ›Selbstbeherrschung‹ und ›Zurückhaltung‹, deren man sich umso emphatischer gegenüber den – vonseiten der Araber und der außerparlamentarischen Linken – in Israel wie in der ›Welt‹ erhobenen Anschuldigungen rühmte, je mehr die reale Tötung von Palästinensern fortschritt und immer größere Ausmaße annahm.«[98]

Kollektive Schuldgefühle, Friedensunfähigkeit und die Notwendigkeit des Krieges bilden in krisenhaften Zeiten den Rahmen für den Krieg.

> »Die Geschwindigkeit, mit der sich zahllose Israelis beim Erklingen des kriegerischen Tamtam-Getrommels wieder um das Stammesfeuer versammelten; die Leichtigkeit, mit der so viele aus der zionistischen ›Linken‹ es schafften, in ›Verwirrung‹ zu geraten angesichts der Realität, die ihre lauthals proklamierte Hoffnung auf Frieden im Stil und Sinne des nach Netanjahu zur Macht gelangten ›linken‹ Politführers enttäuschte; die latente Freude über die neue Gewißheit, daß es ›keinen Gesprächspartner‹ gebe, eine Ideologie, die Generationen von Politikern und Bürgern im israelischen Politdiskurs genährt hat,

96 Zuckermann 2009, S. 108.
97 Ebd.
98 Ebd., S. 109.

> Gutmenschen, die stets ihre Friedenssehnsucht zu beteuern wußten, ohne die geringste Anstalt zu machen, das, was sich aus dieser Friedensbereitschaft für Israel ableitet, zu verfolgen, geschweige denn, zu verwirklichen – all das mochte den Verdacht aufkommen lassen, daß es sich bei dieser auffallenden Wende um ein altbekanntes, für große Teile der israelischen Gesellschaft typisches Muster handelt: das deklarative Festhalten am Friedensmythos als Ideologie der realen Bedrohtheit durch den Frieden.«[99]

Auf die Matrix des israelischen Diskurses bezogen diagnostiziert Zuckermann eine »kollektiv-psychische Furcht vor dem Frieden«:[100]

> »Es ist die politische Kultur einer Bevölkerung, die es liebt, sich in selbstgefälligem Pathos ihrer Friedenssehnsucht zu rühmen, zugleich aber auch die für deren historische Verwirklichung notwendige politische Legitimation zu verweigern; die in unzähligen Umfragen und Songs, Petitionen und Demonstrationen ihrem tiefen Verlangen nach einem politischen Abkommen mit den Palästinensern beredten Ausdruck verleiht, sich zugleich aber auch im oxymoronhaften Selbstverständnis eines ›Friedens‹, der sie ›tötet‹, sicherer zu fühlen scheint, als in einem realen; die so, wie sie sich selbst als Opfer wahrnimmt, während ihre Armee die, als deren Opfer sie sich wähnt, brutaler Unterdrückung aussetzt, es auch schafft, sich als friedliebend zu sehen, während sie sich in der vermeintlichen Notwendigkeit, ›kämpfen, verteidigen, umzukommen‹ zu müssen, offenbar doch am ehesten zuhause fühlt.«[101]

Denn im Grunde seien Zuckermann zufolge die Codes der israelisch-jüdischen Gesellschaft, damit »des religiösen Zionismus, des antireligiösen Säkularismus und der national geschwängerten Religionsorthodoxie in Israel [...] eng miteinander verkettet«. Wenn er hier vom »Amalek-Bewußtsein« spricht, so meint er damit die

99 Ebd., S. 110–111.
100 Ebd., S. 113.
101 Ebd., S. 113.

> »(...) Notwendigkeit, ›weiterhin zu kämpfen, zu verteidigen und umzukommen‹, gekoppelt mit den Kategorien der ›Fremden‹, des ›Nichtverzichts‹ und der ›Standfestigkeit‹ – all diese reichten auch beim Ausbruch der zweiten Intifada hin, um sogleich zu verfestigen, was sich über Jahrzehnte als verzerrtes israelisches Verhältnis zur brutalen Besatzungswirklichkeit und skrupellos expansiven Gier der Siedlerbewegung herausgebildet hatte, eine Ideologie, die es stets aufs neue fertigbringt, ›schießende Gewissensgequälte‹ (*jorim u'bochim*) und tötende Opfer-im-eigenen-Selbstbild zu erzeugen, Selbstgerechte, die ›jeden Stein umkippen‹, um dennoch immer wieder in die Sackgasse zu geraten.«[102]

Zuckermanns Feststellung der »Furcht vor dem Frieden bei vielen in der israelischen Bevölkerung« habe die nicht weniger bedrückende Kehrseite, »mit welcher Leichtigkeit diese Furcht rationalisiert wird, um sich dann mit umso größerer Leichtigkeit tödlicher Gewaltanwendung bei gleichzeitiger Gewißheit, einzig im Recht zu sein, zu verschreiben.«[103]

Zuckermanns Analyse gibt Aufschluss über die israelische Friedensideologie und damit über ein zentrales Merkmal der politischen Kultur, nämlich die für Politik und Geschichte so bedeutsame Dialektik zwischen der Friedensideologie einerseits und der Kriegslogik und Kriegspolitik andererseits, die von der »Furcht von dem Frieden« und der »Leichtigkeit tödlicher Gewaltanwendung« genährt wird. All dies wird unterfüttert von der »gleichzeitigen Gewißheit, einzig im Recht zu sein«. Diese drei Merkmale – *Friedensideologie, Kriegslogik, Selbstgerechtigkeit* – konstituieren den hier noch zu erläuternden *israelischen Zivilmilitarismus*. In ihm liegt die scheinbar irrationale Heftigkeit begründet, mit der das israelische Militär gegen die Palästinenser vorgehen durfte.

Israels Kampf gegen die Zweite Intifada

Was bezweckte Israel mit seinem Vorgehen gegen die Palästinenser in den Jahren 2000–2005? Verfolgte es bestimmte politische oder militärische

102 Ebd., S. 115.
103 Ebd, S. 115–116.

Ziele? Oder begriff es sein Vorgehen als reine Verteidigung, gar als Notwehr? Wer traf die Entscheidungen, wer waren die eigentlichen Akteure in diesem Krieg? Unerörtert muss hier die andere Partei in diesem Krieg bleiben, da die Beweggründe der Palästinenser kein unmittelbarer Gegenstand der vorliegenden Untersuchung sind. Ob es sich hierbei nun um religiöse Gruppen wie Hamas oder Islamischer Dschihad oder die eher nationalistisch-säkular orientierte Fatah unter Führung von Präsident Jassir Arafat und ab 2003 von Mahmud Abbas handelt, wird ihre Perspektive nur insofern berücksichtigt, wenn sie die israelische Perspektive beleuchtet.

Die Frage, ob Israel Recht hatte, dass Arafat Israel mit Oslo tatsächlich vernichten wollte, soll hier nicht auf ihre Faktizität überprüft werden. Vom Belang ist vielmehr ihre Relevanz als gesellschaftlicher Code für die Kriegspolitik. Die »arabische Absicht«, Israel zu zerschlagen, gar zu vernichten, ist im zionistischen Israel ein fest verankerter Glaube. »Die Araber von *Eretz Israel*«, wie die Palästinenser bezeichnet werden, stellen historisch betrachtet den Inbegriff des Feindbildes des zionistischen Projekts und somit seine Achillesferse dar, denn sie leben auf dem von den Juden beanspruchten Gebiet.

Auch im Jahr 2000 machten die Palästinenser fast die Hälfte der Bevölkerung auf dem Gebiet zwischen Mittelmeer und Jordan aus. Selbst nach einem halben Jahrhundert zionistischer Politik und militärischer Besatzung von ca. 22 % des historischen Palästinas blieben die ursprünglichen Einwohner des Landes »ein demographisches, damit auch sicherheitspolitisches Problem«, mit dem Israel bis heute nicht fertig wird. Die zionistisch motivierte jüdische Kolonialisierung Palästinas wurde zu Israels zionistischer Staatsideologie. Auch in Oslo hatte Israel das Ziel eines jüdisch-mehrheitlichen Staates in *Eretz Israel* vor Augen. Das Scheitern des Friedensprozesses hieß sogleich, die in eben diesem Prozess zu klärende ur-zionistische Palästina-Frage weiterhin offen zu lassen. Damit war der Kampf um buchstäblich jedes Stück Land vorprogrammiert.[104]

104 Gerade um diese Frage der endgültigen Grenzen rang man im politischen Israel dieser Jahre: Als Netanjahu 1998 das Wye-Abkommen unterzeichnete, wonach Israel weitere 13 % des Landes gemäß Oslo räumen sollte, rief sein Parteirivale Ariel Sharon die Siedler dazu auf, jeden Hügel im Westjordanland schnellstmöglich einzunehmen, um Fakten auf dem Boden zu schaffen. So entstanden auch die sogenannten »Hügel-Jungs«, welche bis heute eine tragende Rolle in Israels illegaler Siedlungspolitik spielen. Vgl. Landau 2015, S. 243

Wie im Folgenden dargelegt wird, wurde in der staatsideologischen Sinnkrise Ende 2000 der *Krieg* paradoxerweise als *stabilisierender Faktor* aufgefasst, denn er sollte die zutiefst gespaltene Politik und Gesellschaft vom umstrittenen Oslo-Friedensprozess und damit auch von der in diesem Prozess politisierten »unheimlichen« Palästina-Frage »befreien«. Der Krieg diente somit dazu, das jüdisch-israelische Volk hinter der altbekannten, vertrauten politischen Ordnung zu vereinen. Dabei handelt es sich um eine Ordnung, die von einem widersprüchlichen Konfliktverständnis und dem daraus resultierenden Zivilmilitarismus geprägt ist.

Zur Ideologisierung des Krieges: Von Zivilmilitarismus und Sicherheitsmythos

Der israelische Zivilmilitarismus ist entscheidend für den Waffengang der Jahre 2000–2005. Es handelt sich hierbei um Israels gesellschaftlichen Schlüsselcode, den *Security Code*. Der Begriff »Zivilmilitarismus« wurde 1993 vom israelischen Soziologen Baruch Kimmerling geprägt, der den *Militarismus der Zivilgesellschaft* als historisch gewachsenes, im Konfliktkontext entstandenes Phänomen erklärte. Dabei setzen die Regierung, die Medien sowie die akademischen, juristischen und wirtschaftlichen Eliten insbesondere in Krisenzeiten auf den militärischen Weg. Politik und Zivilgesellschaft erkennen die Autorität des Militärs als Sicherheitsinstitution an und übertragen ihm die Sicherheitspolitik. Im israelischen Zivilmilitarismus wird der Krieg somit nicht nur als legitimes Instrument der Politik verstanden, sondern gar als Garant der nationalen Sicherheit und damit der nationalstaatlichen Existenz verinnerlicht.[105]

Kurzum, der Zivilmilitarismus bedeutet den gesellschaftlichen Konsens für den Krieg. Doch wie konnte solch ein Konsens entstehen, und weshalb lässt er sich immer wieder neu herstellen, obwohl der Krieg doch schwerwiegende Folgen auch für die eigene Gesellschaft hat? Vor allem stellt sich die Frage, weshalb sich die israelische Gesellschaft nicht vom Zivilmilitarismus löst.

Seit der Gründung Israels spielt der Krieg eine Schlüsselrolle für das zionistische Staatsprojekt. Darüber hinaus wurden der Krieg und die

105 Kimmerling 1993, S. 127–128.

Besatzung im Laufe der Jahrzehnte zu ultimativen Instrumenten der Sicherheitspolitik. So hatten die Eroberungskriege (1948, 1967) das Staatsterritorium gesichert. Das Besatzungsregime, ob vor oder nach 1967, diente einerseits der Staatssicherheit und andererseits dem zionistischen Projekt der jüdischen Kolonialisierung. Auch die weiteren Waffengänge und die Etablierung der Besatzung entsprechen schlussendlich diesem Doppelzweck, wohlgemerkt aus israelischer Sicht. Eben weil der *Krieg* als effektives Instrument der zionistischen Politik verinnerlicht wurde, ist er paradoxerweise *positiv* konnotiert, machte er doch die Staatsgründung möglich und sorgte für die nationale Sicherheit.[106]

Israels Zivilmilitarismus entstand somit im engen Kontext zur zionistischen Aufgabe. Früh genug, spätesten 1947, hat sich für die Führung des *Yishuv* der militärische Weg abgezeichnet: Das Schicksal der zionistischen Gemeinde in Palästina sollte maßgeblich vom Militär bestimmt werden. Tatsächlich wurde die junge Armee als ultimativer Staatswächter wahrgenommen und konnte so über Jahrzehnte hinweg nicht nur Israels Geschichte, Politik, politische Ordnung und Kultur tiefreifend prägen, sondern auch eine Sonderrolle in der Gesellschaft übernehmen.[107]

Die Ideologisierung der Armee geht Hand in Hand mit der Ideologisierung des Staates (*Ha-Medina, Der Staat,* ist der geläufige hebräische Begriff für Israel). Als die ultimative Antwort auf die horrende »Judenfrage« dürfe sich der jüdische Staat keineswegs in Existenzgefahr begeben. Da die Sicherheitsfrage jedoch seit 1948 durchgehend auf der Tagesordnung steht, wird auch sie ideologisiert, sie wird zum Mythos. Der Sicherheitsmythos meint hier den festen Glauben an militärische Stärke als ausschließlicher Garant für Sicherheit, die jedoch bekanntlich nie wirklich erzielt wird. Nicht nur gelingt es der militärischen Macht nicht, die versprochene Sicherheit zu gewährleisten. Wie noch zu zeigen sein wird, trägt diese Macht vielmehr zur Eskalation bei, weil sie mit einer Kriegslogik einhergeht.

Israels Kriegspolitik der Jahre 2000–2005 erwies sich als Paradebeispiel für dieses dem Sicherheitsmythos innewohnende Paradoxon: Je mehr das Militär von seiner Stärke und Zerstörungskraft Gebrauch

106 Amar-Dahl 2017, Kapitel 4. »Israel's War Policy in the Service of Zionist Israel«, S. 92ff.
107 Ebd.

machte, umso mehr geriet (auch) das israelische Volk in Gefahr, und schiere Angst und Panik herrschten auf israelischen Straßen. Nicht von ungefähr gehört die Zweite Intifada zu den wenig verarbeiteten Ereignissen der israelischen Zeitgeschichte.

Zwei Schlüsselbegriffe prägen den israelischen Zivilmilitarismus. Der eine ist *Ein-Breira, »es gibt keine Wahl«.* Dieser Begriff bezieht sich auf die Vorstellung von der *Notwendigkeit des Krieges.* Damit verbunden ist der zweite Begriff, die *Verteidigung* (Hebr. *Hagana*), womit die Selbstverteidigung im Sinne der Staatssicherheit gemeint ist. Die Verteidigung als Kern der Sicherheitspolitik umfasst den ganzen Komplex von der Doktrin der Abschreckung bis hin zum Präventivkrieg, gezielten Tötungen und dem brutalen Besatzungsregime. Dass dieser sicherheitspolitische Komplex von der Warte der unmittelbar unterdrückten Palästinenser aus als unverhohlener Angriff auf ihr Leben und ihre Grundrechte aufgefasst wird, bedarf wohl kaum einer weiteren Erörterung. Doch für unseren Zusammenhang ist vor allem von Belang, dass Israels Sicherheitspolitik trotz ihres Eskalationspotenzials – ob sich dieses in gezielten Tötungen oder in Vergeltung äußert, ob es sich hierbei um einen Angriffskrieg bzw. Präventivkrieg (1967, 1982) oder um einen Geheimkrieg (wie etwa gegen den Iran im neuen Jahrtausend) handelt – *nach israelischem Verständnis* der Staatssicherheit dient und folglich als Verteidigung begriffen wird. Eben dieses unentrinnbare Verständnis macht Israels Sicherheitspolitik so gefährlich.

Gerade in Israels Siebtem Krieg, auf den wir noch zurückkommen werden, erwies sich dieses Verständnis als fatal. Denn auch dieser Waffengang erfuhr, wie noch zu zeigen sein wird, einen breiten gesellschaftlichen Konsens, nicht zuletzt aufgrund der *Entpolitisierung der Sicherheit,* die dem effektiven Ausschluss der Gesellschaft dient. Wie ich an anderer Stelle argumentiert habe, stellt die Entpolitisierung der Sicherheit die Kehrseite des Zivilmilitarismus dar:

> »Der israelische Militarismus ist eine Folge der über die Jahre hinweg von oben herab praktizierten Entpolitisierung der Sicherheit: Der Staat (und mit ihm seine Gewaltapparate) beansprucht die ausschließliche Entscheidungsgewalt in Sicherheitsfragen und schließt

die Gesellschaft, sprich die Öffentlichkeit sowie ihre Vertreter in der *Knesset*, effektiv aus dem eigentlichen Entscheidungsprozess aus. Die exekutive Gewalt – das Sicherheitskabinett und die Sicherheitsapparate – trifft *de facto* alle Beschlüsse zur Sicherheitspolitik. Durch den Ausschluss der Gesellschaft aus dem ganzen Bereich hat die Exekutive einen größeren Spielraum: Sie kann bei einer wiederholt gescheiterten Sicherheitspolitik bleiben, ohne dass sie wirklich dazu gezwungen wird, diese Politik zur Disposition zu stellen. Im Laufe der Jahre etablierte sich dieses innenpolitische Verfahren und wurde zum zentralen Merkmal der politischen Kultur Israels: Die Stärke [...] des Staats steht einer entmachteten, weil entpolitisierten Gesellschaft gegenüber.«[108]

Neuer Krieg gegen den Volksaufstand

Inwieweit wurde der neue Krieg entpolitisiert? Es ist offensichtlich, dass Israel mit seiner Kriegspolitik der Jahre 2000–2005 nicht gerade das Ziel verfolgte, den Palästinensern ein Abkommen aufzuzwingen. War die Eskalation etwa gewollt? Um Israels eigentliche Kriegsziele zu ergründen, soll der Begriff des *Neuen Kriegs* angeführt werden. In seinem Buch *War Rather Than Peace* (dt. *Lieber Krieg als Frieden*) definiert Uri Ben-Eliezer den Neuen Krieg als eine Gewaltform in ethnischen, ethnonationalen oder religiösen Konflikten. Von Identitätspolitik motiviert und gerade deshalb durchaus irrational, so der israelische Soziologe, diene der Neue Krieg zunächst als Instrument für die *Trennung* der jeweiligen Gruppen mit dem Ziel, die meist asymmetrischen Machtverhältnisse aufrechtzuerhalten. Es handle sich hierbei um die Verhältnisse zwischen Herrschenden und Beherrschten, von Unterdrückern und Unterdrückten. Der Neue Krieg suche diese nicht aufzuheben, sondern vielmehr zu *verfestigen*.[109]

Im Gegensatz zu herkömmlichen Kriegen, in denen sich Armeen oder Volksarmeen gegenüberstünden, seien es im Neuen Krieg halbprivate Milizen, die mittels Terrors bzw. Guerillakriegs auf einem undefinierten Schlachtfeld kämpfen, so Ben-Eliezer. Die Grenzen des Neuen Krieges seien verschoben zwischen Frieden und Krieg, zwischen Front und

108 Amar-Dahl 2012, S. 176–177.
109 Ben-Eliezer 2019, S. 500–501.

Hinterland, zwischen Soldaten und Zivilisten, und sogar zwischen Legalem und Illegalem, zwischen Innen und Außen, zwischen dem Lokalen und dem Globalen. Auch die Kriegsziele seien dabei nicht ohne weiteres definierbar. Weil ein deutlicher Sieg nicht erreichbar sei, ähnele die Art und Dauer des Kampfs daher einem Zermürbungskrieg. Der Neue Krieg richte sich nicht gegen Armeen, sondern gegen die Zivilbevölkerung, weshalb er sich durch extreme Gewalt bis hin zum Genozid auszeichne. Und diese Gewalt werde gerade im neuen Zeitalter der globalen Medien unmittelbar und schnell verbreitet.[110]

Ben-Eliezer versteht Israels Kriegsführung der Jahre 2000–2005 als eben solch einen Neuen Krieg, der im Sinne des jüdisch-zionistischen *Ethno-Nationalismus* geführt wurde. Das Militär habe aus der palästinensischen Erhebung einen blutigen Konflikt gemacht, um die Besatzung der Palästinensergebiete zu verfestigen.[111] Generalstabschef Shaul Mofas und sein Vize Moshe Jaalon griffen binnen weniger Tage im Oktober 2000 zum Äußersten, und dies mit der ausdrücklichen Unterstützung des Premiers bzw. Verteidigungsministers. Ehud Barak reagierte auch im Zuge des Lynchmords von Ramallah prompt und ließ die israelische Luftwaffe zum ersten Mal seit 1967 Ziele in der palästinensischen Hauptstadt bombardieren, und dies, ohne überhaupt sein Sicherheitskabinett informiert zu haben. Das Militär griff somit zur »Kampf-Doktrin« von der »*Erschöpfung des Bewusstseins*« in einem sogenannten *Low Intensity Conflict*. Dieser militärische Begriff gibt das Konfliktverständnis beim Militär prägnant wieder: Die Besatzung sei dem Konflikt strukturimmanent und es gelte, für sie dauerhaft zu kämpfen, denn sie sei unerlässlich und daher unaufhebbar.[112]

Jaalons ethno-nationalistisches Konfliktverständnis offenbart sich in seiner verblüffenden Bemerkung bezüglich Sharons Besuch auf dem Tempelberg. Seiner Ansicht nach hätten die Palästinenser nur auf einen solchen Anlass gewartet, um mit dem Aufstand gegen Israel loszulegen.[113] Jaalons verzerrtes Bild von Ursache und Wirkung eines solchen Geschichtsereignisses tut für unseren Zusammenhang wenig zur Sache. Dieses »falsche Narrativ« ist nur deshalb von Belang, weil es Israels

110 Ebd.
111 Ebd., S. 504.
112 Ebd., S. 508–509.
113 Zit. nach Ben-Eliezer 2019, S. 504–505.

Kriegslogik erklärt: Die Palästinenser hätten so oder so gegen die Besatzung gekämpft, daher müsse Israel sie in seiner Funktion als Besatzungsmacht derart unter Druck setzen, dass sie ihre Ziele unter keinen Umständen erreichen können und »ihren Platz als unterdrücktes Volk« weiterhin akzeptieren. Genau dies meinte später auch der Generalstabs-Vize Jaalon mit seinem Ausdruck »ins Bewusstsein einbrennen«. Diese Kampfdoktrin der *»Erschöpfung des Bewusstseins«* wird häufig als Kriegsziel der Unterdrückung der Intifada verstanden.[114]

Wie *irrational* der Neue Krieg war, zeigt Ben-Eliezer anhand des Falles vom Josefsgrab. Abgesehen davon, dass das Grab für Juden von zweifelhafter ethnisch-religiöser Bedeutung sei, zeuge die Weigerung des Militärs, nach seiner Erstürmung mit der PA und ihren Sicherheitsbehörden zu kooperieren, von einem ethnisch-nationalistischen, militarisierten und irrationalen Konfliktverständnis.[115]

Die *Markierung im Sinne der Identitätspolitik* erfolgte schließlich infolge des Lynchmords von Ramallah. Ab diesem Zeitpunkt (Mitte Oktober 2000) verwendeten Israels Medien in Bezug auf die Palästinenser Begriffe wie »Monster«, »Untermenschen« und »Tiere«. Von da an nahm auch die Dämonisierung von Arafat ihren Lauf.[116] Dieser Prozess der Delegitimierung des palästinensischen Präsidenten wird bis zur Militäroperation *Schutzschild* im März 2002 andauern, im Zuge derer die israelische Armee das Westjordanland erneut eroberte und Arafat in seinem Quartier *Mukataa* in Ramallah belagerte. Dieser verblüffende Akt der Festnahme des Palästinenserpräsidenten kann als Höhepunkt der Markierungspolitik im ethno-nationalistischen »Kampf um die Heimat« verstanden werden.[117] Arafat stand jedoch als personifizierter Erzfeind stellvertretend für die sich erhebenden Palästinenser. *Sie* waren es, von denen der Neue Krieg die Israelis trennen sollte, gegen *sie* richtete sich die extreme Gewalt des Neuen Krieges.

114 *HAMAKOR*, Dokumentation des Chanel 10, Februar 2013: »Hinter der Zweiten Intifada: Sharons Männer und die Köpfe der Sicherheitsbehörde sprechen.«

115 Ben-Eliezer 2019, S. 506.

116 Ebd., S. 506.

117 Arafat, der schon zu diesem frühen Zeitpunkt die Kontrolle über die Straße scheinbar verloren hatte, habe selbst – so Ben-Eliezer – nicht begriffen, in welchen Gewaltstrudel auch seine Milizen, welche die Straße beherrschten, ihn verwickelten. Er verlor die Kontrolle über die eigenen Leute, sehr schnell auch die Autorität gegenüber der Hamas. Ben-Eliezer 2019, S. 506–507.

Ariel Sharons Krieg gegen die Palästinenser

Das Schicksal wollte es, dass ausgerechnet der berühmt-berüchtigte Altpolitiker Israels Siebten Krieg führen sollte. Ariel Sharons Amtsantritt im Februar 2001 verschaffte dem alten General/Krieger reichlich politische Macht und Autorität, um den Krieg gegen die PalästinenserInnen fortzusetzen. Nach Baraks Fiasko folgte Sharons Wahlsieg mit 63 % Prozent der israelischen Stimmen.

Weshalb wurde ausgerechnet der 71-Jährige, der aufgrund seines Beitrags zum Libanon-Krieg 1982 nicht einmal das Verteidigungsressort bekleiden durfte, zum Premierminister gewählt? Nachdem er 1984 von einem Untersuchungsausschuss wegen seiner umstrittenen Rolle im Krieg seines Postens enthoben worden war, erschien Sharon 2001 als der geeignete »starke Mann für den neuen Krieg«. Ironischerweise war auch sein politischer Rivale Ehud Barak zwei Jahre zuvor aufgrund seiner militärischen Aura gewählt worden. Doch während Barak 1999 als der geeignete Mann für den Friedensprozess erschien, wurde Sharon 2001 als der entschlossene Mann für den bevorstehenden Krieg wahrgenommen.

Das Militär begrüßte diese Entscheidung allemal. Denn je labiler die Lage Ende 2000 wurde, umso legitimer erschienen die immer härteren Maßnahmen gegen die Palästinenser. Politik und Militär überzeugten mithilfe der Massenmedien alsbald auch die Öffentlichkeit von der Notwendigkeit solcher Maßnahmen. Israels heftigster Krieg wurde zumindest in den ersten Jahren fast kritiklos hingenommen. Sharon hatte dabei leichtes Spiel; während das linkszionistische Lager im Begriff war, die Friedensideologie ganz aufzugeben, formierten sich israelische Rechte und Militärs unter dem Slogan »Lasst doch die IDF siegen«. Die Siedlerbewegung, die Militärführung und der Likud unter Sharon sahen in der Krise ihre Chance, den siebenjährigen Oslo-Prozess endgültig ad acta zu legen. In dieser kriegerischen, von einer Nullsummenlogik befeuerten Stimmung, wie sie sich im Prinzip der »*Erschöpfung des Bewusstseins*« niederschlug, glaubte man in Israel, der Krieg würde die ersehnte Entscheidung herbeiführen.

Sharon, Generalstabschef Shaul Mofas und sein Vize Moshe Jaalon (ab 2002 Generalstabschef) führten den Krieg gegen die Palästinenser aus tiefster Überzeugung. Mit Sharon an der Macht zeigte sich die

Militärführung geradezu euphorisch. Die Zahlen sprechen hier eine deutliche Sprache: Im Januar 2001 töteten israelische Soldaten 20 Palästinenser, verletzten 471. Nach Sharons Amtsantritt waren es in den Monaten Februar bis Mai jeweils 40, 39, 23, 57 Tote, und 598, 927, 715, 932 Verletzte.[118] Mofas Aufruf, »an jeder Front sollte es tagtäglich wenigsten 10 Tote [auf der palästinensischen Seite] geben«, korrespondierte mit Sharons Aussage in einer nächtlichen Sitzung der Chefs der Sicherheitsbehörden, in der er sehr deutlich machte, was er von ihnen erwartete: »Sie [die Palästinenser] sollen [genauso wie wir es tun] jeden Tag die Toten zählen«.[119]

Israels Kriegslogik der massiven Tötungen zur Unterdrückung der Intifada rief auf palästinensischer Seite eine heftige Reaktion hervor. Ab März 2001 griffen die Palästinenser in beträchtlichem Ausmaß zu ihrer strategischen Waffe der Selbstmordattentate. Diese wurden ab dann auch im Kernland Israel verübt, um so, wie es hieß, »die Opferzahl in dieser Auseinandersetzung auszugleichen«. Die Selbstmordattentate einerseits und Israels Neuer Krieg in Form von massivem Einsatz gezielter Tötungen und groß angelegter militärischer Operationen in den palästinensischen Gebieten andererseits den Siebten Krieg kennzeichneten.

Die Kriegsdynamik: Gezielte Tötungen versus Selbstmordattentate

Das Dilemma der Kriegsdynamik bringt Kimmerling mitten im Krieg 2003 wie folgt auf den Punkt:

> »Einerseits geriet das Palästinenser-Problem aufgrund der Terroranschläge zu einem wichtigen Teil der internationalen Tagesordnung. Die Anschläge trugen auch dazu bei, dass aus einem humanitären Flüchtlingsdrama offiziell wieder eine politische, nationale Forderung nach Selbstbestimmung wurde. Andererseits schuf erst der Terror das ›existenzielle Bedürfnis‹ der Israelis, den Politizid am palästinensischen Volk zu vollziehen […]. Die frustrierten und verzweifelten Palästinenser griffen nur zu Terroranschlägen, um internationale

118 Ben-Eliezer 2019, S. 514–515.

119 *HAMAKOR*, Dokumentation des Chanel 10, Februar 2013: »Hinter der Zweiten Intifada: Sharons Männer und die Köpfe der Sicherheitsbehörde sprechen«.

> Aufmerksamkeit zu erregen und die Israelis zu Verhandlungen zu zwingen, aber ihr bewaffneter Kampf zog furchtbare Vergeltungsschläge der Israelis nach sich und wurde fast einhellig von der internationalen Völkergemeinschaft verurteilt. Ihre Strategie stigmatisierte sie und ließ die Palästinenser als blutrünstige Terroristen und Untermenschen erscheinen, mit denen keinerlei Annäherung oder Verständigung möglich war. Israel dagegen konnte die Unterdrückung der Palästinenser fortsetzen, ja sogar verstärken und dennoch behaupten, es handle sich nur um Selbstverteidigung. In letzter Zeit haben die Terroranschläge ein inneres politisches Klima geschürt, in dem eine zweite Nakba nicht mehr unvorstellbar ist.«[120]

Tatsächlich gingen Bilder durch die Welt, die selbst zum Gesicht und zugleich zum Mittel des Kampfs wurden: bombardierte Busse, Restaurants, Discos oder Hotels im Kernland Israel einerseits, massive Tötung von Palästinensern durch Scharfschützen oder aus der Luft mit Kampfflugzeugen andererseits. Auch die groß angelegte Operation »Schutzschild« vom März 2002 erzeugte solch gewaltige Bilder der Zerstörung, Panzer rollten durch die palästinensischen Städte, Straßen, Felder, über Gebäude und Autos. Das israelische Militär zerstörte dabei weite Teile der Infrastruktur der Palästinensischen Autonomiebehörde.

Diese Kriegsführung zeichnet sich durch unverkennbar asymmetrische Machtverhältnisse der Kampfparteien aus, wobei der hochgerüsteten Regionalmacht »die strategische Waffe der Schwachen«[121] gegenüberstand. Die diversen palästinensischen Milizen von Fatah (wie Tanzim, Shabaab und Al-Aqsa-Märtyrer-Brigaden), Hamas (Izz-al-Din-al-Qassam-Brigaden) und dem Islamischen Dschihad (Al-Quds-Brigaden) waren mit beschränkten Waffen ausgerüstet und konnten sich eine Zeit lang nicht über ihre Kampfmethoden und -ziele einigen, bis sich die Strategie der Selbstmordattentate im Kernland allmählich als »effektiv« erwies.

Die Selbstmordattentate wurden zum Gesicht der Zweiten Intifada, denn angesichts der israelischen Vormacht erwiesen sie sich als effektives Terrorinstrument. Seit ihrem ersten Einsatz im März 2001 bis August

120 Baruch Kimmerling: *Politizid, Ariel Sharons Krieg gegen das palästinensische Volk*, Kreuzlingen/München: Heinrich Hugendubel 2003: S. 73–74.

121 Harel u. Issascharof 2004, S. 622.

2005 haben palästinensische Organisationen 144 Selbstmordattentate verübt und dabei hunderte Israelis getötet. 47 % der insgesamt 1040 israelischen Todesopfer der Zweiten Intifada sind durch Selbstmordattentate umgekommen.[122] Sie erschütterten die Israelis zutiefst, verängstigten die Zivilbevölkerung und legten schließlich auch die israelische Wirtschaft lahm. Nicht zuletzt aufgrund der Ohnmacht gegenüber der israelischen Tötungsmaschine wurde der Einsatz dieser Waffe, die zuweilen auch als »Waffe des Jüngsten Gerichts«[123] bezeichnet wird, in der palästinensischen Öffentlichkeit allmählich zum Konsens.

Das Selbstmordattentat hat im Vergleich zu einem »normalen« Attentat einige strategische Vorteile. So können Ziel und Timing vom Attentäter selbst vor Ort bestimmt werden, und es entfällt auch die Notwendigkeit, seine Flucht zu organisieren. Für eine gewisse Zeit dachte man in Palästina, diese Waffe sei effektiv genug, um Israel in Verhandlungen zu Zugeständnissen zu zwingen oder es gar dazu zu bewegen, besetzte Gebiete wie im Libanon »einseitig«, sprich ohne Abkommen, zu räumen. Doch das war gerade das, was Politik und Militär in Israel in höchstem Maße fürchteten. Auf keinen Fall dürfe der Terror belohnt werden, hieß ein berühmter Slogan während der Zweiten Intifada. Das Militär und der Geheimdienst *Schin Beth* setzten stattdessen schon Ende 2000 – und damit lange, bevor die Selbstmordattentate innerhalb Israels begannen – auf die Strategie der gezielten Tötung, um die palästinensischen Ziele zu vereiteln.

Was waren diese Ziele? Ronen Bergman, der Autor von *Schattenkrieg. Israel und die Geheimen Tötungskommandos des Mossad*, verweist auf den Streit innerhalb der israelischen Geheimdienste hinsichtlich der Absichten der Palästinenser:

> »Die Chefs des *AMAN* und der Israelischen Verteidigungsstreitkräfte und vor allem Mosche Jaalon glaubten, die Intifada sei Teil einer ausgeklügelten und lange im Voraus geplanten Strategie Arafats: Der Palästinenserpräsident steuere von seinem Büro aus ›die Höhe der Flammen‹ – zuerst mit spontanen Demonstrationen, die von seinen Leuten organsiert waren, dann mit Schüssen aus der Menge auf israelische

122 Ebd., S. 613.
123 Ebd., S. 601.

> Truppen, dann mit geplanten Schusswaffenangriffen auf Soldaten und Siedler und schließlich mit Selbstmordattentaten innerhalb Israels. Schaul Mofas sagte: Arafat ›versucht diplomatische Fortschritte zu erzielen, indem er israelisches Blut vergießt‹.«[124]

Doch der Inlandgeheimdienst *Schin Bet* bestritt,

> »[…] dass Arafat jemals eine solche Strategie gehabt habe, sondern dass der Krieg als spontaner Wutausbruch von Schülern und Studenten angefangen hatte, die […] frustriert waren und dann von örtlichen Anführern weiter angestachelt wurden. Die Demonstrationen führten zu einer scharfen Antwort der israelischen Verteidigungsstreitkräfte, die für den Fall eines Gewaltausbruchs ›übervorbereitet‹ waren. Eine große Anzahl Palästinenser wurde dadurch getötet und verletzt, und die Reaktion der Armee führte zu einer weiteren Verschlechterung der Lage. Arafat wurde, so die Meinung des *Schin Bet*, von der Welle der Ereignisse mitgerissen.«[125]

Jenseits dieses internen Disputs setzte sich bald die Politik der gezielten Tötung durch. Auch der *Schin Bet* und vor allem sein Direktor Avi Dichter spielten hierbei eine Schlüsselrolle. Im Laufe des Jahres 2001 wurde die gezielte Tötung zwar noch zögerlich und vereinzelt eingesetzt, doch gegen Ende des Jahres stellte Dichter dem Sicherheitskabinett seine Strategie zur Eindämmung der Intifada vor: Mordanschläge auf die Auftraggeber und Organisatoren des Terrors. Ein Offizier sagte damals, es »bleibt uns keine Wahl – wir sind sowohl Staatsanwalt als auch Verteidiger, wir sind Richter und Henker zugleich.«[126] Trotz der Skepsis einiger Minister, vor allem jenen von der Arbeitspartei, setzte sich der Premier Sharon letztlich durch. Er flüsterte Dichter zu: »Legen Sie los. Töten Sie sie alle.«[127]

Als Zielpersonen galten dabei all jene, die zur sogenannten »tickenden Infrastruktur« gehörten. Dazu zählten »Werber, Kuriere und Waffenbeschaffer sowie Leute, die sichere Häuser unterhielten und Geld

124 Bergman 2018, S. 574.
125 Ebd., S. 574–575.
126 Ebd., S. 585.
127 Ebd., S. 585.

schmuggelten – eine ganze Organisation, die von den Befehlshabern regionaler Zellen beaufsichtigt wurden, über denen die militärischen Oberbefehlshaber saßen, die wiederum ihrerseits den politischen Führern der Organisationen unterstanden.«[128]

Diese umfassten Mitglieder des bewaffneten Kampfes der Fatah, Hamas, Izz-al-Din-al-Qassam-Brigaden und des Islamischen Dschihad.

Die Vorteile der gezielten Tötung im neuen Krieg stellt Bergman heraus; durch die fortschrittliche Technologie »der besten Kommunikations- und IT-Systeme auf der ganzen Welt«, gepaart mit den »fortschrittlichsten Entwicklungen der Militärtechnologie«, wurden die Möglichkeiten dramatisch erhöht. Wie ein *Schin-Bet*-Offizier kommentierte, zuvor »dauerte es Monate, wenn nicht Jahre, bis der Mossad einen Anschlag geplant und durchgeführt hatte. [...] Jetzt konnten wir von dem vereinigten Kommandozentrum aus vier oder fünf am Tag vollstrecken.«[129]

Laut der Bilanz von Bergman kosteten die Operationen des vereinigten Kommandozentrums im Jahr 2000 24 Palästinensern das Leben; 2001 waren es 84, 2002 bereits 101, und 2003 schon 135.[130] Von Beginn der Intifada bis Ende 2006 zählt Eyal Weizman 339 palästinensische Opfer der gezielten Tötung, wobei 210 auf der Liste von *Schin Bet* standen und die anderen sogenannte »Kollateralschäden« waren.[131]

Diese Politik brachte zwei Probleme mit sich. Da war zum einen die Frage, wie diese *außergerichtlichen Tötungen* mit der etablierten *Politik der Zweideutigkeit* zu vereinbaren wären. Schließlich konnte Jerusalem diese Morde kaum bestreiten oder, wie die Politik der Zweideutigkeit es verlangte, vollends verschweigen. In der Dynamik der Gewalt wäre ein solches Abstreiten ohnehin kaum ernst genommen worden. Zum anderen musste diese Politik der gezielten Tötung zunächst einmal »legalisiert« werden, denn außergerichtliche Tötungen verstoßen auch gegen das israelische Gesetz.

Bereits im Januar 2001 legte Generalmajor Menachem Finkelstein, seines Zeichens Chef des juristischen Beraterkorps, dem Sicherheitskabinett

128 Ebd., S. 587.

129 Ebd., S. 593.

130 Ebd., S. 593.

131 Eyal Weizman: »Targeted Assassinations: The Airborne Occupation«. In: *Hollow Land Israel's Architecture of Occupation*, London/New York: Verso 2017, S. 238.

ein streng geheimes Rechtsgutachten vor. Unter der Überschrift »Vorgehen gegen Personen, die direkt an Anschlägen gegen Israelis beteiligt sind« begann das Dokument mit folgender Aussage:

> »Im Rahmen dieses Gutachtens haben wir uns zum ersten Mal drangemacht, die Frage der Rechtmäßigkeit der angezeigten Verhinderungsaktionen, die die israelischen Streitkräfte getroffen haben, zu prüfen. [...] Uns wurde von den Streitkräften und dem Schin Bet mitgeteilt, dass solche Aktionen durchgeführt werden, um das Leben israelischer Zivilisten und Mitglieder der Sicherheitskräfte zu schützen. Deshalb handelt es sich im Prinzip um eine Aktivität, die sich auf die moralische Basis der Bestimmung bezüglich der Selbstverteidigung stützt, ein Beispiel für: ›Wenn dich jemand töten will, so komme ihm zuvor und töte ihn‹«.[132]

Bergman beobachtet hierzu: »Zum ersten Mal hatte jemand ein gesetzliches Instrument für die Bildung außergerichtlicher Hinrichtungen durch die Sicherheitskräfte vorgeschlagen«.[133] Doch erst im Jahr 2003 legte der Staat eine nicht klassifizierte Fassung des Gutachtens dem Obersten Gerichtshof vor, der dieses erst 2006 bestätigte.[134]

Für Sharon sei diese Tötungspolitik so wichtig gewesen, dass er bereit gewesen sei, sich in anderen Bereichen auf Kompromisse einzulassen. So handelte sein engster Berater Dov Weissglas ein geheimes Abkommen mit der nationalen US-Sicherheitsberaterin Condoleezza Rice aus: »Israel würde den Bau neuer Siedlungen deutlich reduzieren, im Austausch für die amerikanische Unterstützung des Kriegs gegen die Palästinenser und der Politik der gezielten Tötungen.«[135] Nach dem 11. September 2001 wurde Sharons Kampf gegen die Intifada auch immer stärker vom US-Präsidenten unterstützt.

Doch was genau war das Ziel dieser massiven Tötungspolitik? Wie Ben-Eliezer verweist auch Eyal Weizman hier auf die Verfestigung der Machtverhältnisse und fasst die Logik dieser Politik unter der Überschrift

132 Vgl. Bergman 2018, S. 599.
133 Ebd., S. 599.
134 Ebd., S. 601.
135 Ebd., S. 604.

»Gezielte Tötungen: Die Besatzung aus der Luft«[136] zusammen. Wie er herausstreicht, handle es sich hierbei keineswegs um eine direkte Verteidigung im herkömmlichen Sinne, sondern vielmehr um die Fortsetzung der militärischen Kontrolle aus der Luft:

> »Die Politik der gezielten Tötungen kann nicht allein aus der Logik der Terrorismusprävention heraus verstanden werden; sie ist vielmehr zu einem politischen Instrument geworden, mit dem Israel versucht, die Kontrolle über die palästinensischen Gebiete aufrechtzuerhalten, aus denen es sich territorial zurückgezogen hat, und hat somit eine territoriale Dimension.«[137]

Weizman spricht in diesem Zusammenhang über eine »Besessenheit von der Tötungspolitik«: »Zielgerichtete Tötungen nahmen einen Appetit und ein Eigenleben an und entzogen sich der Fähigkeit des Militärs, der Regierung, des Parlaments, der Medien oder der Justiz, sie zu bändigen.«[138]

Die gezielte Tötung aus der Luft sei im Laufe der Zweiten Intifada perfektioniert worden, sodass diese infolge der Räumung des Gazastreifens im Sommer 2005 zur zentralen Angriffsform seitens der Luftwaffe legitimiert worden sei. Weizman betont die Zentralität dieses Mittels, indem er darauf hinweist, dass Sharon die politisch ohnehin höchst umstrittene Rückzugsentscheidung nur deshalb hatte durchsetzen können, weil er dem Militär und dem *Schin Bet* im Gegenzug die Lufthoheit über dieses Gebiet zusicherte.[139]

Demnach erhielten die Sicherheitsapparate die militärische Kontrolle über das gesamte Land, und zwar jenseits der Siedlungs- und Grenzfrage. In der Tat wurden die Neuen Kriege des neuen Millenniums von Israels Luftattacken dominiert, sowohl in Gaza (2005–2006, 2008–2009, 2012, 2014, 2021) als auch im Libanon (2006). Die Entscheidungsträger dieser Jahre waren gänzlich dem Zivilmilitarismus verpflichtet, was wenig erstaunlich ist, wenn man bedenkt, dass Barak, Dichter, Mofas und Jaalon allesamt ehemalige Mitglieder der militärischen Sondereinheit *Sajeret*

136 Vgl. Weizman 2017, S. 237.
137 Ebd., S. 238–239.
138 Ebd., S. 246.
139 Ebd., S. 237.

Matkal, einem Tötungskommando, waren. Sharon selbst führte in den 1950ern die berüchtigte Tötungseinheit 101 an und setzte seinen Kampf gegen die aufständischen Palästinenser in Gaza auch in den 1960er- und 1970er-Jahren fort. Anfang 2001 förderte er als Premier diese Politik massiv, auch wenn er dabei gelegentlich auf Proteste seiner Koalitionsmitglieder aus der Arbeitspartei stieß.

Die Tötungspolitik und ihre sicherheitspolitische Logik

Zu Beginn der Zweiten Intifada war die gezielte Tötung nicht unumstritten. Außenminister Shimon Peres und Verteidigungsminister Benjamin Ben-Eliezer, beide aus der Arbeitspartei, wollten die altherkömmliche *Politik der Zweideutigkeit* nicht ohne weiteres aufgeben,[140] denn sie erachteten die Funktion der Zweideutigkeit als unverzichtbar, um sowohl innenpolitisch als auch gegenüber dem Ausland keine Rechenschaft über israelische Anschläge ablegen zu müssen. Die Tötungspolitik musste innerhalb der israelischen Gesellschaft kommuniziert werden, denn die ihr zugrunde liegende Kriegslogik befeuerte schließlich die Intifada zu einem langjährigen und verderblichen Krieg. Zu diesem Zwecke setzte man schließlich auf die *Hasbara*, also Öffentlichkeitsarbeit im Interesse positiver Berichterstattung und Israels wichtiges Instrument der Kriegspropaganda, welches im Hebräischen alles in allem positiv konnotiert ist. Unter Rückgriff auf die Sprache des Zivilmilitarismus wurde so die Vorstellung von *Ein Breira – der Notwendigkeit des Krieges, dem Krieg um die Heimat* – erfolgreich vermittelt.

Die *Hasbara* wurde von Militär und *Schin Bet* gemeinsam koordiniert. Nach jeder gezielten Tötung wurde eine »negative« PR-Kampagne gegen den Ermordeten geführt. Der *Schin Bet* machte Material über dessen Taten publik, um so seine Schuld post mortem zu beweisen. Ziel der

140 Hierzu Bergman: »Vor der [Zweiten] Intifada waren gezielte Tötungen in erster Linie die geheime Sache kleiner, abgeschotteter Teams gewesen, die für den Mossad arbeiteten, jenseits der Grenzen des Landes. Sie wurden wohl im nationalen Interesse durchgeführt, aber jede moralische Rechtfertigung beschränkte sich auf eine Handvoll Mitarbeiter und Minister. Sobald sich diese überschaubaren Operationen zu einem groß angelegten Tötungsapparat ausweiteten, wurden jedoch Tausende von Menschen zu Komplizen. Soldaten und Flieger, Schin-Bet-Leute, die Sachbearbeiter, die Informationen sammelten, filterten, analysierten und weitergaben – sie alle waren direkt daran beteiligt, häufig in wichtigeren Funktionen als jene, die tatsächlich die Tötung vollstreckten. Und im Sommer 2002 konnte kein Israeli behaupten, er habe nichts von dem gewusst, was in seinem Namen geschah.« Bergman 2018, S. 618–619.

Hasbara war es, die israelische Öffentlichkeit von der Notwendigkeit jedes Anschlags zu überzeugen, damit diese den hohen Preis der Eskalation mitzutragen bereit sein würde. Angesichts solcher Eskalation war es unabdingbar, die Tötungspolitik immer wieder neu zu rechtfertigen.

Sprache bildete hier einen zentralen Aspekt. So sollten diese außergerichtlichen Mordaktionen mit dem Leitbegriff *Sikul Memukad,* hebräisch für »gezielte Prävention«, in erster Linie als reine Verteidigung dargestellt werden. Wörter wie *Beseitigung, Liquidierung,* geschweige denn *Mord,* wurden aus dem Diskurs ausgeschlossen. Im Gegensatz zu solch »unschönen« Begriffen hat *Sikul Memukad* den Klang eines sauberen, nahezu mit chirurgischer Präzision durchgeführten Anschlags. Die deutliche Botschaft war, dass es sich hierbei um Präventionsmaßnahmen handle, die im Rahmen der Verteidigungspolitik ausgeführt werden müssten, um Israel gegen potenzielle Attentäter und ihre Mithelfer zu schützen.

In Wirklichkeit diente all dies nicht der Prävention, schon gar nicht der Verteidigung. Stattdessen lautet Bergmans Bilanz nach vier Jahren der außergerichtlichen Tötungspolitik gegen die palästinensische Führung:

> »Auch keine der anderen von Israel durchgeführten gezielten Tötungen und aggressiven Militäroperationen hatte in Wahrheit zu irgendetwas geführt, außer zum Tod von 454 Palästinensern, zur Verwundung Tausender anderer und zur Verlängerung eines blutigen und asymmetrischen Konflikts, der zu weiteren Toten auf israelischer Seite führte.«[141]

Wie stark die politische Arena der Zweiten Intifada von der Tötungspolitik dominiert wurde, wird von Weizman auf eindringliche Weise veranschaulicht: Der Anschlag vom 31.7.2001 auf das Hamas-Büro in Nablus setzte dem zweimonatigen Waffenstillstand mit der Hamas ein Ende; die Tötung des *Tanzim*-Führers Ra'ad Karmi von Fatah im Januar 2002 beendete nicht nur einen weiteren Waffenstillstand, der seit Anfang Dezember 2001 in Kraft gewesen war, sondern auch die amerikanische Initiative für die erneute Aufnahme der Verhandlungen. Der Mord an Karmi wurde mit einer regelrechten Terrorwelle auf den Straßen Israels

141 Bergman 2018, S. 584.

vergolten. Im Juli 2002 machte die Ermordung eines Hamas-Mitglieds, Salah Shehadeh in Gaza, eine Vereinbarung mit *Tanzim* über eine Feuereinstellung zunichte. Im Sommer 2003 verhinderte der Mordversuch am Hamas-Mann Rantisi eine *Hudna* (arab. vorübergehender Waffenstillstand), und eine US-Initiative wurde durch den Mord an einem *Tanzim*-Mann in Qalqilya zum Entgleisen gebracht. Am 1.12.2003, als eine neue Genfer Friedensinitiative publik wurde, ging das Militär gegen den Hamas-Führer in Ramallah, Sheikh Ibrahim Hamed, vor. Im Juni 2006 bemühte Palästinenserpräsident Mahmoud Abbas sich darum, das palästinensische Volk über das historische, progressive »Dokument der Inhaftierten« in einem Referendum abstimmen zu lassen, doch als das israelische Militär den Chef des Volkswiderstandskomitees in Gaza, Jamal Abu-Samhadana, tötete, wurde das Referendum zurückgestellt.[142]

Zur Willkür der Tötungspolitik stellt Weizman kritisch fest:

> »›Radikale‹ Palästinenserführer könnten also ermordet werden, um den Weg für eine ›pragmatischere‹ Form der Politik zu ebnen. ›Pragmatische‹ Führer könnten ermordet werden, um den Weg für eine direkte Konfrontation freizumachen oder um eine diplomatische Initiative abzuwehren. Andere Attentate könnten verübt werden, um ›die Ordnung wiederherzustellen‹, wieder andere, um ›Chaos zu stiften‹; manche Attentate würden einfach verübt, weil sie verübt werden könnten, weil bereits zu viel Geld in die Fahndung investiert worden war, weil die Sicherheitskräfte den Nervenkitzel genossen, ausländische Beobachter beeindrucken, neue technologische Entwicklungen testen oder sich selbst in der Praxis halten wollten. Es sind dieselben Leute, Mitglieder derselben Organisationen, die für diese Operationen trainieren, dieselben Agenten und Offiziere, die ›erfolgreiche‹ Tötungen in ihrem Lebenslauf brauchen, um befördert zu werden, die auch für die Bewertung ihrer Auswirkungen zuständig sind und auf der Grundlage ihrer eigenen Einschätzungen weiterhin von der Regierung die Genehmigung weiterer Anschläge fordern. In Wirklichkeit wurden die Morde von niemandem außer den Henkern überwacht.«[143]

142 Weizman 2017, S. 247–248.
143 Ebd., S. 248.

Tatsächlich schien die Tötungspolitik im Israel dieser Jahre alternativlos. Ihr habe ein tief sitzendes *orientalistisches Vorurteil* zugrunde gelegen, so der israelische Soziologe Gil Eyal. »[D]ie israelischen Geheimdienste neigen dazu, die Motive für politische Entwicklungen wie auch für Terroranschläge nicht in einer Geschichte der Unterdrückung oder in der Verfolgung rationaler politischer Ziele zu suchen, sondern in den persönlichen Irrationalitäten, Eigenheiten und Ungereimtheiten der arabischen Führer.«[144] Doch nicht nur orientalistische Vorurteile, sondern durchaus auch kolonialistischer Habitus lag dieser Politik zugrunde. Mit der Ermordung der palästinensischen Führer wollte man nicht nur die Intifada im Keim ersticken, sondern auch die real existierende Palästina-Frage aus der Welt schaffen – eine Illusion, die mithilfe der Massenmedien vermittelt werden sollte.

Die israelischen Medien und die Tötungspolitik

Inwieweit kooperierten die israelischen Massenmedien mit der Regierung und dem Militär in der Tötungspolitik? Wie haben sie der Öffentlichkeit die mit dieser Politik einhergehende Eskalation vermittelt? Der israelische Politikwissenschaftler Neve Gordon untersuchte 278 Reportagen und Artikel zu 47 außergerichtlichen Morden zwischen dem 9.11.2000 und dem 25.11.2001 in den drei bedeutenden Tageszeitungen *Yedioth Ahronoth, Maariv* und *Haaretz*. Seine These kommt schon im Titel seines Beitrags aus dem Jahr 2004 zum Ausdruck: »Rationalisierung von außergerichtlichen Exekutionen: Die israelische Presse und die Legitimierung des Missbrauchs«.[145] Besagte Zeitungen hätten in ihrer Berichterstattung

> »dazu beigetragen, sowohl die Rationalität als auch die Moral der Hinrichtungen zu produzieren, zu verbreiten und zu verstärken. [...] Die Rationalisierung der Hinrichtungspolitik wird durch das erreicht, was man als diskursive Produktion eines pseudojuristischen Prozesses bezeichnen kann. [...] In ihrer Berichterstattung über Hinrichtungen schaffen die israelischen Zeitungen ein Narrativ, dessen Hauptziel es

144 Vgl. Weizman 2019, S. 248.

145 Neve Gordon: »Rationalising Extra-Judicial Executions: The Israeli Press and the Legitimisation of Abuse«, *The International Journal of Human Rights*, Vol. 8, No 3, 2004, S. 305–324.

> ist, die israelische Regierung von dem Vorwurf zu entlasten, einen ungesetzlichen Akt begangen zu haben.«[146]

Das Ziel der Berichterstattung sei somit gewesen, der Regierung und damit dem Militär Legitimation sowie Autorität zu verleihen. Sich auf Michel Foucaults Begriff von *Biopolitik* bzw. *Gouvernementalität* stützend, beleuchtet Gordon diese Mechanismen des israelischen Zivilmilitarismus:

> »[...] Die Zielperson in eine tickende Bombe zu verwandeln und sie anschließend auch zu ermorden, [...] diente einem Mechanismus, der die Ängste der [israelischen] Subjekte verwaltete und gleichzeitig die Autorität der [israelischen] Regierung stärkte. [...] Im Sinne Foucaults hieß es, die Hinrichtungen [palästinensischer Personen] zu rationalisieren, um eben auch das Leben der israelischen Bürger verwalten zu können.«[147]

Diese Politik stelle nicht nur einen krassen Menschenrechtsverstoß dar, sondern sei dazu auch schier antidemokratisch. Denn die außergerichtlichen Morde umgehen nicht nur das juristische Verfahren, sie unterminierten dazu auch den Grundsatz eines Rechtsstaats, wonach die Schuld eines Angeklagten allein im Gerichtssaal geklärt werden kann: »Entscheidungen werden in Hinterzimmern ohne richterliche Kontrolle getroffen, und die betroffene Person erhält keine Gelegenheit, Beweise zu ihrer Verteidigung vorzulegen oder die Anschuldigungen zu widerlegen, für die sie zum Tode verurteilt wird.«[148]

Die israelische Presse kooperierte laut Gordon mit diesem Diskurs eines *pseudo-juristischen Prozesses*. Erstens habe sie die Schuld der betreffenden Personen anhand des von den Sicherheitsbehörden präsentierten Materials als quasi bereits erwiesen konstatiert (»Establishing Guilt«). Zweitens habe sie vorangegangene Festnahmen des Delinquenten als Beweis für die Notwendigkeit seiner Tötung herangezogen (»The Incarceration/Execution Binary«). Und drittens habe sie den Getöteten als eine »tickende Bombe« auf dem Weg zu einem Attentat dargestellt, weshalb

146 Ebd., S. 308.
147 Ebd., S. 306.
148 Ebd., S. 306.

dessen Tötung unangefochten als Prävention, damit als Verteidigung, dargestellt werden konnte (»The End of a Ticking Bomb«):

> »[...] Man stellt fest, dass die Verbindung des Ermordeten mit einer Reihe von Anschlägen der Schlüssel zur Feststellung der Schuld ist. Die Verbindung zu einem Anschlag, der sich in das kollektive Gedächtnis eingebrannt hat, verleiht nicht nur der Hinrichtung Glaubwürdigkeit, sondern auch der israelischen Regierung, die es geschafft hat, diejenigen zu bestrafen, die ihre Bürger angreifen. Um den Eindruck zu verstärken, dass die Zielperson tatsächlich schuldig war, wird ihre Gefängnisgeschichte angeführt, während die Binarität zwischen Inhaftierung und Hinrichtung auch darauf hindeutet, dass die Inhaftierung eine unzureichende Form der Bestrafung ist. Um die Öffentlichkeit davon zu überzeugen, dass die Person hingerichtet werden muss, bedarf es jedoch eines viel überzeugenderen Arguments. Daher tragen die Zeitungen dazu bei, die Zielperson in eine ›tickende Bombe‹ zu verwandeln. Die Metapher der ›tickenden Bombe‹ in Verbindung mit dem Wissen um die Vorgeschichte der Person und Israels Unfähigkeit, sich auf die Palästinensische Autonomiebehörde zu verlassen, wenn es darum geht, sie zu inhaftieren, erweckt das Gefühl, dass die Ermordung die einzige Möglichkeit ist, sie zu stoppen. Der erste Teil des Gerichtsprozesses ist damit erfüllt: Die Hinrichtung hat sich als das einzig wirksame Mittel erwiesen, um das Leben der Israelis zu schützen, und deshalb wurde die Hinrichtung ausgeführt.«[149]

Eine weitere Argumentationsstrategie der israelischen Presse bezeichnet Gordon als »Verdrängung als Mechanismus zur Förderung der Moral«.[150] Hier wird das Nebenschauspiel der Kollateralschäden in den Fokus gerückt und zum eigentlichen Thema gemacht:

> »Von Zeit zu Zeit scheinen die Zeitungen die moralische Dimension anzusprechen, aber nur, wenn eine Hinrichtung ›unerwünschte Auswirkungen‹ hat. Die Verlagerung der Diskussion auf die sogenannten

149 Ebd., S. 316.

150 Ebd., S. 316: »Displacement as a Mechanism to Engender Morality«.

> Exzesse der Hinrichtungen dient nur dazu, die Vorstellung zu verstärken, dass die Hinrichtung selbst moralisch sei, während die entschärfte Darstellung der Tötung ihre unmenschliche Qualität verschleiert. Damit ist der zweite Teil des Rechtsprechungsprozesses vollzogen: Die Hinrichtung sei nicht nur notwendig, sondern auch moralisch. Die politische Kritik, die gelegentlich von Journalisten geäußert wird, erweckt den Eindruck, dass die Zeitungen weiterhin frei und pluralistisch seien, während die Kritik in Wirklichkeit nur die Rationalität, Legitimität und moralische Gültigkeit der Hinrichtungen untermauert, da sie nur taktische Fragen anspricht und die grundlegenden Fragen unberührt lässt.«[151]

So diente die selektive Berichterstattung der Darstellbarkeit des Tötungsaktes, welcher von der Presse quasi verschleiert wurde: »[...] Ihre hygienische Darstellung des Attentats – das Blut, die verstreuten Leichenteile, die Evakuierung der Verwundeten – werden kaum erwähnt.« Den Morden an Palästinensern werde nur wenig Platz eingeräumt, diese seien vielmehr »in ein Netz der Geheimhaltung« gehüllt worden. Die Berichterstattung, so Gordon, beschränke sich auf das Operationale, seien es die »›hoch entwickelten technischen‹ Errungenschaften«, die »brillante Operation« oder gar »ein Comic, der ein Mechanismus zur Unterminierung und Auslöschung seiner schmutzigen, aber allzu realen Bedeutung ist.«[152]

Somit sei die Tötungspolitik durch Rückgriff auf Israels Selbstbild als demokratisches, pluralistisches und gerechtes Gemeinwesen salonfähig gemacht worden. Mehr noch, durch diese Berichterstattung wurde Israel als Gegenmodell zum ultimativen Feindbild stilisiert. Die Presse spielte dabei eine zentrale Rolle, wobei Gordon in diesem Kontext von der »Herstellung von Essenzen«[153] spricht. Damit meint er, dass die israelische Presse eine unüberbrückbare mentale Differenz zwischen den beiden Konfliktparteien erzeugte. Während sich die Israelis angeblich nur verteidigten, Kollateralschaden bereuten und nur gezielt und chirurgisch gegen die »bösen« Terroristen vorgehen wollten, seien die Palästinenser als irrational, rachsüchtig und blutrünstig präsentiert worden:

151 Ebd., S. 319.
152 Ebd., S. 318.
153 Ebd., S. 319.

> »[...] Die palästinensischen Reaktionen, die in den Zeitungen gebracht werden, sind häufig lakonisch, das Vokabular ist begrenzt, und es gibt eine grundlegende Botschaft [...]: Rache [...]. Das wiederholte Zitieren dieser Reaktionen hat zwei sehr unterschiedliche Auswirkungen. Erstens schaffen, erhalten und verstärken sie das allgegenwärtige Bild der Palästinenser, in diesem Fall das des blutrünstigen Täters. [...] Die Tatsache, dass die Reaktion in der Regel gegen Ende des Artikels erscheint, hinterlässt beim jüdischen Leser das Gefühl, dass sie eine potenzielle Vorwarnung auf einen bevorstehenden Angriff ist. Außerdem gibt es kein wirkliches Gefühl der Trauer oder des persönlichen Verlusts [...], was den Eindruck verstärkt, dass die Palästinenser dem menschlichen Leben keinen großen Wert beimessen.«[154]

Die Widersprüchlichkeit solch einer Kriegslogik bricht Gordon auf ihre Essenz herunter. Er weist auf die Reaktion der Unterstützung der Tötungspolitik durch die israelische Öffentlichkeit hin, obwohl diese sich wiederholt als kontraproduktiv erwiesen hatte:

> »Der palästinensische Ruf nach Rache zeigt also Wirkung, denn fast die Hälfte aller Israelis glaubt, dass die Reaktion der Regierung auf den Terrorismus zu mehr Terrorismus führt. Dennoch unterstützen viele dieser Menschen weiterhin Hinrichtungen. Das bringt uns zurück zur ersten Schlussfolgerung aus der Darstellung der palästinensischen Reaktionen, die das allgegenwärtige Bild der Palästinenser verstärkt. Wenn die Palästinenser irrationale, blutrünstige Wesen sind, müssen wir die Hinrichtungen fortsetzen – auch wenn sie zu mehr Terrorismus führen –, da solche Wesen nur eines verstehen, nämlich Gewalt.«[155]

In der Tötungspolitik jener Jahre zeigten sich Israels Zivilmilitarismus und Sicherheitsmythos im vollen Ausmaß. Damals unterstützte die Gesellschaft eine Kriegspolitik, die sich ganz eindeutig als kontraproduktiv erwiesen hatte und der Zivilgesellschaft selbst einen immer höheren Preis

154 Ebd., S. 319–320.
155 Ebd., S. 320.

abverlangte. In der Tat kann die Funktion der israelischen Massenmedien nicht genug betont werden, denn solch eine Kriegslogik hätte ohne stetige mediale Rechtfertigung und aktive Rückendeckung kaum verfangen können.[156]

Gerade der Siebte Krieg führte vor Augen, wie fest der israelische Zivilmilitarismus in der politischen Kultur des Landes verankert ist. Dieser historisch gewachsene Militarismus von Zivilisten kam gerade in der sicherheitspolitischen und staatsideologischen Krise der Jahre 2000–2005 voll zur Geltung. Die praktisch entmachtete, da entpolitisierte, *Zivil*gesellschaft war dem militärischen Weg nicht nur vollkommen ausgeliefert, sondern hat ihn gar als einzig denkbaren, effizienten Weg verinnerlicht. Sie hat ihr Schicksal gänzlich in die Hände des Militärs gelegt, eben weil sie ihm als der exklusiven Instanz für Sicherheit vertraute. Und so folgten die Israelis ihrem Militär auch in der Entscheidung, hochrangige palästinensische Führungspersönlichkeiten ins Visier zu nehmen.

Israels Menschenjagd gegen die palästinensische Führung

Wer zählte als »tickende Bombe« und zur »Infrastruktur des Terrorismus«? Nach über einem Jahr Krieg gegen den bewaffneten Arm der diversen palästinensischen Organisationen stellte sich 2003 die Frage, ob auch politische Führungspersönlichkeiten von Fatah, Hamas und Islamischem Dschihad legitime Zielpersonen waren. Zwar hatten sich die islamistischen Organisationen Hamas und Islamischer Dschihad schon vor 2000 nicht an Oslo gebunden gesehen und ihren Kampf gegen Israel fortgesetzt, sodass Israel bereits routinemäßig gegen deren politische Führer vorging. Doch was die politischen Mitglieder der säkularen Fatah anbelangte, so kam nun die Frage auf, ob auch diese der »Infrastruktur des Terrorismus« zuzuordnen seien, da sich auch Fatah-Milizen immer stärker am Kampf gegen Israel beteiligten. Was bezweckte Israel mit der Tötung politischer Führer? Wenn Kimmerling 2003 vom »*Politizid* am palästinensischen Volk« spricht, so meint er einen Prozess,

156 Elina Coren: »Gemeinsam kämpfen: das Militär, die Zeitungen und das 'selbstverständliche' Töten von Palästinensern: *MITAAM* 2005. Online-Version: http://www.mitaam.co.il/mit3alina.htm, Hebr.

> »der sich auf mehreren Ebenen abspielt und nicht notwendigerweise in einer einheitlichen soziomilitärischen Doktrin verankert ist. Es handelt sich um ein allgemeines Vorgehen, bei dem zwar viele Entscheidungen ›vor Ort‹ getroffen werden, die kumulativen Wirkungen jedoch von zweierlei Art sind. Die erste besteht in der Zerstörung der öffentlichen Sphäre der Palästinenser einschließlich der Führung und der sozialen wie materiellen Infrastruktur. Die zweite Wirkung ist, dass das tägliche Leben immer unerträglicher wird, weil die Privatsphäre der Menschen und jede Hoffnung auf Normalität und Stabilität zerstört werden.«[157]

Zu diesem Prozess der Zersetzung der palästinensischen Gesellschaft gehört gewiss die Entscheidung, auch die *politische* Führung der Palästinenser zu töten. Dem im April 2004 ausgeführten Anschlag auf den geistlichen Gründer und Führer der Hamas-Bewegung Scheich Ahmad Jassin ging allerdings ein reger Disput in Sicherheitskreisen voraus. Vor dem Hintergrund der Selbstmordattentate durch Hamas zeichnete sich immer stärker die Meinung ab, dass Jassin ausgeschaltet werden müsse. Doch wie Israel dies anstellen sollte, blieb umstritten. Sollte man ihn entführen und verhaften? Dies ließ unliebsame Erinnerungen an die misslungene gezielte Tötung des Hamas-Chefs Khaled Maschal in Amman im Jahr 1997 aufkommen, woraufhin Israel gezwungen wurde, Jassin aus dem israelischen Gefängnis zu entlassen.

Bei der Frage der Ermordung von Jassin stand der *Schin-Bet*-Direktor Avi Dichter mit seiner Meinung dem Verteidigungsminister und dem Generalstabschef gegenüber. Mofas und Jaalon sahen in Jassin einen Drahtzieher des Terrorismus, und auch der Premierminister Sharon teilte diese Meinung. Doch Dichter, der eine durchaus aktivistische Rolle in der Tötungspolitik spielte, befürchtete die Reaktion der islamischen Welt auf die Ermordung eines muslimischen Geistlichen. Andere Generäle hatten Israels Ruf vor Augen und zeigten sich besorgt, dass »einen älteren, bemitleidenswerten, halbblinden Krüppel im Rollstuhl« zu töten kein schönes Bild von Israel abgäbe.[158]

157 Kimmerling 2003, S. 201ff.

158 Bergman 2018, S. 643ff.

Der Militär-Ethikberater Assa Kasher suchte die Rechtfertigung für den Anschlag auf Jassin in der jüdischen Leidensgeschichte – und fand sie ausgerechnet in Adolf Hitler. Als politischer Amtsinhaber wäre dieser gemäß der Denklogik, Politiker sollten unantastbar bleiben, ebenso immun gewesen. Mit der Bezugnahme auf den Führer Nazideutschlands und dessen Funktion beim Massenmord an den europäischen Juden lieferte Kasher scheinbar eine schlagkräftige Rechtfertigung.[159] Wie stichhaltig solch ein Vergleich tatsächlich ist, sei dahingestellt. Von Belang ist allerdings Kashers Funktion im israelischen Zivilmilitarismus, denn hier wurde ein Philosophieprofessor mit seiner Autorität als Ethikberater dazu herangezogen, die Tötung einer politischen Führungsperson anhand der ultimativen Leiderfahrung der Juden im 20. Jahrhundert zu rechtfertigen.

Doch die Militärstaatsanwaltschaft zeigte sich der völkerrechtlichen Konsequenzen wegen skeptisch. Gerade angesichts der Gründung des Internationalen Strafgerichtshofs in Den Haag suchten hohe Regierungsvertreter eine rechtliche Absicherung. Ungeachtet dessen, dass die gezielten Tötungen im Zusammenhang mit der Intifada *innenpolitisch* legalisiert worden waren, blieben sie nach internationalem Recht völkerrechtswidrig. Und so wollten der Militärstaatsanwalt und der Generalstaatsanwalt handfestes Beweismaterial gegen Jassin, um ihn direkt mit dem Terrorismus in Verbindung bringen zu können.[160]

Im Januar 2004 mehrten sich die Beweise, dass Jassin eine palästinensische Frau zum Selbstmordattentat verleitet hatte, und zwar mit folgender Aussage: »Der Heilige Krieg ruft alle Muslime zur Pflicht, Männer wie Frauen. Das beweist, dass sich der Widerstand fortsetzen wird, bis der Feind aus unserem Heimatland vertrieben ist.«[161] Für den Militärstaatsanwalt war dieser Mitschnitt aus Jassins Rede ausreichend, woraufhin das Sicherheitskabinett dessen Tötung zustimmte.

Shimon Peres äußerte jedoch seine Befürchtung »dass [in der Folge der Tötung Jassins auch] sie [die Palästinenser] anfangen werden, israelische Führungspersönlichkeiten umzubringen.«[162] Trotz des US-amerikanischen Einwands, ein solcher Anschlag würde den gesamten Nahen

159 Ebd., S. 644.
160 Ebd., S. 644ff.
161 Ebd., S. 646.
162 Ebd., S. 646.

Osten in Unruhe versetzen, führte die israelische Luftwaffe das Attentat am 22. März 2004 aus und tötete Jassin, als er nach dem Frühgebet eine Moschee in Gaza verließ.

Auch Jassins Nachfolger Abd al-Asis Rantisi wurde am 17. April 2004, nur kurz nach seiner Ernennung zum Hamas-Führer, von einer israelischen Rakete getroffen. Mit Rantisi zählt Bergman 168 gezielte Morde seit November 2000. Die Operation »Windröschen pflücken« vom September 2003, welche die Tötung der Hamas-Führung im Gazastreifen zum Ziel hatte, versetzte die Organisation in »einen Zustand des Schocks und der Verwirrung«, sodass die Namen der Nachfolger nicht mehr bekannt gegeben wurden. »Sämtliche höheren Hamas-Funktionäre ergriffen extreme Maßnahmen, um unter dem Radar Israels zu bleiben, und verbrachten somit den größten Teil ihrer Zeit damit, ihr Leben zu retten.«[163] Es war die Rede von einer regelrechten Menschenjagd.[164]

Die israelische Arafat-Besessenheit

Der Disput um die Legitimität der Tötung politischer Persönlichkeiten kreiste erst recht um den PLO-Chef und Palästinenserpräsidenten. Kurz nach Ausbruch der Zweiten Intifada bis zu seinem Tod am 11. November 2004 wurde in Israel heftig darüber debattiert, ob Jassir Arafat getötet oder »nur« aus den besetzten Gebieten ausgewiesen werden sollte. Sharon gab zwar dem US-Präsidenten zu verstehen, dass Israel Arafat nicht töten werde. Doch schon nach Beginn der groß angelegten Invasion der israelischen Truppen in das Westjordanland im März 2002 wurde der Palästinenserpräsident unter Hausarrest gestellt. In Israel ließ dies nur wenig Irritationen aufkommen, denn Arafat galt unter den Israelis schon zu diesem Zeitpunkt als Hauptverantwortlicher für den Ausbruch der Intifada, auch wenn über den »Beweis« dafür heftig gestritten wurde.

Doch bald wurde folgende Auslegung zur allumfassenden, unbestreitbaren Wahrheit: Jassir Arafat habe schon mit Oslo den bewaffneten Kampf gegen Israel geplant und Israel mit dem Friedensprozess nur täuschen wollen, um mit seinen Leuten ins Land zu gelangen. So habe er

163 Bergman 2018, S. 650.
164 Coren 2005.

den Kampf gegen Israel aus einer besseren Position führen können, wie er sie noch nie zuvor gehabt hatte. Dabei sei Arafats eigentliches Ziel – die Vernichtung des jüdischen Staates – immer gleich geblieben.[165]

Diese Interpretation der palästinensischen Erhebung wurde zunächst vom Chef der Forschungsabteilung des Militärgeheimdienstes *AMAN* (1996–2001) Amos Gilad vertreten. Mit der Eskalation von Ende 2000 konnte sich Gilad gegen seinen *AMAN*-Chef, Amos Malka (2001–2004), durchsetzen. Gilad weigerte sich, den Ausbruch der Intifada als Volksaufstand gegen die Besatzung zu sehen. Er argumentierte, dass es den Palästinensern nach Oslo wirtschaftlich besser gegangen sei als je zuvor. Es sei vielmehr die Person Arafat gewesen, die den bewaffneten Kampf geplant und ihn seinem Volk aufgezwungen habe. Arafat habe in den Ereignissen vom Oktober 2000 die Chance gesehen, Israel anzugreifen. Sowohl Barak als auch Sharon sahen in Gilads Interpretation ihre eigene Auffassung bestätigt. Wenn dazu auch die zwei einflussreichen, da »politisierten«, Militärs Mofas und Jaalon gerade in Arafat den Hauptschuldigen für die Intifada sehen wollten, so wurden Zweifel an dieser Wahrheit im Keim erstickt. Diese bestimmte schließlich den Krieg gegen die Palästinenser:

> »Im Vorfeld der Zweiten Intifada glaubten Beamte des Militärgeheimdienstes, Arafat wolle weiterhin verhandeln und Kämpfe vermeiden. Neu aufgetauchte Papiere zeigen jedoch, dass ihr Chef, Amos Gilad, der [politischen] Führung ein völlig anderes Bild präsentierte: Die Palästinenser planten einen Aufstand, um Israel unter Druck zu setzen.«[166]

Erst Mitte 2004 sickerten aus *AMAN*-Kreisen andere Stimmen durch, welche auf die Problematik solcher Interpretation hinwiesen. Malka kritisierte Gilads Verrückung der Fakten, um seine These zu untermauern. Der Direktor der Palästinensischen Abteilung in *AMAN*, Efraim Lavie, vertrat ebenfalls die Ansicht, die Intifada ließe sich sehr wohl als Volksaufstand einstufen. Lavie sah darin sogar einen Hilferuf der Palästinenser an Israel, das gegen sie angerichtete Unheil nun endlich anzuerkennen.[167]

165 Bergman 2018, S. 652–653.
166 Reuven Pedatzur: »Dissent and Conquer«, Haaretz.com 21.10.2011: https://www.haaretz.com/1.5201889.
167 Ebd.

Volksaufstand oder Vernichtungskampf? Der *Schin Bet* bot eine dritte Interpretation: Nicht Arafat, sondern die palästinensische Straße – die *Tanzim* (Fatah-Miliz) und weitere Fatah-Aktivisten – suchten den Aufstand gegen Israel und hätten ihn auch angezettelt. Als sich für Arafat jedoch herausstellte, dass er die Straße nicht mehr im Griff hatte, habe er die *Welle des Terrors* für *seine Ziele* instrumentalisieren und so Israel gewissermaßen unter Druck setzen wollen, sich aus den Palästinensergebieten zurückzuziehen.[168]

Doch bedeutet ein israelischer Rückzug aus den besetzten Gebieten sogleich den Vernichtungskampf, sprich das Ende des zionistischen Israel? Das wird die Schlüsselfrage bleiben, die das politische Israel noch lange nicht zu klären vermochte und die sie daher weiterhin verdrängen und schließlich entpolitisieren wird. Das Militär betrachtete und behandelte die Intifada jedenfalls aus einer rein militärischen Perspektive. Israel mit Gewalt zum Rückzug zu zwingen würde demnach nicht weniger als den Bruch mit dem Selbstverständnis einer Regionalmacht bedeuten, welche ihre nationalstaatliche Existenz in enger Verbindung mit ihrer militärischen Vormacht versteht. Deshalb legte das Land seiner Sicherheitspolitik schon seit den Gründungsjahren die Doktrin der Abschreckung zugrunde. So erklärt sich die israelische Reaktion auf den palästinensischen Volksaufstand mit dem allumfassenden, »erbarmungslosen Kampf um die Heimat«, der auch als »Zweiter Unabhängigkeitskrieg« bezeichnet wurde.

Den palästinensischen Befreiungskampf gegen die Besatzung wollte das Israel dieser Jahre ausschließlich als eigenen Untergang verstehen. Und diesen Kampf verkörperte Arafat wie kein anderer. Als meistgehasste Person in Israel wurde der Palästinenserpräsident zum Gesicht des Konflikts. Das zweifelhafte Narrativ hinsichtlich Arafats Funktion konnte deshalb so rasant verfangen, weil für das historisch gewachsene, zionistische Israel ein palästinensischer Staat auf 22 % des historischen Palästina auch in der Zeit nach Oslo der eigenen Zerstörung gleichkam.

Zur Symbolfigur dieser »Zerstörung« wurde Arafat jedoch vor allem deshalb, weil er 1964 die *Palestine Liberation Organisation* gegründet und über Jahrzehnte hinweg den Kampf im Sinne der »Befreiung Palästinas« geführt hatte. In der PLO sah Israel von Beginn an ein rotes

168 Bergman 2018.

Tuch und bekämpfte sie als terroristische Organisation. Verhandlungen, geschweige denn ein Friedensprozess, waren undenkbar. Die wichtigen Zäsuren dieses Dauerkampfs, wie etwa 1970 in Jordanien, 1982 im Libanon und 1987–1992 in den besetzten Gebieten, veranschaulichen einmal mehr die bittere Geschichte dieser Beziehung. Schließlich standen hochrangige palästinensische Führungspersönlichkeiten über Jahrzehnte hinweg auf der israelischen Tötungsliste, einschließlich Jassir Arafat.[169] 1985 hatte Israel per Gesetz jeglichen Kontakt zur PLO untersagt, was 1993 nur zähneknirschend annulliert wurde.

Vor diesem Hintergrund konnte die Person Arafat im Jahr 2000 so leicht und so schnell erneut dämonisiert werden. In Israel sah man im PLO-Chef und Präsidenten der Autonomiebehörde das personifizierte Feindbild, denn Arafat stand stellvertretend für das nach wie vor »unlösbare Problem« Israels. Mit Arafat als *dem Dämon* konnte Israel leicht zum altbekannten Konfliktverständnis eines Nullsummenspiels zurückkehren und das Militär »siegen lassen«, sprich den palästinensischen Befreiungskampf niederschlagen.

Auch hier kooperierte die israelische Presse willig. Wie Medienwissenschaftler Daniel Dor zeigt, wurde Arafat schon zu Beginn der Intifada mit Hilfe der erstaunlich unkritischen Medien und der »enttäuschten« Linkszionisten zu dem meistgehassten Mann in der israelischen Öffentlichkeit. Das Fiasko des Camp-David-Gipfels lastete Barak mit Unterstützung des US-Präsidenten allein Arafat an. Die staatstreue Presse übernahm Baraks These und verbreitete sie fast kritiklos als *die* Wahrheit.[170]

Arafats alleinige Schuld schien dabei unbestritten. Dass so heftig darüber debattiert wurde, ob Arafat die Intifada tatsächlich selbst angeordnet hatte oder doch nur von ihr mitgerissen worden war, zeugte von an Ratlosigkeit grenzender Orientierungslosigkeit angesichts der Gewalt. Auch wenn hie und da manch kritische Stimmen gegen Arafats alleinige Schuld laut wurde – wie etwa die des ehemaligen *Schin Bet*-Chefs Ami Ajalon –, waren sie viel zu leise und erhoben sich viel zu spät. Denn da war die Gewalt bereits in vollem Gang.

169 Bergman 2018, S. 175ff.

170 Daniel Dor: *Newspapers Under the Influence*, Tel Aviv: Babel 2001, Hebr., S. 279–280; vgl. Daniel Dor: *Intifada Hits the Headlines. How the Israeli Press Misreported the Outbreak of the Second Palestinian Uprising*, Indiana University Press 2004.

Kurz nach seinem Amtsantritt im Februar 2001 beriet sich Sharon mit hochrangigen Militärs über Arafats Schicksal. Bis zu Arafats Ableben im November 2004 stand die Frage tatsächlich im Raum. Nicht zuletzt aufgrund dieser regelrechten Arafat-Besessenheit ist das wirkliche Schicksal des Palästinenserpräsidenten für viele noch immer ungeklärt.

Mit der Ermordung des Fatah-Führers Ra'ed Karni im Januar 2002 verlagerte auch die Fatah ihren bewaffneten Widerstand ins Kernland Israel, was einen Wendepunkt in der Intifada markierte. Im Frühjahr 2002 wurden israelische Städte von einer Reihe von Selbstmordattentaten überrollt, welchen 130 Israelis zum Opfer fielen. Daraufhin erklärte Sharon die Palästinensische Autonomiebehörde zum Feind. Karnis Ermordung beendete auch einen vereinbarten Waffenstillstand. Fatahs Rachefeldzug wurde bald zum israelischen »Schwarzen März«. Die Vergeltung erfolgte unausweichlich. Die lang geplante militärische Operation für die Wiedereroberung der palästinensischen Städte im Westjordanland wurde Ende März 2002 in die Wege geleitet.

Auch diese Gewaltdynamik wurde allein Arafat angelastet. Das düstere Bild von ihm war derart weitverbreitet, dass sich die Autoren des Buches »Siebter Krieg«, Amos Harel und Avi Issacharoff, dessen ohne Weiteres bedienen und meinen, es sei klar gewesen, dass Arafat den Terrorismus nicht habe stoppen wollen, sondern ihn letztlich stillschweigend unterstützte.[171] Nicht zuletzt diese Eskalation machte Arafat und mit ihm die Palästinensische Autonomiebehörde zum direkten Ziel der groß angelegten militärischen Operation »Schutzschild«.

Ab März 2002 tobte der Disput um den Palästinenserpräsidenten auf höchster sicherheitspolitischer Ebene. Militärchef Mofas drängte Sharon, Arafat zu töten, während Verteidigungsminister Ben-Eliezer und Außenminister Peres dies ablehnten. Man einigte sich schließlich darauf, Arafat sowie weitere Politiker und Offiziere der Palästinensischen Autonomiebehörde zunächst einmal unter Hausarrest zu stellen. Kurz nachdem das Militär das Hauptquartier in Ramallah bombardiert und schwer beschädigt hatte, wurde die *Mukataa* schließlich von israelischen Truppen belagert. Hier erlebte Arafat höchstpersönlich das Schicksal seines Volkes, welches kollektiv massiven Einschränkung der Bewegungsfreiheit

171 Harel u. Issacharoff 2004, S. 1009.

unterworfen war. Israel verwehrte ihm die Ausreise nach Beirut, wo die Arabische Liga tagte und das historische Friedensangebot der arabischen Staaten an Israel beschlossen wurde, was vom politischen Israel jedoch gänzlich ignoriert wurde.

In dieser Situation wurde die makabre Debatte um Arafats Schicksal erneut entfacht: Exil oder Tötung? Während Militär und Öffentlichkeit zum Handeln drängten, neigte der Premier Sharon dazu, Arafat ins Exil schicken. Doch US-Amerikaner und Europäer waren darum bemüht, den Status quo von Oslo unbedingt aufrechtzuerhalten. Demnach dürfe die PA nicht aufgelöst werden. Erst nach Wochen und auf Druck der Amerikaner wurde Arafats Belagerung aufgehoben. Bis zu seinem Tod sollte es jedoch zwei weitere Belagerungen geben. Mit der Ermordung Jassins im April 2004 nahm der US-Präsident Sharon zumindest das Versprechen ab, von einer Ermordung Arafats abzusehen.

In Israel wurde der Palästinenserpräsident als »zweibeiniges Ungeheuer« dämonisiert. Ihm wurde vorgeworfen, die Palästinensische Autonomiebehörde mit zweifelhaften und korrupten Methoden zu führen, für Waffenschmuggel aus dem Iran direkt in die Hände der Terroristen verantwortlich zu sein und ohnehin die Intifada entzündet zu haben. Keineswegs war man bereit, mit ihm zu verhandeln. Angesichts dieser allumfassenden Arafat-Besessenheit sei Sharon sogar bereit gewesen, über einen Palästinenserstaat auf ca. 42 % des Westjordanlandes zu verhandeln, jedoch nicht mit Arafat.[172]

Auf die Frage, ob Sharon schließlich doch Arafats Tötung angeordnet hatte, will Bergman nicht eingehen. »Würde ich die Antwort auf die Frage wissen, wie Jassir Arafat zu Tode kam, wäre es mir nicht möglich, sie hier in diesem Buch aufzuschreiben – ich dürfte nicht einmal schreiben, dass ich überhaupt die Antwort wüsste«, schreibt er. »Die israelische Militärzensur untersagt es mir, dieses Thema zu diskutieren.«[173]

Doch was bedeutete Bergmans bemerkenswerte Aussage über die Debatte um Arafat? Die israelische Berichterstattung zu Arafats Ableben kann darüber Aufschluss geben. Das *Keshev*-Projekt vom Center for the Protection of Democracy in Israel publizierte im Januar 2005 eine Analyse

172 Bergman 2018, S. 652; Harel u. Issacharoff 2004.
173 Bergman 2018, S. 657.

der israelischen Berichterstattung in den Printmedien *Yedioth Ahronoth, Maariv* und *Haaretz* sowie den drei Fernsehsendern Channel 1, 10 und 2, und zwar im Zeitraum von der Bekanntgabe von Arafats Krankheit Ende Oktober 2004 bis zu dessen Tod in einem Pariser Krankenhaus am 11. November 2004.[174]

Der Autor der Studie, Izhar Beer, stellt fest, dass Jassir Arafat von den Israelis als ultimativer mythologischer Erzfeind gehasst wurde wie kein anderer arabischer Mann. Keinen arabischen Führer zeichneten die israelischen Medien mit solchen Rot-Schwarz-Farben, so mythologisch, so stereotyp, so literarisch als »den Mann mit den Haaren am Gesicht, *Keffiyeh*-Tuch auf dem Kopf und einer Pistole im Gürtel«. »Arafats Porträts zeichneten einen übernatürlichen Erzterroristen, der sogar aus der belagerten *Mukataa* den Nahen Osten managte.« Äußerst orientalistisch sei über die »Reaktionen der palästinensischen Straße«, über die »Kämpfe um die Nachfolge« sowie über »die Großzügigkeit der israelischen Regierung gegenüber dem Nachfolger« berichtet worden. Das israelische Arafat-Bild fußte nicht nur auf diesen Vorstellungen, sondern bestätigte und verfestigte diese noch mehr. Was den Ton angeht, so sieht Beer zwar durchaus Unterschiede zwischen Channel 1 und 10 und dem Boulevardsender Channel 2, zwischen den Boulevardzeitungen *Yedioth Ahronoth* und *Maariv* und der seriöseren Tageszeitung *Haaretz*, und zwar insofern, dass *Yedioth Ahronoth* und *Maariv* keineswegs Berichterstattung in herkömmlichem Sinne geleistet hätten. Sie hätten sich vielmehr damit befasst, ihrem Hass und ihrer Abneigung gegenüber dem Palästinenserpräsidenten Ausdruck zu verleihen. Doch alle genannten Medien hätten eine große Erleichterung, sogar unverhohlene Schadenfreude, an den Tag gelegt, als Arafat starb.[175]

Doch ebnete Arafats Abgang auch den Weg für die Rückkehr zum Friedensprozess? 2005 sei zwar hie und da einen Hauch von Optimismus, ein politisches Zeitfenster spürbar gewesen. In Israel habe man auf eine neue Ära unter einem »gemäßigten« Mahmoud Abbas gesetzt, weil dieser den palästinensischen bewaffneten Widerstand ausdrücklich kritisiert hatte. Doch Beers Prognose war wenig optimistisch: »Die

174 Izhar Beer: »Zur Berichterstattung von Yassir Arafats Tod«, *KESHEV* The Center for the Protection of the Democracy in Israel, 2005, Hebr..

175 Ebd.

neue Doxa [israelische Wahrheit] nach Arafats Ära heißt: zwar reichen wir [Israelis] unsere Hand für den Frieden aus, aber wir ›verstehen‹ sehr wohl, dass es auch jetzt nach Arafat ›keinen Gesprächspartner‹ gibt.«[176] Der »schwache« Nachfolger Abbas sorgte zwar für ein Aufatmen, denn er galt als harmlos und kooperativ, wurde von Sharon gar als »Küken« bezeichnet. Doch ein nennenswerter Friedensprozess konnte mit dem »gemäßigten« Abbas dennoch nicht erzielt werden, nicht zuletzt, weil Israel die Besatzungsordnung um jeden Preis aufrechterhalten wollte.

Militärische Operation »Schutzschild« 2002: Terrorismusbekämpfung oder Überfall?

Welchen Preis die Besatzung verlangte, zeigte sich in der geschichtsträchtigen militärischen Operation im Westjordanland im Frühjahr 2002. Nach dem *Schwarzen März* trat das Leitmotiv des Zivilmilitarismus, *Ein Breira,* in aller Deutlichkeit hervor, wie die Ansprache des Premiers veranschaulichte. »Wir befinden uns im Krieg, im Krieg um die Heimat«, verkündete er. »Wir haben alles getan, um einen Waffenstillstand zu vereinbaren. Die Reaktion [der Palästinenser] ist Terror, Terror und erneut Terror«.[177]

Die Palästinensische Autonomiebehörde wurde von Israels Regierung zum Feind erklärt. Gleichzeitig wurde das Militär beauftragt, die palästinensischen Städte im Westjordanland einzunehmen, die Sicherheitsbehörden der Palästinensischen Autonomiebehörde anzugreifen, ihre Infrastruktur zu zerstören, Flüchtlingslager nach Sprengstoff und Waffen zu durchsuchen und Terrorverdächtige festzunehmen. Das erklärte Ziel war, die Widerstandsorganisationen effektiv zu bekämpfen und die Sicherheit im Westjordanland dem Militär zu übertragen.[178]

Die militärische Operation *Schutzschild* (hebräisch: *Homat Magen*) begann am 28. März 2002, einen Tag nachdem sich am jüdischen *Pesech-Seder* im *Park* Hotel in der Küstenstadt Netanya eines der blutigsten Selbstmordattentate ereignet hatte. Die Operation *Schutzschild* stellt nicht zuletzt deshalb eine Zäsur dar, weil sie Israels größter militärischer

176 Ebd.

177 Harel u. Issacharoff 2004, S. 1091.

178 Ebd., S. 1104.

Einsatz in den palästinensischen Gebieten seit 1967 war. 30.000 Reservisten wurden einberufen. Sie kämpften neun Wochen lang neben den regulären Kräften im Westjordanland, töteten dabei 497 Palästinenser und verletzten 1447. Fast 900 Häuser wurden komplett zerstört und etwa 2800 schwer beschädigt. Indessen beklagten die israelischen Streitkräfte (IDF) 30 Tote.[179]

Die Armee drang in die palästinensischen Städte ein und nahm sie fast ohne Widerstand in Besitz. In Ramallah, Betlehem, Jericho und Hebron – jedoch nicht in Jenin und Nablus – entschied man sich, den aktiven Kampf gegen die Militärmacht zu meiden. In Reaktion auf die Überfälle in Jenin und Nablus griffen die lokalen Fatah-Organisationen zur strategischen Waffe und schickten Selbstmordattentäter ins Kernland Israels.[180]

Die israelischen Truppen belagerten Arafats Hauptquartier in Ramallah und richteten dabei massive Zerstörungen der Infrastruktur der Palästinensischen Autonomiebehörde an. Bilder der von Panzern überrollten Straßen, Gebäude und Autos gingen um die Welt. Auch beträchtliche Teile der wichtigen Infrastruktur in Form von IT-Anlagen der Palästinensischen Autonomiebehörde kamen unter die Räder der israelischen Panzer.

Was bezweckte Israel mit diesem groß angelegten Einsatz in diesen turbulenten Tagen? Nur Terrorbekämpfung oder auch die Schwächung der Palästinensischen Autonomiebehörde, gar deren Auflösung? Die Palästinensische Autonomiebehörde zu bekämpfen, hieße sogleich die Fatah und damit die einzige politische Organisation, mit der Israel zu verhandeln bereit gewesen war, zu entmachten. Doch auch die Sicherheitsbehörden der Palästinensischen Autonomiebehörde erklärten Israel zum Angriffsziel, obgleich sie sich weiterhin mit dem *Schin Bet* und dem Militär die Sicherheit in den Zonen A und B (42 % des Westjordanlandes) koordinierten mussten.

Mit *Schutzschild* schien Israel zunächst mit dem Oslo-Regime zu brechen. Die Chefs der palästinensischen Sicherheitskräfte – Gibril Rajub im Westjordanland und Muhamad Dahlan im Gazastreifen – wurden in dieser Operation entmachtet. Bedenkt man, dass es Israel mit dem

179 Ben-Eliezer 2019, S. 521–524.
180 Harel u. Issacharoff 2004, S. 1069.

Oslo-Prozess vor allem um die eigenen Sicherheitsinteressen gegangen war, wobei man das eigene Militär vom Alltag der Besatzung zu entlasten suchte, indem man die Verantwortung für die Sicherheit den palästinensischen Sicherheitskräften selbst übertrug, so setzte die Operation *Schutzschild* jegliche Zusammenarbeit außer Kraft. Das Militär scherte alles Palästinensische buchstäblich über einen »Terrorismus-Kamm«. Auch den charismatischen Anführer von *Tanzim* und Arafats Vertrauten, Marwan Barghouti, nahm Israel im Zuge der Operation fest, klagte ihn des Terrorismus an und verurteilte ihn schließlich zu fünf lebenslänglichen Haftstrafen. Für viele Palästinenser galt er als Arafats wahrscheinlicher Nachfolger.

Doch lag die Auflösung der Palästinensischen Autonomiebehörde im Interesse Israels? Die Amerikaner und Europäer drängten Sharon, den Status quo des Oslo-Regimes beizubehalten, um die Aussicht auf die politische Zweistaatenlösung nicht aufzugeben. Auch Sharons Koalitionspartner von der Arbeitspartei, Außenminister Shimon Peres und Verteidigungsminister Ben-Eliezer, wussten keine Alternative zum Oslo-Regime und der Palästinensischen Autonomiebehörde. Die Vierte Genfer Konvention vom 1949 definiert das internationale Gesetz hinsichtlich militärischer Besatzung und bestimmt die Verantwortung der Besatzungsmacht für die Belange der Zivilbevölkerung einschließlich ihrer Gesundheit, Nahrungsversorgung, Erziehung und Justiz. Eben dieser Verantwortung wollte sich Israel durch die Schaffung der Autonomiebehörde entledigen.

Mit Oslo verfolgte die Besatzungsmacht das doppelte Ziel, die palästinensische Zivilbevölkerung nicht mehr versorgen zu müssen und gleichzeitig die Kontrolle über das Territorium, die natürlichen Ressourcen und die Lufthoheit beizubehalten. Dieses hybride System wurde durch die Konstellation des schrittweisen Oslo-Prozesses ermöglicht. Von dieser Warte aus betrachtet diente die Palästinensische Autonomiebehörde als Subkontraktor,[181] als Ersatz-Souverän.[182] So wurde sie ungewollt als unverzichtbarer Teil des *Besatzungsapparates* instrumentalisiert.

181 Rashid Khalidi: *The Hundred Years' War on Palestine. A History of Settler Colonial Conquest and Resistance*, London: Profile Books 2020, S. 205; Baruch Kimmerling: *The invention and decline of Israeliness – state, society, and the military*, Berkeley 2001, S. 228.

182 Weizman 2017, S. 965.

Somit konnte sich auch das kämpferische Israel im Frühjahr 2002 nicht dazu durchringen, die Palästinensische Autonomiebehörde ganz aufzulösen und wieder selbst die Verantwortung für die Zivilbevölkerung in den besetzten Gebieten zu übernehmen. Schließlich ging es der Besatzungsmacht schon immer um Kontrolle.

Doch wozu sollte diese Kontrolle dienen? Als Selbstzweck, lautet das Fazit von Eyal Weizman. Er analysiert zwei der IDF-Überfälle im Rahmen von *Schutzschild*, um Sinn und Zweck des Kampfes zu ergründen.[183]

Laut Weizman fungierte das Westjordanland als ein Riesenlabor, um Erfahrungen im urbanen Kampf zu sammeln. Tatsächlich hatten sich die Angriffe des Militärs gegen das urbane Umfeld wie die moderne Stadt Ramallah, das historische Zentrum in Nablus, die internationale Heilige Stadt Betlehem und die Flüchtlingslager Jenin, Balata und Tulkarm gerichtet – mit den Folgen der Zerstörung von Infrastruktur und der Tötung von hunderten von Menschen.[184]

Vom Militär wurden die Flüchtlingslager seit jeher als Quelle des Widerstands betrachtet, so Weizman. Dort sei die sozial-urbane »Infrastruktur des Terrors« vermutet worden. Weil sie sich zu schwer kontrollierbaren Räumen entwickelt hätten, seien diese Lager als gefährliche »Schwarze Löcher« der palästinensischen Gesellschaft aufgefasst worden. Im Übrigen lautete der militärische Code für Jenin interessanterweise *Germania*. Weizman vermutet, dass dies für *Nazideutschland* stand, also für den Inbegriff »des Bösen«.[185]

Der erste Angriff auf ein Flüchtlingslager fand bereits *vor* dem offiziellen Beginn der Operation *Schutzschild* Anfang März statt. Das Militär nahm Balata bei Nablus ins Visier. Schon im Vorfeld wurden Strom, Wasser und Telefonanschlüsse im Lager abgeschaltet, über die Stadt Nablus und weitere umliegende Lager wurde eine Ausgangssperre verhängt. Außerdem wurden Scharfschützen um die Stadt stationiert. Viele kleine Fallschirmjägereinheiten drangen von allen Seiten in das Lager ein. Zugang verschafften sie sich, indem sie ausreichend große Löcher in gezielt

183 Weizman 2017: »Durch die Wände gehen«, *MITAAM* 15, S. 60–86, Hebr.; Eyal Weizman: »Urban Warfare: Walking Through Walls«. In: ders., *Hollow Land: Israel's Architecture of Occupation*. London/New York: Verso 2007, S. 185–220.

184 Weizman 2017, S. 63.

185 Ebd., S. 63.

ausgesuchte Häuser sprengten, um den Kampf praktisch *durch die* Häuser hindurch führen zu können. Das Ziel war es, den Kampf auf Straßen und öffentlichen Plätzen zu meiden, um die eigenen Verluste möglichst gering zu halten.

Was sagt diese menschenverachtende Kampfmaßnahme, zu der das Militär in Nablus und Jenin griff, über die Haltung des Militärs zur palästinensischen Zivilbevölkerung aus? Die Idee für dieses Manöver kam vom Chef der Fallschirmjägerbrigade Aviv Kochavi (Generalstabschef 2019–2023), der auch den Überfall plante und durchführte. Weizman ergründet einen weiteren menschenverachtenden Aspekt des urbanen Kampfes, den er als *Nakro*-Taktik[186] bezeichnet. Bei dieser *Logik des Tötens* konzentriert sich die militärische Besatzungsmacht auf höchst motivierte Menschen wie politische Anführer, erfahrene Kämpfer und Aktivisten, in denen sie Kern und Quelle des Widerstands sieht.

Geht man gegen diese gezielt vor, tötet man sie, so wird demzufolge auch die »Infrastruktur des Terrors« schwer beeinträchtigt. Dieses Denken sei auch der Grund gewesen, weshalb sich der Befehlshaber Kochavi geweigert habe, weiße Fahnen von palästinensischen Kämpfern anzuerkennen. Gestoppt wurde er erst durch den ausdrücklichen Befehl des Generalstabschefs Mofas. Allerdings wurde er gleichzeitig vom Premier gelobt, der die Operation sogleich als Erfolg bezeichnete. Erst Druck aus dem Westen angesichts der Zerstörung im Lager Jenin führte dazu, dass die Operation auch in Nablus eingestellt wurde.[187] Da der Krieg gegen den palästinensischen Widerstand weiterhin geführt wurde, griffen Kochavis Soldaten Nablus und Balata weitere acht Male an.[188]

Weizmans bestechende Erkenntnis zur *Nakro*-Taktik lautet: »Das Töten ist hier nicht mehr ein Bestandteil des Kampfes, das Töten ist zu seinem Sinn und Zweck geworden. […] Das Militär tötet nicht, [nur] um die Kontrolle über einen strategischen Ort zu gewinnen. Es nimmt vorübergehend einen Ort ein, um den Feind zu töten.«[189] Aus eben diesem Grund seien Kochavi Kriegsverbrechen vorgeworfen worden und man habe gefordert, ihn dafür vor das internationale Gericht in Den Haag zu

186 Ebd., S. 70.
187 Ebd., S. 70–71.
188 Ebd., S. 72.
189 Ebd., S. 72.

stellen. Tatsächlich habe Kochavi seine Studienpläne im Ausland überdenken müssen, und zwar auf Empfehlung der Militäranwaltschaft.[190]

Die Tötungspolitik habe »unterwürfige Subjekte« schaffen wollen, welche die Besatzungsmacht hinnehmen. Weizmans eindringliche Analyse des Militär-Thinktanks *MALTAM* (1995–2005, gegründet von den IDF-Generälen Shimon Nave und Dov Tamari) geht der von der Denkfabrik selbst gestellten Leitfrage nach: Wie kann Israel seine Kontrolle über diejenigen Gebiete beibehalten, welche es bereits abgetreten hat?[191]

Mit den Überfällen auf das urbane palästinensische Umfeld sollte *Schutzschild* also in erster Linie dazu dienen, die Kontrolle über die Palästinenser auch in ihren Gebieten (Zonen A und B) wiederherzustellen. Indem der Kampf in die und durch die Häuserwände verlagert wurde, wurde die Zivilbevölkerung zum unmittelbaren Angriffsziel der Besatzungsmacht, die sie nach dem Völkerrecht eigentlich hätte schützen müssen.

»Schutzschild« in der israelischen Presse: Angriffsmodus mit Belagerungsbewusstsein

Welches Narrativ von der Operation vermittelten die israelischen Medien? Dieser Frage ging der israelische Medienwissenschaftler Daniel Dor schon kurz nach den Kämpfen nach. Bereits 2003 publizierte er sein auf Hebräisch verfasstes Buch mit dem Titel »*Behind ›Defensive Shield‹*«.[192] Dor erkannte die *Diskrepanz* zwischen der israelischen Auffassung und der Wahrnehmung der restlichen Welt. »Die meisten Israelis sahen in der Operation einen ›klassischen *Ein-Breira*-Krieg‹, einen beinah verzweifelten Versuch, sich vor einer beispiellos grausamen Terrorwelle zu schützen«, erklärt er. »Der Rest der Welt hingegen sah darin einen schieren israelischen Überfall auf die palästinensischen Gebiete, einen Überfall einer gewalttätigen und dazu friedensunfähigen Regierung in Jerusalem.« Diese habe den Überfall gründlich geplant und durchgeführt.

190 Ebd., S. 72; vgl. Amos Harel: »Die israelische Armee sagte den Studienaufenthalt eines hochrangigen Offiziers in Großbritannien aufgrund des Verdachts ab, dass er wegen Kriegsverbrechen festgenommen werden soll«, *Haaretz* 25.2.2006.

191 Weizman 2017, S. 83.

192 Daniel Dor: *Behind »Defensive Shield«*, Babel 2003, Hebr. (Englisch: *The Suppression of Guilt. The Israeli Media and the Reoccupation of the West Bank*, London: Pluto Press 2005).

»Die Israelis sahen zu, wie ihr Militär Terroristen jagt und Sprengstofflabors ausfindig macht, die Welt hingegen sah die israelischen Panzer Privatwagen, Zäune und Wände überrollen und die Straßen von Nablus und Jenin zerstören; die Israelis konzentrierten sich auf die zunehmenden Beerdigungen von Terroropfern, die Welt richtete ihren Blick auf die zahlreichen getöteten Palästinenser.«[193]

Den Begriff »Belagerungsbewusstsein« verwendet Dor, um den israelischen Zustand im Frühjahr 2002 zu beschreiben. Indessen fiel die Kritik aus dem Ausland diesmal besonders scharf aus. Der Grund hierzu wird in Dors bedrückendem Fazit deutlich, wonach die israelischen Medien »ein verängstigtes, verzweifeltes, irritiertes, rachsüchtiges, selbstgerechtes, sarkastisches israelisches Bewusstsein« widerspiegelten. Das sei ein Kollektivbewusstsein gewesen, welches den Kontext der eigenen Absichten und Taten nicht mehr versteht, auch nicht den Zusammenhang zwischen den eigenen Taten und deren Konsequenzen. Das sei ein gänzlich in einer Doxa gefangenes Kollektivbewusstsein gewesen, das immerzu das eine Mantra wiederholte, um sich die politische Realität erklären zu können, in der es sich selbst gefangen gehalten habe.[194]

Die Schuldfrage, mithin die Verantwortung für die Ursache des Konflikts, stellte einen zentralen Aspekt dieser Berichterstattung dar:

»Mehr als alles andere sind die Perspektiven, die von den verschiedenen Medien angeboten werden, Behauptungen darüber, *wie es sich anfühlen sollte, Israeli zu sein,* inmitten all der verwirrenden Komplexität, die die Realität hervorbringt, und während der Operation Defensive Shield konvergierten all die verschiedenen Perspektiven um eine Behauptung: Israeli zu sein fühlt sich hauptsächlich so an, als würde man von der ganzen Welt und manchmal auch von anderen Israelis für etwas beschuldigt, dessen man nicht schuldig ist. [...]
Besessen vom Schulddiskurs hindern die israelischen Medien die israelische Gesellschaft effektiv daran, einen Verantwortungsdiskurs zu entwickeln, einen Diskurs, der ungeachtet des Streits über

193 Dor 2003, S. 9.
194 Dor 2003, S. 10.

> die ›Ursprünge des Konflikts‹ begreift, dass Israel und die Israelis die Verantwortung für die Lösung des Konflikts übernehmen müssen, weil in der derzeitigen Realität die Palästinenser unter israelischer Besatzung stehen und nicht umgekehrt. Damit tragen die israelischen Medien effektiv zur Fortsetzung der Gewalt bei«.[195]

Dor spricht vom »ideologischen Gebot« der Medien, die Berichterstattung im Kern am Narrativ des Militärs auszurichten. Mit anderen Worten durfte Israel keineswegs als Aggressor mit einer eigenen Agenda dargestellt werden, wobei der historische Kontext von Besatzung und Terrorismus gänzlich verdrängt werde. Auch die Auffassung, der Terrorismus dürfe nicht durch die Aufnahme von Verhandlungen »belohnt werden«, würde gebetsmühlenartig wiederholt. Des Weiteren offenbare die israelische Berichterstattung ihre ideologische Voreingenommenheit, indem jede Missetat des Militärs als Missverständnis, als bedauernswerter Fehler präsentiert werde, während den Palästinensern dezidiert nur »dunkelste Absichten« unterstellt würden. Vor allem erachtet Dor die israelische Wahrnehmung von Arafat als besonders irreführend, geradezu absurd, da sie davon ausgehe, dass das Schicksal der ganzen Region allein in den Händen einer einzigen Person liege, die »entschieden haben soll«, das eigene Volk zusammen mit Israel in den Abgrund zu führen.[196]

Daher spricht er von »einem eindimensionalen, hermetischen, unantastbaren Bild eines Kriegs der Guten gegen die Bösen«. Alle Medien berichteten mit diesem Selbstverständnis und Feindbild, so dass niemand wirklich hinter die Kulissen von *Schutzschild* geschaut habe. Nicht einmal die einigermaßen kritischen Medien – *Haaretz* oder der Fernsehsender Channel 10 – wagten es, die zentralen Fragen dieser Auseinandersetzung zu stellen. Angesichts des Belagerungsbewusstseins im Frühling 2002, so Dor, wagte es erst recht niemand, sich den heiklen Fragen von Israels jahrzehntelanger Gewaltordnung in den Palästinensergebieten zu widmen.[197]

195 Dor 2005, *The Suppression of Guilt*, S. 6–7.
196 Dor 2003, S. 11.
197 Dor 2003, S. 11–12.

Das Kriegsnarrativ und Israels Zivilmilitarismus

Das ideologische Gebot der israelischen Medien ist ein integraler Bestandteil des Zivilmilitarismus. Dor verfasste seine Bücher zur Berichterstattung der Zweiten Intifada mitten im Geschehen, analysiert gezielt zwei Momentaufnahmen dieses Konflikts aus einer Echtzeitperspektive.[198] Der zeitgenössische Medienwissenschaftler ist verzweifelt über das »verfälschte« israelische Kriegsnarrativ mit seinen Konsequenzen. *Doch dieses dem Belagerungsbewusstsein zugrunde liegende Kriegsnarrativ wird gespeist vom israelischen Zivilmilitarismus und bedingt diesen zugleich.* Dieses so typisch israelische Phänomen des Militarismus in der Zivilgesellschaft liefert die logische Erklärung für Israels Kriegspolitik, so destruktiv, aussichtlos und auf einer »verzerrten« Wahrnehmung beruhend sie auch sein mag.

Um das »richtige« Kriegsnarrativ rang auch die israelische Armee. Bei der Militäroperation *Schutzschild* erbeutete der Militärinformationsdienst *AMAN* im Zuge der militärischen Überfälle auf palästinensische Städte eine große Menge an Archivmaterial. Es handelte sich laut Ronen Bergman »um mehrere Lastwagen voller Papier und Rechner«, »das ganze Organisationsgedächtnis der Palästinensischen Autonomiebehörde«. Der israelische Journalist erhielt Zugang zu Teilen dieses beschlagnahmten Materials, und tatsächlich erwies er dem israelischen Zivilmilitarismus einen Dienst, indem er das hermetische israelische Kriegsnarrativ bestätigte.

Schon im Jahr 2002 publizierte Bergman sein auf Hebräisch verfasstes Buch »*Ve-HaRashut Netuna: Die Palästinensische Autonomiebehörde als Fließband für Terrorismus und Korruption*«. Der hebräische Titel spielt auf die Doppelbedeutung der Begriffe an, nämlich zum einen auf die Palästinensische Autonomiebehörde als *Administration* und zum anderen auf die *Erlaubnis,* welche diese Behörde angeblich dem palästinensischen Terrorismus erteilt hat. Der Titel fasst die These des Buches zusammen, abgerundet durch den Untertitel. Die Palästinensische Autonomiebehörde wird hier unter Verweis auf eine Reihe von Interviews und Dokumenten als ultimativer Produzent von Terrorismus und Korruption

198 Dor 2001, Dor 2003.

dargestellt. Überzeugt von dem ihm vom israelischen Informationsdienst ausgehändigten Beweismaterial fragt Bergman allen Ernstes, weshalb die Palästinenser dieses nicht sogleich verbrannt hätten, als die IDF-Panzer in ihre Städte einrollten. »Ein einziges Streichholz hätte ihnen so viel Verlegenheit ersparen können.«[199]

Bergmann stellt die These auf, dass die Palästinensische Autonomiebehörde eine durch und durch korrupte, terroristische Entität sei. Sie pflegte »entgegen allen Abkommen, Übereinkommen und nicht zuletzt des guten Friedenswillens [seitens Israels, sic!] geheime Mechanismen von Anstiftung und Aufrüstung.«[200] So habe die Palästinensische Autonomiebehörde diese Mechanismen mit dem Ausbruch der Intifada als Fließband für Selbstmordattentäter und Terrorismus einsetzen können.

Getreu dem israelischen Kriegsnarrativ rechtfertigte Bergmans Bericht den Krieg gegen die Palästinensische Autonomiebehörde, wobei er bei dem komplexen Konfliktthema zu kurz griff und an massiver Dekontextualisierung litt. Er trennte den palästinensischen Terror der Jahre 2001–2002 gänzlich vom historischen Konflikt ab und ließ Israels Rolle als Besatzungsmacht außen vor. Auch vernachlässigte Bergman sowohl den palästinensischen Gesamtkontext der Aufgaben der Palästinensischen Autonomiebehörde als auch die breite Unterstützung der palästinensischen Öffentlichkeit für Selbstmordattentate.

In seiner Kritik dieses Buches sprach Journalist Amnon Yuval von einem »entstellten Bild«. Wie er betont, lasse sich die palästinensische Erhebung wohl kaum losgelöst vom brutalen Krieg gegen die Palästinenser erzählen.[201] Auch der israelische Islamwissenschaftler Shaul Mishal bemängelte, dass Bergmans Buch die eng gefasste israelische Wahrnehmung der palästinensischen Haltung reproduziere, welche losgelöst von Zeit und Geschichte wiedergegeben werde. Mishal las aus Bergmans Ausführungen den israelischen Essenzialismus heraus, bei dem es sich um einen hermetischen Diskurs handle, der jeglichen Zugang zu palästinensischen Positionen, Zielen, Werten und Interessen exorbitant versperre. Dabei seien sämtliche Dilemmata, Zwänge und innere Spannungen der

199 Vgl. Bergman 2002: Prolog, IVRIT-Version.
200 Ebd.
201 Vgl. Amnon Yuval: »Die halbe Wahrheit ergibt ein entstelltes Bild«, *Hagada* 24.1.2003, http://hagada.org.il/2003/01/24, Hebr.

Palästinenser auf den engen Blickwinkel der israelischen Gesinnungen reduziert worden, weshalb gerade in Krisenzeiten das israelische Politsystem in solche Gewaltstrudel gerate, dass jegliches Nach- und Neudenken zum Scheitern verurteilt sei.[202]

Tatsächlich überließ die Politik 2002 dem Militär die Kriegspolitik, ohne dass das Sicherheitskabinett über das eigentliche Kriegsziel beraten, geschweige denn konkrete Vorgaben beschlossen hätte. Wie die Autoren von »Der Siebte Krieg« feststellen: »Zwar sahen die Minister ein, dass eine [militärische] Operation notwendig sei. Doch die Frage der Ziele, inklusive hinsichtlich [des Schicksals] der Palästinensischen Autonomiebehörde, blieben absichtlich zweideutig, ungeklärt, unentschieden. Dies blieb dem Militär überlassen.«[203]

Dieses blinde Vertrauen in das Militär bildet das Fundament des israelischen Zivilmilitarismus. Das ideologische Gebot der Medien, Bergmans Bericht über die Palästinensische Autonomiebehörde als ultimative »Terrorismus-Entität« und das Delegieren der Kriegspolitik an die militärischen Entscheidungsträger sind diverse Facetten ein und desselben Phänomens: dem Militarismus der Zivilgesellschaft.

Die Zivilgesellschaft vertraut dem Militär die Sicherheitspolitik gänzlich an, weil auch sie das unentrinnbare, hermetische Kriegsnarrativ verinnerlicht hat. Dem israelischen Zivilmilitarismus liegt ein »hermetischer Diskurs« zu Grunde, »der jeglichen Zugang zu palästinensischen Positionen, Zielen, Werten und Interessen exorbitant versperrt«. In der Zweiten Intifada zeigte sich der Zivilmilitarismus vollends. Aus der akuten Schwäche der Politik, Antworten auf die dringende politische Palästina-Frage zu finden, aus Angst und Panik vor Terrorismus und Kontrollverlust delegierte die Zivilgesellschaft die heikle Angelegenheit an das Militär. Der *Siebte Krieg* wird deshalb gut vier Jahre dauern und erst dann beendet werden, als das Militär selbst ihn für gewonnen und abgeschlossen erklärt.[204]

202 Mishal Shaul: »Im Lande der verloren gegangenen Illusionen«, *Haaretz* 23.12.2002.

203 Harel u. Issacharoff 2004, S. 1100.

204 Vgl. *HAMAKOR*, Chanel 10, Februar 2013.

3. Von Kriegsdienstverweigerung, Boykott und Protest

Wie reagierte die Zivilgesellschaft auf den anhaltenden Krieg und die Besatzung? Wie ging das Militär und mit ihm der Staat und die Gesellschaft mit dem Widerstand aus den eigenen Reihen um? Und wie wurde der Protest des Auslands gegen Israels Kriegspolitik debattiert? Die Geschichte der israelischen Kriegsdienstverweigerung einschließlich der Zweiten Intifada wird von der israelischen Historikerin Idith Zertal in ihrem Buch *Refusal. Conscientious Objection in Israel* thematisiert.[205] Schon im Januar 2002, ein Jahr nach Ausbruch der Zweiten Intifada, aber noch vor der ersten Eskalation der Operation *Schutzschild,* wurde die erste Bewegung von Kriegsdienstverweigerern in dieser Auseinandersetzung ins Leben gerufen. *Ometz LeSarev,* hebräisch für »Mut zur Verweigerung«, wurde von 51 Reservisten von Kampfeinheiten gegründet. Sie machten ihren Protest in Form des »Briefes der Kämpfenden« publik. Es folgte eine Reihe weiterer solcher Initiativen. So wandten sich im Sommer 2003 Reservisten der Eliteeinheit *Sajeret Matkal* ebenfalls mit einem Brief an die Öffentlichkeit, in welchem sie erklärten, dass sie nicht länger bereit seien, in den besetzten Gebieten zu kämpfen. Im September 2003 schloss sich ihnen eine Gruppe von Kampfpiloten an, die sich weigerten, weiterhin dicht besiedelte palästinensische Städte und Orte zu bombardieren.

Im Sommer 2004 gründeten kurz zuvor entlassene Soldaten, die den Großteil ihres Militärdienstes während der Zweiten Intifada im besetzten Hebron verbracht hatten, die Gruppe *Breaking the Silence.* Ihr Ziel war es, der israelischen Öffentlichkeit von ihren Erfahrungen im Kampf und Erlebnissen in den besetzten Gebieten zu berichten. Längerfristig wollten sie das allzu oft Verdrängte und Verschwiegene in den Palästinensergebieten offenlegen und so eine zivilgesellschaftliche Bewegung für die Beendigung der Besatzung in Gang setzen. Die Berichte von *Breaking the Silence* hatten zum Ziel, die israelische Gesellschaft über die Bedeutung der Besatzung aufzuklären, sie gleichsam aufzuwecken.

205 Idith Zertal: *Refusal. Conscientious Objection in Israel,* Tel Aviv: Hakibbutz Hameuchad 2018, Hebr., S. 251ff.

Bereits 2001 wurde die Besatzung von etlichen Gymnasiasten als Grund für ihre Wehrdienstverweigerung genannt. Da die Besatzung eine zentrale Aufgabe der israelischen Armee darstellte, lehnten sie den Militärdienst in der israelischen Armee grundsätzlich ab. Gegen fünf dieser Gymnasiasten prozessierte die israelische Staatsanwaltschaft im Laufe der zweiten Hälfte von 2003. Damit gab es, so Zertal, ein »öffentliches Verfahren gegen die Besatzung«.[206]

Von Beginn der Zweiten Intifada bis Sommer 2001 zählte Zertal mehr als 200 Soldaten und Offiziere, die den Dienst in den besetzten Gebieten verweigerten, wobei 11 von ihnen verhaftet worden seien. Vom Sommer 2001 bis Februar 2002 seien weitere 40 Reservisten aufgrund ihrer Kriegsdienstverweigerung inhaftiert worden. Bis September 2002 seien es weitere 140 *Refuseniks* gewesen. Im Laufe der gesamten Zweiten Intifada gab es insgesamt ca. 1000 Wehrdienstverweigerer, darunter Soldaten, Offiziere und Reservisten, sowie Gymnasiasten und Veteranen von IDF-Eliteeinheiten. Sie alle konnten oder wollten den Krieg gegen die Palästinenser in seiner bestehenden Form nicht mehr mit ihrem Gewissen vereinbaren.[207]

Proteste gegen Israels Kriegspolitik kamen auch von einer gänzlich unerwarteten Stelle. Mitten in der Auseinandersetzung im Mai 2004 meldete sich eine 28-jährige jüdisch-israelische Frau marokkanischer Herkunft zu Wort. Die aus ärmlichen Verhältnissen stammende, bis dato recht unpolitische Tali Fahima hatte vor, einen von Israel gesuchten Chef der *Fatah-Al-Aqsa*-Brigade in Jenin, Zakaria Zubeidi, mit ihrem eigenen Leben vor einer gezielten Tötung zu schützen, indem sie sich buchstäblich als menschliches Schutzschild anbot.[208] Ausgerechnet den militärischen Begriff »Human Shield« verwendete Fahima hierzu, allerdings in einer umgekehrten Bedeutung; nicht etwa im Sinne der Kampfpraxis des israelischen Militärs mit seinem pervertierten Begriff *Nohal Schachen* (hebräisch für »Nachbarn-Verfahren«). Dies bedeutet nichts anderes, als dass Kampfsoldaten palästinensische Zivilisten instrumentalisierten, um sich selbst im Kampf zu schützen; erst im Oktober 2005 untersagte das

206 Ebd., S. 288.
207 Ebd., S. 252.
208 Vgl. Gidi Weiz u. Yuval Karni: Interview mit Tali Pahima, *Yedioth Ahrononth* 17.6.2005.

Oberste Gericht der Armee diese Praxis.[209] Vielmehr wollte die jüdische Israelin Fahima einen von Militär verfolgten Fatah-Kämpfer persönlich begleiten, um so dessen Tötung zu verhindern.[210]

Zusätzlich zu solchen individuellen Protestaktionen sahen sich die israelische Justiz und das sicherheitspolitische Establishment auch mit dem Widerstand von mächtigeren Institutionen im Ausland konfrontiert. Im September 2001 beschloss die UN-Konferenz von Menschenrechtsorganisationen gegen Rassismus im südafrikanischen Durban, das Selbstbestimmungsrecht der Palästinenser, damit ihr Recht auf Staatlichkeit und das Rückkehrrecht der Flüchtlinge, anzuerkennen.[211] Dieser Beschluss wurde in Israel sogleich als eine direkte Attacke auf das zionistische Staatsprojekt gewertet und löste verängstigende Reaktionen aus.

Tatsächlich war die Operation *Schutzschild* der Ausgangspunkt für eine Welle von Kritik und Boykottaufrufen, u.a. von europäischen und US-amerikanischen Universitäten. Viele der Kooperationen mit den israelischen Universitäten seien aufgrund des Oslo-Friedensprozesses zustande gekommen, so das Argument. Mit dem Ausbruch der Zweiten Intifada und dem Krieg gegen die Palästinenser habe sich eine solche Zusammenarbeit erübrigt. Boykottaufrufe gegen Israels Wissenschaft, Wirtschaft und Kultur standen dieser Jahre stets im Raum, und zwar zunächst als unmittelbare Reaktion auf Israels Kriegspolitik während der Intifada, später auch im Zuge der Eskalation an den diversen Fronten im Libanon, in Gaza und im Westjordanland.

Freilich ist die bekannteste und radikalste Boykottbewegung gegen Israel im neuen Jahrtausend die palästinensische Bewegung *BDS (Boycott, Divestment and Sanctions).* Im Juli 2005, als sich die Zweite Intifada als verheerend und niederschmetternd für den palästinensischen Widerstand erwiesen hatte, schlossen sich 71 palästinensische Organisationen zusammen und riefen zu einem umfassenden Boykott gegen Israel auf. Während sich frühere Boykottinitiativen explizit auf die Besatzung, also

209 Vgl. BAGATZ 37799/2 vom 6.10.2005: https://hamoked.org.il/document.php?dID=179_update; vgl. auch *Haaretz* 7.10.2005: »Das Oberste Gericht urteilte: [Die Kampfpraxis] Nohal Schachen ist illegal«; vgl. auch B'TZELEM: »Human Shields«, 11. November 2017: https://www.betzlem.org/human_shields.

210 Vgl. Interview mit Tali Pahima: *Yedioth Ahronotnh,* 17.6.2005.

211 Vgl. Declaration and Programme of Action: World Conference Against Racism, Racial Discrimination, Xenophobia and Related Intolerance, New York 2002: https://www.un.org/en/conferences/racism/durban2001: § 63, § 65.

auf Israels Politik in den Palästinensergebieten, bezogen hatten, sah die BDS im Staat Israel den unmittelbar Verantwortlichen für die Diskriminierung und Unterdrückung der Palästinenser. Darum sollte dem Staat nicht nur mit kulturellem und akademischem Boykott, sondern auch mit nachhaltigen Desinvestitionen und Sanktionen begegnet werden.[212] Die BDS wurde kurz vor der Räumung des Gazastreifens ins Leben gerufen und von Israel anfangs kaum wahrgenommen. Doch dies sollte sich in den folgenden Jahren ändern, da die BDS einen nennenswerten Zulauf verzeichnen und einige Erfolge verbuchen konnte, was Israel wiederum zu neuen *Hasbara*-Strategien bewegte.[213]

Die innerisraelische Debatte um die Boykottfrage

Diese Dichte der Vorkommnisse von Protest – so verschieden motiviert die hier genannten Subjekte aus dem Militär, der israelischen Zivilgesellschaft oder dem westlichen oder palästinensischen Ausland auch sein mögen – richtet sich letzten Endes gegen das zionistische Israel. Genauer gesagt richten sich diese Proteste gegen Israels historisch gewachsenes Staatsgebilde eines jüdischen Nationalstaates im *ganzen* Land Israel/Palästina. Dieses Staatsgebilde macht den Zivilmilitarismus mitsamt dem militärischen Besatzungsregime unabdingbar, beharrt auf der »Notwendigkeit« des Krieges und der sicherheitspolitisch orientierten politischen Ordnung.

Israel hat jeglichen Protest gegen dieses Staatsverständnis schon immer erbittert bekämpft. Bis dato mit Erfolg, denn aus heutiger Sicht sind die damaligen Kriegsdienstverweigerungskampagnen im Inland ebenso kläglich gescheitert wie die Boykottversuche des Auslands. Nicht nur ist die Besatzungsordnung im Laufe der letzten zwei Jahrzehnte fest etabliert worden, auch die dem Oslo-Prozess zugrunde liegende *Palästina-Frage* ist beinahe gänzlich aus Israels politischem Diskurs verschwunden. Wie

212 Omar Barghouti: *Boykott – Desinvestment – Sanktionen. Die weltweite Kampagne gegen Israels Apartheid und die völkerrechtwidrige Besatzung Palästinas*, Köln 2012 (Chicago 2011).

213 Vor allem das 2001 neu gegründete Ministerium für Strategische Angelegenheiten u. HASABARA übernahm ab 2015 die Aufgabe, gezielte Kampagnen gegen die BDS im Ausland durchzuführen: https://www.gov.il/he/departments/Units/ministry_of_strategic_affairs_and_public_diplomacy. Siehe auch: Eyal Sivan/Armelle Laborie: *Legitimer Protest. Plädoyer für einen kulturellen und akademischen Boykott Israels*, Wien 2018.

in Kapitel 5 eingehender diskutiert werden wird, gilt dies allemal für die Regierung Benjamin Netanjahu der Jahre 2009–2021.

Doch es bleibt die Frage, wie eine dermaßen moralisch verwerfliche, völkerrechtswidrige, äußerst kostspielige bzw. zivilgesellschaftlich sowie militärisch aufwendige, dazu äußerst gewalttätige Besatzungsordnung über mehr als ein halbes Jahrhundert hinweg andauern konnte. Eine Antwort bietet die *Perspektive der Herausforderer* des Zivilmilitarismus, mithin die Debatten, die sie angestoßen haben. Jeder von ihnen führt seinen Kampf aus eigener Motivation, aus dem eigenen Verständnis des Guten und Richtigen. Dies gilt sowohl für die israelischen Kriegsdienstverweigerer als auch für die Soldaten von *Breaking the Silence* und die ausländischen Herausforderer des zionistischen Israel. Sie alle halten Israels Kriegslogik und die mit ihr eng verbundene Besatzung für untragbar: untragbar wegen ihrer Unvereinbarkeit mit dem Völkerrecht, da Israel sein Staatgebiet jenseits der international anerkannten Grenzen gesetzeswidrig ausweitet; untragbar aus moralisch-politischen Gründen, weil die kriegserfahrenen Kriegsdienstverweigerer der Zweiten Intifada mit Leib und Seele die Aussichtslosigkeit der Besatzung unmittelbar erlebt und erkannt haben; untragbar für politisch reflektierende und historisch informierte israelische Gymnasiasten, die die Besatzung nicht nur für unrechtmäßig und destruktiv für Israels eigene Zukunft, sondern dazu auch für politisch-militärisch-operativ sinnlos halten. Dass die PalästinenserInnen als direkte Opfer der Besatzungsapparate diese für unerträglich halten, versteht sich von selbst. Nach der gescheiterten, blutigen Zweiten Intifada ist es nur nachvollziehbar, dass palästinensische Organisationen im In- und Ausland ihren Widerstand anderweitig ausrichteten und zur gewaltfreien Initiative der weltweiten Boykottbewegung griffen.

Doch wie reagiert das zionistische Israel auf seine Herausforderer? Worum kreist die innerisraelische Debatte um die Boykottfrage? Macht es für solche Debatten einen Unterschied, ob es sich um Boykottaufrufe aus dem Ausland oder »nur« um Kriegsdienst- oder Wehrdienstverweigerer aus den eigenen Reihen handelt? Macht es einen Unterschied, ob der Boykott von einem westlichen Land wie Großbritannien, dazu aus akademischen Kreisen, oder von arabischen bzw. palästinensischen Organisationen ausgeht? Damit geht die Frage einher, ob ein kultureller bzw.

akademischer Boykott anders gewertet wird als ein wirtschaftlicher oder politisch-diplomatischer.

Umfassender oder nur akademischer Boykott?

Seit Beginn der Zweiten Intifada mehrten sich die Forderungen aus dem Ausland, Israel für seine Kriegspolitik per Boykott zur Rechenschaft zu ziehen. Zunächst erfolgte der bereits erwähnte UN-Beschluss der Menschenrechtenorganisationen gegen Rassismus und Fremdenhass im südafrikanischen Durban vom September 2001, das Selbstbestimmungs- und Rückkehrrecht der Palästinenser anzuerkennen. Dieser Beschluss wurde in Israel mit großer Sorge, geradezu mit Angst, aufgenommen. Denn zu diesem Zeitpunkt konnte sich Israel nicht leisten, die Unterstützung des Westens zu verlieren, der seinerseits noch immer den auf der Zweistaatenlösung beruhenden Friedensprozess forderte. Der Kampf um die heikle ur-zionistische Palästina-Frage hatte erst begonnen, und sein Ausgang war noch ungewiss. Vor dem Hintergrund eines umfassenden Boykotts wäre dieser Kampf aussichtslos gewesen.

In dieser krisenhaften Lage wurden gerade im Zuge der Operation *Schutzschild* immer mehr Forderungen aus internationalen akademischen Kreisen laut, israelische Universitäten zu boykottieren. Angeheizt wurde die israelische Debatte nicht zuletzt von Kritikern aus den eigenen Reihen, die solche Aufrufe guthießen. So rief der Historiker Ilan Pappé von der Universität Haifa die akademischen Verbände Großbritanniens dazu auf, Israels Universitäten zu boykottieren, und löste damit eine über mehrere Jahre andauernde heftige Debatte aus. Der israelische Historiker lehrte und forschte zwar an einer staatstreuen israelischen Universität, doch er war zugleich auch ein engagierter Friedensaktivist, der sich für die Beendigung der Besatzung einsetzte.

Als 2005 für kurze Zeit tatsächlich ein akademischer Boykott gegen zwei israelische Universitäten seitens des britischen Lehrverbandes verhängt wurde, erklärte Pappé rückblickend, er habe (2002) lange überlegt, sei hin und her gerissen gewesen, ob der akademische Boykott allein Sinn machen würde. Doch er sei zum Schluss gekommen, dass eine nennenswerte und effektive politische Anti-Besatzungsbewegung von Israel aus nicht in Sicht sei:

> »Nicht heute, nicht morgen, nicht nach einer dritten oder vierten Intifada. Zudem ist auch der bewaffnete Kampf der Palästinenser gescheitert, solcher hatte ohnehin kaum eine Chance [auf Erfolg]. Da ich aber Pazifist bin, kann ich diesen [palästinensischen Kampf] auch nicht unterstützen. Es mag sein, dass auch mein Weg [der Unterstützung ausländischer Boykottaufrufe] zwecklos ist. Mag auch sein, dass die Palästinenser zum Tode verurteilt sind. Ich kann aber nicht tatenlos zusehen. Das Einzige, was Israel stoppen kann, ist der Druck aus dem Ausland.«[214]

Israelische Akademiker waren alarmiert. Der Präsident der Universität Haifa, Professor Aharon Ben-Zeev, gab Pappé zu verstehen, er selbst solle doch zurücktreten, wenn er wirklich an Boykott [als politisches Instrument] glaube. Er solle [seinen Aufruf] selbst praktizieren. Doch gleichzeitig führte der Präsident ein Argument ins Feld, das – wie noch zu sehen sein wird – häufig gegen den *akademischen* Boykott eingesetzt wird: »Da wir aber an die akademische Freiheit glauben, wird [auch] er [Pappé] unantastbar bleiben.«[215]

Geht die akademische Freiheit mit einer etablierten Besatzungsordnung einher? Kann der Wissenschaftler die eigene Institution boykottieren? In dieser hitzigen Debatte meldete sich auch Baruch Kimmerling zu Wort. Mit dem Aufsatz »Wenn schon, dann schon ein [umfassender] Boykott«[216] brachte der israelische Soziologe die Problematik auf den Punkt. Aus einer ausdrücklich besatzungskritischen Position heraus argumentierte er, dass ein ausschließlich akademischer Boykott gegen Israel kontraproduktiv wäre, denn er würde wohl kaum das Leben der Palästinenser erleichtern, geschweige denn die Besatzung beenden. Im Gegenteil, er würde die israelische Zivilgesellschaft noch stärker tangieren, die akademische Freiheit noch mehr schmälern. »Ich selbst verstehe die Wut der palästinensischen Akademiker. Ihre Initiative für einen akademischen Boykott gegen sämtliche israelische Hochschulinstitutionen ist durchaus nachvollziehbar.« Denn sie selbst seien im Laufe der Intifada

214 Vgl. Meron Raporport: »Der Verstoßene«, *Haaretz* 6.5.2005; vgl. Ilan Pappé: *The Guardian* 20.4.2005.

215 Vgl. *Y-Net* 25.4.2005: »Den britischen Boykott kommentiert Universitäts-Präsident«: https://www.ynet.co.il/articles/0,7340,L-3077060,00.html.

216 Baruch Kimmerling: »Wenn schon, dann ein [umfassender] Boykott«, *Haaretz* 17.05.05.

ihrer akademischen Freiheit fast gänzlich beraubt worden. »Studierende sowie Dozenten sind in Verwaltungshaft, die Gebäude und Infrastruktur der Hochschulen sind zerstört, die Wege sind gesperrt, und es ist fast unmöglich, ein reguläres Hochschulwesen aufrechtzuerhalten.«[217]

Einen *umfassenden* Boykott sah Kimmerling daher als zielführender. Da die Israelis selbst die Besatzung nicht beenden könnten, mache es Sinn, den Druck vom Ausland zu begrüßen, so Kimmerlings Schlussfolgerung. Sein kurzer Zeitungsaufsatz zeugte jedoch von der Ratlosigkeit bzw. Ohnmacht eines Intellektuellen und Wissenschaftlers, der sehr wohl wusste, wie aussichtslos solche Aufrufe für einen umfassendem Boykott sind, wenn doch die USA »uns fast bedingungslos mit unserer Selbstzerstörungspolitik unterstützen«. Doch in der Debatte von 2005 suchte auch der nüchterne Soziologe nach einem Hoffnungsschimmer in der eigenen Gesellschaft.

Dagegen hielt Pappé den akademischen Boykott für effizienter, weil er gerade in den Universitäten den Schlüssel für einen ideologischen Wandel sah. Denn die akademische Elite tradiere Israels Staatsideologie und trage sie mit. Sie sollte zusammen mit den Massenmedien »gewissenhaft sein« und die Verantwortung für das öffentliche Leben des säkularen Israel übernehmen – ebenso wie die Rabbiner dies für die Orthodoxen tun. Laut seiner Diagnose hätten sich besagte säkulare Eliten bis dato keineswegs als vierte Gewalt erwiesen, vielmehr seien sie *überzeugte Träger* der vorherrschenden Staatsideologie.[218]

Hier wird das ideologische Gebot angesprochen. Die Positionierung der israelischen Universitäten zur Besatzung sah auch Uri Ram, ein israelischer Soziologe an der Ben-Gurion-Universität, als entscheidend. In einem kurzen Beitrag vom April 2005 mit dem Titel »Es ist die Besatzung, Idiot, nicht der Boykott«[219] präzisierte er die Problematik. Welchen Standpunkt sollten die israelischen Universitäten zu Besatzung einnehmen, fragte er und erkannte: »Die israelische Entrüstung über den Boykott des britischen Dozenten-Verbands [...] zeigte prägnant auf, wie die Debatte von der eigentlichen Frage der Besatzung zu der sekundären Frage der Reaktionen auf die Besatzung verlagert wird.« Ram rief sämtliche Dekane

217 Ebd.

218 Vgl. Meron Raporport: »Der Verstoßene«.

219 Uri Ram: »Es ist die Besatzung, Idiot, nicht der Boykott«, *Y-Net* 28.4.2005.

der israelischen Universitäten (mit Ausnahme der rechtszionistisch orientierten Bar-Ilan) auf, sich zu äußern und sich gegen die Besatzung zu positionieren. »Denn in Zukunft werden Sie danach beurteilt werden: ›Wo waren Sie, als sich die Besatzung und Unterdrückung ereigneten!?‹«

Auch Uri Ram sah in der Frage der Besatzung eine vordergründig *ethische* Frage, die gerade von den Universitäten verraten worden sei. »Die Besatzung, die Siedlungen sowie Israels Aktivitäten in den Gebieten sind illegal, dazu illegitim und unmoralisch«, stellte er fest. Das sei auch das Argument des britischen Verbandes und der eigentliche Beweggrund für den Boykott gewesen. Die diversen Einwände, warum Israel wegen Palästina, Großbritannien aber nicht wegen seiner Beteiligung am Irak-Krieg boykottiert werde, warum ein akademischer und nicht wirtschaftlicher Boykott ausgerufen wird, ob alle israelischen Akademiker oder nur Besatzungsbefürworter zu boykottieren sind, oder gar die Frage, ob nicht schlussendlich alle Israelis für die Besatzung verantwortlich sind, seien zwar durchaus wichtig. »Doch die Universitäten sollten zunächst einmal die Besatzung und die Besatzer ausdrücklich verurteilen.«[220]

Das Dilemma um den Pragmatismus

Haben die israelischen Universitäten das Potenzial, mit einer deutlich kritischen Haltung Israels Ansehen als aufgeklärtes, demokratisches und weltoffenes Land anzukratzen und so die Besatzung längerfristig effektiv zu bekämpfen? Der israelische Linguist Idan Landau, ein Besatzungsgegner und Friedensaktivist, bezweifelt dies. Im Jahr 2010 setzte sich Landau mit einem erneut verhängten akademischen Boykott auseinander, auch diesmal aus Großbritannien. Er hielt die israelische Debatte um den britischen Boykott zwar für eine »Randerscheinung«, höchstens Ausdruck eines »bequemen Eskapismus«. Dennoch befasste sich Landau eingehend mit einigen ihrer Leitargumente und gewährte somit wichtige Einblicke in den israelischen Diskurs.

Zunächst bezeichnete er die israelische Debatte als »unerträglich oberflächlich, mithin verlogen«. Den Vorwurf, dass Antisemitismus (also Judenhass) der (von allen Seiten des politischen Spektrums immer

220 Ebd.

wieder unterstellte) Beweggrund des britischen Boykotts sei, schob Landau als »unseriös« zur Seite. Noch weniger wollte er das Argument von »akademischem Neid« gelten lassen. Landau betonte vorweg, akademischer Boykott sei ein durchaus legitimes Instrument der Außenpolitik. Unter Verweis auf Nazideutschland und Südafrika unter der Apartheid wertete er ihn in manchen historischen und politischen Situationen als allemal legitim.[221]

Doch auf das von Boykottgegnern vorgebrachte Argument, Wissenschaft und Forschung müssten von der Politik getrennt bleiben, erwiderte Landau, dass Politik und Wissenschaft in Israel ohnehin nie getrennt gewesen seien, »der unheilige Mix ist vielmehr eine anerkannte Institution, integraler Bestandteil der israelischen Universitäten«. Letztere genießen nicht zuletzt deshalb ihren gesicherten Haushalt, weil sie im Gegenzug dezidiert der Staatsideologie treu bleiben. Mit ihrer Hilfe werde diese Ideologie legitimiert, ihr würde ein angemessenes Gewand verliehen. »Die Politik bestimmt die Akademie, dafür unterstützte die Akademie den Staatskurs auch im Laufe der Zweiten Intifada«, konstatiert Landau.[222]

Die akademische Freiheit als Argument gegen Boykott lehnt Landau erst recht entschieden ab:

> »Wo wart ihr, als die israelische Armee die zwei Universitäten in Hebron 2003 für 8 Monate geschlossen hielt? Wo war diese akademische Freiheit, als die Streitkräfte palästinensische Schulen besetzten, um sie als Verhörzentren für *Schin Bet* zu nutzen? Als das Verteidigungsministerium sämtlichen Studierenden aus Gaza den Zugang zu Hochschulen im Westjordanland verweigerte? Wo war die akademische Freiheit, als die *Al-Quds*-Universität mit einer acht Meter hohen Mauer umgeben wurde? Wo war sie, als ein zehnjähriges Mädchen, Ragda Adnan Al-Aser aus Khan Junis im Gazastreifen, von israelischen Truppen erschossen wurde, als sie am 7.9.2004 in ihrer Schulklasse saß? Oder gehört es zur akademischen Freiheit, in der eigenen Schulklasse ermordet zu werden?«[223]

221 Idan Landau: »Der akademische Boykott, Scherbenhaufen und Klischees«, 12.11.2012, Hebr., idanlandau.com.

222 Ebd.

223 Ebd.

Hier wird deutlich, welchen Platz ein solches Argument in einem hässlichen Kolonialkrieg hat. In Wirklichkeit, so Landaus Feststellung, handle es sich hier um »akademische Freiheit für die Israelis«. Es sei also schier verlogen, ausgerechnet die akademische Freiheit gegen den akademischen Boykott anzuführen:

> »Solange Israel die palästinischen Hochschulen physisch zerstört und verwüstet, und solange die israelische Akademie dazu schweigt und stattdessen all diesen Verwüstungen der Universitäten in Gaza und der Westbank den Rücken kehrt, sollten israelische Akademiker den Begriff ›akademische Freiheit‹ gefälligst aus dem Spiel lassen. Sie sollten ihn nicht entleeren. Wenn sie selbst schon zu all dem ihre Augen schlössen, dann sollten sie wenigsten nicht davon ausgehen, dass auch Akademiker im Ausland es ihnen gleichtäten.«[224]

Israelischen Akademikern gelang und gelingt es noch immer, vor der Besatzung die Augen zu verschließen, nicht zuletzt, weil sie das Kernland allzu gern als ein von den besetzten Gebieten getrenntes territoriales Gebilde verstehen wollen. Dagegen protestiert Landau, diese Wahrnehmung der getrennten Gemeinwesen mit eigener Gerichtsbarkeit sei schlichtweg illusionär. Doch genau diese illusorische Trennung machte lange genug das Selbstbild einer »weltoffenen, westlichen Demokratie« möglich. Gerade diese Illusion verdrängte effektiv die Besatzung aus dem Bewusstsein der Israelis. Allerdings löst sich dieses Arrangement gerade seit 2000 immer mehr auf, wie Landau hervorhebt, wenn er auf diverse Vorhaben vonseiten der Regierung und des *Schin Bet* verweist, Israels palästinensische Staatsbürger auszubürgern.

In Reaktion auf den weiteren israelischen Einwand, die britische Akademie sei verlogen, da sie nicht ebenso syrische, chinesische oder iranische Universitäten boykottierte, wo diese doch viel grausameren Regimes dienten, fragt Landau: Was nützt solch ein Vergleich? Inwieweit dient er dem Schutz von Menschenrechten und vor Kriegsverbrechen? Wenn Israel tatsächlich Kriegsverbrechen [2002 oder 2008/9] verübt haben sollte, weshalb sei es relevant, was der Iran den Ungläubigen oder China

224 Ebd.

den Tibetern antue? Die relevante Frage sei hier vielmehr: »Was ließe sich nach 40 Jahren Besatzung noch tun, wenn doch alle Demonstrationen, Proteste und Aufklärung kläglich gescheitert sind?«

Landau weist auf das Paradoxon hin, dass Israel zwar stets zum liberalen Westen blicke, doch sich beim Thema Okkupation an den fragwürdigsten Staaten orientiere, um seine Schuld reinzuwaschen. »Die traurige Wahrheit ist, dass die Israelis ernsthaft daran glauben, eine moderne Wirtschaft mit einer westlich orientierten, liberalen Kultur ließe sich mit einem grausamen Besatzungsregime vereinbaren.« Hier fehle auch nicht die leere Worthülse vom »moralischsten Militär«, die von jedem Fotografen in den besetzten Gebieten tagtäglich und ohne große Mühe widerlegt werden könne.

Doch gerade solche »leeren Worthülsen« von »der moralischsten Armee« bilden das Gerüst für die israelische Spezialität, über Jahrzehnte hinweg »das grausame Besatzungsregime« »dort« von der »modernen Wirtschaft« und »der westlich-orientierten, liberalen Kultur« »hier« ausreichend getrennt zu verstehen, getrennt zu leben, so dass die *innenpolitische* Relevanz der Besatzung immer weniger wahrgenommen wird.

Dennoch wäre Landau zufolge ein *ausschließlich akademischer* Boykott unzureichend. Weshalb *nur* die Akademie, fragt er, sind da doch auch die »Waffenindustrien, welche die IDF ausrüsten, die Baufirmen und Bauherren, die unaufhörlich jüdische Siedlungen und die Trennmauer [im besetzten Palästina] herstellen; jede Industrie im Westjordanland profitiert vom Enteignungssystem, trägt außerdem dazu bei, dass es weiterhin gedeiht und wächst.« Die Wissenschaft habe in diesem System nur eine marginale Funktion, sei höchstens des »passiven Schweigens« schuldig. Es sei somit unfair, gezielt nur sie anzugreifen und zu isolieren. Als Akademiker und Linker könne er solch einen Boykott, der insbesondere links-akademische Besatzungsgegner treffen würde, kaum gutheißen.[225]

225 Ebd. Denn auch wenn Landau nicht darüber hinwegsehen will, dass auch die Briten »eigene Leichen im irakischen Keller« hätten, will er seinen Blick lieber nach innen richten: »Die Pflicht [...] des Intellektuellen besteht in erster Linie gegenüber der eigenen Gemeinschaft, [...] ihr gegenüber darf er sich erheben und sein Recht fordern, ihre großen Sünden anzusprechen.« Die Boykottfrage sieht er als eine innerbritische Problematik, die israelischen Taten in den besetzten Gebieten hingegen keineswegs als innerisraelische Angelegenheit: »Verlogenheit – auch die britische – ist noch lange kein Kriegsverbrechen, sie verletzt auch keine Menschenrechte. Zivilbevölkerung tagtäglich aus der Luft zu bombardieren, [...] sehr wohl«. Ebd.

Der Friedensaktivist erkennt das Dilemma um den pragmatischen Weg zur echten *Tikun*. Akademischer Boykott wäre kontraproduktiv, weil er einen »Keil zwischen die potenziellen Partner für die Bekämpfung der Besatzung« treiben würde. Tatsächlich würde solch eine ausländische Maßnahme die Schwächung linkszionistischer Kräfte bedeuten, welche im Zuge der Zweiten Intifada ohnehin immer mehr an Macht und Einfluss verloren haben. Doch kann der israelische Linkszionismus die Besatzung effektiv bekämpfen?

Der politische Linkszionismus zur Boykottfrage

Linkszionistische Akademiker und Politiker fürchten fast instinktiv jeglichen Boykott, empfinden eine Isolierung Israels als bedrohlich und unerträglich. Alles in allem reagierte das israelische Establishment, vor allem der politische Linkszionismus, auf die Boykottaufrufe in den Nullerjahren gemäß dem Entpolitisierungsmuster: Einerseits blendete man die Gründe für den Boykott gänzlich aus, was eine sachliche Debatte gar nicht erst aufkommen ließ, andererseits agierte man dagegen auf diplomatischem Wege, und zwar »hinter den Kulissen«.

Beispielsweise betrieb die Bildungsministerin aus der Arbeitspartei, Yael »Juli« Tamir, die Entpolitisierung der Boykottfrage. Im Zuge des Libanon-Krieges 2006 und der darauffolgenden Boykottaufrufe ließ sie verlauten, es sei angesichts ihrer Englandreise »relevant zu überprüfen, wer genau hinter diesen Aufrufen steht. Sollte es sich dabei um namhafte Akademiker handeln, so werden wir darin ein Problem sehen. Sollte dies nicht der Fall sein, so wäre die Sache halb so schlimm. Wir wollen doch nicht mehr aus der Sache machen, als sie wirklich ist.«[226]

Im Zuge eines dritten Boykotts des britischen Akademiker-Verbands (USU) im Mai 2007 entrüstete sich die Regierung Ehud Olmert. Bildungsministerin Tamir sprach von einem »realitätsfernen, bizarren Schritt [der USU]. Ich werde mich mit den führenden Köpfen der Akademie in Großbritannien und Israel zusammensetzen, um den Schaden zu neutralisieren. Ich glaube, dass wir *auch diesmal* dafür sorgen

226 Vgl. Yuval Lidor: »Großbritannien erklärte Israels den akademischen Boykott«, 30.5.2007: https://www.makorrishon.co.il/nrg/online/1/ART1/588/866.html.

werden, dass diese Entscheidung [für den Boykott] nicht in Kraft treten wird.«[227]

Der verantwortliche Minister für Antisemitismusbekämpfung, Yitzhak Herzog – ebenfalls aus der Arbeitspartei und seit 2021 Staatspräsident –, vertrat offiziell die israelische Regierung. Herzog verurteilte mit aller Schärfe die Entscheidung der USU für den akademischen Boykott. »Es ist äußerst beunruhigend«, ließ er verlauten, »dass eine solche Entscheidung ausgerechnet in einem freundlichen Staat wie Großbritannien fällt. [...] Sie ist skandalös, diskriminierend und einseitig, dazu auch gänzlich losgelöst von der [Lehre bzw. Moral der] jüdischen Geschichte. Wir werden mit allen Mitteln dagegen ankämpfen.« Der damalige Vorsitzende der linkszionistischen Partei *Meretz*, Yossi Beilin, rief den britischen Premier Tony Blair dazu auf, den Boykott gegen Israel zu verurteilen und dagegen tätig zu werden, »ansonsten werden Sie Ihre Rolle in der Region mit dem falschen Ton beenden«. Den Boykott zu unterstützen hieße, »den Frieden in weite Ferne zu rücken«.[228]

Diese Stimmen von ausdrücklich linkszionistischen Politikern sind hier exemplarisch für die linkszionistische Position, welche *den eigentlichen Grund* für den Boykott – Israels Kriegspolitik und Besatzung – gänzlich ausblendet, als irrelevant für den Boykott erachtet. Damit unterscheidet sie sich inhaltlich nur wenig von der rechtszionistischen Position. Bezeichnenderweise brachte der Minister für die jüdische Diaspora, Natan Sharanski von der rechtsorientierten Russischen Partei *Yisrael B'Aliya*, das Argument seiner linkszionistischen Kabinettskollegen auf den Punkt: »Der akademische Boykott ist ein Ausdruck eines neuen Antisemitismus, der sich gegen den Staat Israel richtet, als wäre er ein ›jüdisches Kollektiv‹. Solcher Boykott ist ein Armutszeugnis für die akademische Welt.«[229] Sharanskis Begriff des Neuen Antisemitismus als Kampfmittel gegen Kritik an Israels Kriegspolitik wird noch nachhaltig Israels *Hasbara*-Strategie prägen. Diese Strategie hat die effektive Entpolitisierung des Sachverhalts

227 Ebd.

228 Ebd. Der Dekan der Universität, Bar-Ilan Moshe Kave, zeigte sich zuversichtlich, dass die gute Zusammenarbeit mit dem britischen Cambridge auch in Zukunft aufrechtzuerhalten sei. Doch »das Klima in Europa und Großbritannien ist nicht sonderlich freundlich gegenüber Israel, und ich befürchte, dass solch ein Boykott künftig auch in den USA möglich sein wird.« Ebd.

229 Ebd.

zu Folge.[230] Mit dem Verständnis, dass »Hass gegen das jüdische Kollektiv« der wahre Beweggrund für den Boykott sei, erübrigt sich jegliche politische Debatte. Denn wenn Israel nicht wegen seiner Politik, sondern aufgrund seines Jüdisch-Seins zum Hassobjekt und Ziel von Boykott wird, erscheint die *Hasbara*-Strategie – ob in Form von Fürbitten à la Tamir oder Semi-Drohungen à al Beilin – geradezu »sinnvoll«.[231]

Auch der Einwand, warum ausgerechnet Israel boykottiert werde, erscheint vor dem Hintergrund dieses entpolitisierten Verständnisses des Boykotts »nachvollziehbar«, wenn auch wenig produktiv. Die israelische Linguistin und Friedensaktivistin Tanya Reinhart ging diesem Thema 2005 näher nach:[232]

> »Boykottaufrufe gegen Israel rufen bei uns Israelis Beleidigung und Entrüstung hervor. Man fragt, warum jetzt, wenn es doch eine Chance für den politischen Prozess gibt. Doch wir übersehen allzu gern, wie die Welt uns wirklich sieht. [Wir ignorieren, was wir *tun*.] Wir ignorieren beispielsweise das Urteil des Internationalen Gerichtshofs in Den Haag bezüglich der Trennmauer, die auf palästinensischem Land errichtet worden ist; wir verwandeln das Westjordanland in ein Gefängnis für die [dort lebenden] Palästinenser, genauso wie wir es in Gaza getan haben; seit 38 Jahren der Besatzung ignorieren wir sämtliche UN-Resolutionen«.[233]

Reinharts Artikel erklärt Israels Strategie der Boykottbekämpfung damit, dass Israel *machtpolitisch* orientiert sei und nicht einsehen wolle, was die Besatzung wirklich bedeute. Mit der US-Unterstützung für diese Politik in der Tasche könne man gleichzeitig individuell gegen Boykottbefürworter

230 Professor Josef Jeshurun, Direktor des Verbandes für akademische Freiheit, argumentierte in einem Brief an diverse Kommissionen der Europäischen Union: »Akademischer Boykott ist nicht ethisch und verstößt gegen die akademische Freiheit«. Außerdem hielt Jeshurun entsprechende Versuche, israelische Akademiker zu isolieren und zu dämonisieren, für antisemitisch. Er stützte sich dabei auf einen Bericht des britischen Parlaments, der einen »scharfen Anti-Zionismus als eine Art Antisemitismus« zu erkennen meinte. »Akademischer Boykott: ›Israels Regierung sei unmoralisch‹«, *Y-Net* 24.09.06, vgl. https://www.ynet.co.il/articles/0,7340,L-3307426,00.html.

231 Anshel Pfeffer: »[Israelische] Akademiker werden sich auf ausländischem Campus für Israel einsetzen«, *Haaretz* 27.11.2003; der Druck war spürbar: Ende 2003 plädierte die Norwegische Nationale Akademie dafür, »Israel wie das Deutschland der 1930er Jahre« zu behandeln. Ebd.

232 Tanya Reinhart: »Warum ausgerechnet wir?«, *Y-Net* 4.5.2005.

233 Ebd.

vorgehen. »Die israelische Lobby machte jeden einzelnen ausfindig, der sich mit einem Boykott identifiziert hatte, und machte sein Leben zur Hölle. 2002 wurde Pappé auch deshalb verfolgt, weil er den Boykott unterstützte.«[234]

Reinharts Beitrag zu dem Fall vom Mai 2005 offenbart das Muster solcher über die Besatzungskritik geführten Debatten: Während der Sachverhalt der Besatzung entpolitisiert wird, sodass sich deren Thematisierung erübrigt, sucht man den jeweils auf der Tagesordnung stehenden einzelnen Fall gerade so hinzubiegen, dass er mit wenig schmeichelhafter Agitation meistens hinter den Kulissen vom Tisch geräumt wird. So erklären sich beide israelischen Reaktionsformen, nämlich Beleidigung und Empörung einerseits versus Ignorieren und Außen-vor-Lassen der *eigenen Untaten* andererseits. Und wenn die eigenen Untaten dezidiert außen vor gelassen und als irrelevant erachtet werden, wird die Frage » *Weshalb ausgerechnet Israel?* »nachvollziehbar, die »individuelle Behandlung jedes einzelnen Boykottbefürworters« wird als notwendige Maßnahme erachtet. Kolumnist Tuvia Blumental schlägt daher vor: »Werden wir boykottiert? Boykottieren wir zurück.«[235] Ein Jahrzehnt später wird die *Knesset* tatsächlich das Boykott-Gesetz verabschieden, das gezielt Individuen belangen soll, die zum Boykott gegen Israel aufrufen.

Breaking the Silence: Gegen das Schweigen, gegen das Außen-vor-Lassen, gegen das Verdrängen

Wie nimmt sich die innerisraelische Debatte aus, wenn die Herausforderung aus den eigenen Reihen kommt? Die israelische Menschenrechtenorganisation *Shovrim Shtika* (*Breaking the Silence, Das Schweigen brechen)* ist eine unmittelbare Folge der Zweiten Intifada. Sie wurde im Sommer 2004 ins Leben gerufen. Was diese Organisation so einzigartig in der israelischen Landschaft macht, ist die Tatsache, dass sie sich ausschließlich auf Zeugnisse kriegserfahrener Soldaten der israelischen Streitkräfte stützt. *Breaking the Silence* begann als spontane Aktion von vier Kampfsoldaten, die sich ihren Erlebnissen aus der Zweiten Intifada

234 Ebd.

235 Tuvia Blumental: »Werden wir boykottiert? Boykottieren wir zurück«, *Y-Net* 14.6.2006.

stellen und diese den Israelis näherbringen wollten. Basierend auf ihrem traumatischen Aufenthalt im umstrittensten Besatzungsort Hebron organisierten sie eine Fotoausstellung in Tel Aviv und setzten damit eine Protestbewegung im Gang, die im folgenden Jahrzehnt für heftige Debatten um Krieg und Besatzung, um Loyalitäten und Identitäten, um Rechts- und Linkszionismus sorgen sollte. *Shovrim Shtika* wird sich im Laufe der Jahre – nicht zuletzt aufgrund von Israels Neuen Kriegen in Gaza und Libanon – zu einer nicht zu unterschätzenden Informationsquelle aus erster Hand entwickeln, weshalb sie zu einer echten Herausforderung für eine an Krieg und Besatzung orientierte Armee sowie für eine durch und durch zivilmilitarisierte Gesellschaft geworden ist.

Breaking the Silence machte sich zur Aufgabe, die israelische Öffentlichkeit über den Alltag der Besatzung zu informieren, sie aufzuklären. Da es sich hierbei um Zeugnisse von Kampfsoldaten selbst handelte, hoffte man auf einen guten Zugang zur Gesellschaft. Die allesamt traumatisierten Soldaten suchten mit ihren Zeugnissen, die verheerende Diskrepanz zwischen Schein und Sein, zwischen der Ideologie und Erziehung für die *Reinheit der Waffe* einerseits und der hässlichen Alltagsrealität der Besatzung andererseits öffentlich zu machen. Sie wollten damit den zivilmilitaristischen Mythos von der »moralischsten Armee der Welt« entzaubern, ihn politisieren und in Frage stellen. Diese Diskrepanz gehöre öffentlich thematisiert, so der Mitbegründer von Breaking the Silence, Yehuda Shaul: »Die Israelis haben uns da hin [in die besetzten Gebiete] geschickt, sie sollten auch genau wissen, was wirklich vor Ort vor sich geht.«[236]

Doch was genau sollen die Israelis mit diesen Zeugnissen anfangen? Was ist das eigentliche Ziel solcher Aufklärung? Wo bleiben die israelischen Medien? Damit verbunden ist auch die Frage, ob Krieg und Besatzung allein vom Kenntnisstand der Israelis abhängen.

Breaking the Silence hatte eine Vorgeschichte, denn schon nach dem Sechstagekrieg zeigten Kampfsoldaten Reue durch ihre Kampferfahrung, die in dem 1967 erschienenen bekannten Buch *Siah Lohamim* (Gespräch

236 Esti Ahronowitz: »Breaking the Silence spricht sich aus«, *Haaretz* 13.11.2010: https://www.haaretz.co.il/misc/1.1229597.

unter Kriegern) zum Ausdruck gebracht wurde.[237] Darin reflektierten Kampfsoldaten, die meisten von ihnen *Kibbuzim,* über den Krieg und ihre eigene Rolle darin. Diese Reflexionen im *Soldier-Talk* prägten schließlich den Schlüsselbegriff des Mythos vom »moralischen Militär«: *Jorim u'Bochim.* Dies bedeutet wortwörtlich »Schießen und Weinen« und wird manchmal auch als »schießende Gewissensgequälte«[238] übersetzt. *Schießen und Weinen* ist für unseren Zusammenhang des israelischen Zivilmilitarismus von großer Relevanz. Denn der Begriff zeugt prägnant vom Selbstverständnis einer im Krieg geradezu gefangenen Gesellschaft. Da das Kämpfen als unerlässlich betrachtet wird, mildert die begleitende Reue das Gräuel am Töten und »zivilisiert« geradezu das Militärische. Das Kämpfen sowie das Militär selbst werden somit *ideologisiert,* die Gräuel und Untaten indes verdrängt, wenn nicht gänzlich ausgeblendet.

Über diesen Teufelskreis will Breaking the Silence reflektieren, um ihm zu entrinnen. Dabei geht es weniger um die Reue des Individuums, schon gar nicht um das Weinen über das Schießen, sondern vielmehr um die Veranschaulichung eines größeren Bildes. Als weiteres Modell sei hier *B'Tselem* (hebräisch für »Im Angesicht des Menschen«) herangezogen. Diese 1989 im Zuge der Ersten Intifada gegründete israelische Nichtregierungsorganisation mit Sitz in Jerusalem ist ein wichtiges Informationszentrum für Menschenrechte in den besetzten Gebieten. Sie ist bestrebt, der Besatzung ein Ende zu machen, und sieht ihre Aufgabe darin, die von Israel an PalästinenserInnen begangenen Menschenrechtsverletzungen zu sammeln, zu dokumentieren und schließlich zu publizieren. Auch *B'Tselem* geht davon aus, dass mithilfe von »Aufdeckung der Ungerechtigkeit, der Gewalt, der Enteignung, welche allesamt der Besatzung zu Grunde liegen« die Okkupation effektiv herausgefordert werden könnte, im Inland wie im Ausland.[239]

Sowohl *B'Tselem* als auch Breaking the Silence setzen auf Information und Aufklärung. Doch geht es bei dem israelischen Konsens über die Besatzung tatsächlich um mangelndes Wissen? Genügt die israelische Presse nicht? Der Medienwissenschaftler und ehemalige Direktor von *B'Tselem,*

237 Avraham Shapira (Hg.): *Siah Lohamim,* Ahduth Publishers 1967, Hebr.; vgl. Avraham Shapira u. a. (Hg.): *Soldier Speak – A Record of Conversation and Reflection,* Jerusalem: Carmel 2018, Hebr.

238 Zuckermann 2009, S. 115.

239 Vgl. Betselem.org.

Izhar Beer, fragte 2017, als eine weitere Runde in der Debatte um Breaking the Silence entbrannte, ob die politische Realität eine andere wäre, wenn die Israelis genauestens von der Besatzung wüssten. Laut ihm habe es die israelische Presse bei ihrer Berichterstattung versäumt, das große Bild, den Kontext der Besatzung, zu vermitteln. Daher spricht er von »Fünfzig Jahren Lügen und Verschleierung: Die israelische Presse im Dienst der Besatzung«.[240] Noch lange nach 1967 habe der einzige Fernsehsender nicht einmal Reporter in den besetzten Gebieten gehabt, sodass bis zur Gründung von *B'Tselem* 1989 das israelische Militär die einzige Informationsquelle gewesen sei. »Breaking the Silence wäre nicht gegründet worden, hätte die israelische Presse die wahre Geschichte über den Kampf in der Zweiten Intifada und über die Auflösung von Oslo erzählt.«[241]

Hätte »die wahre Geschichte« über Krieg und Besatzung tatsächlich genügt? 2017 sei die israelische Gesellschaft jedenfalls zu sehr in dem Gewaltkonflikt gefangen gewesen. Militarismus gepaart mit Belagerungsmentalität erstickten jede Kritik und stellen sie als Verrat oder Nestbeschmutzung dar. Außerdem sei sie von Hass gegenüber Minderheiten und Antiintellektualismus geprägt. Hier ist die Rede von einem Set an Glaubenssätzen, Gefühlen und Positionen, in welchem die Gesellschaft derart gefangen ist, dass sie den Konflikt rechtfertigt. Hierbei überschätze man einerseits die eigene militärische Macht, verstehe sich aber andererseits als ultimatives Opfer des Konflikts. Die Kehrseite dieser Dynamik ist die Entmenschlichung, gar Dämonisierung der anderen Gesellschaft. Auf diese Weise werde der Kampf immer wieder erneut motiviert. Wie Beer konstatiert, seien weitere schlimme Nachrichten aus den eigenen Reihen, durch welche das öffentliche Vertrauen vollends erschüttert wird, das letzte, was eine derart im Dauerkonflikt gefangene Gesellschaft hören wolle.[242]

Breaking the Silence und die Gaza-Kriege 2008–2014

Die militärische Operation *Gegossenes Blei*, die vom 27.12.2008 bis zum 18.1.2009 dauerte, war der erste militärische Einsatz nach dem

240 Izhar Beer: »Fünfzig Jahre Lügen und Verschleierung: Die israelische Presse im Dienst der Besatzung«, MEKOMIT 3.6.2017, Hebr., Online-Version.

241 Ebd.

242 Ebd.

Libanon-Debakel im Jahre 2006.[243] Kurz bevor der neue US-Präsident Barack Obama vereidigt wurde, führte die Armee den Angriff auf Gaza aus. Dieser wurde von der Regierung Ehud Olmert mit Ehud Barak als Verteidigungsminister genehmigt. *Gegossenes Blei* sollte nicht zuletzt auch Israels Abschreckung wiederherstellen und war im Sinne eines Neuen Krieges dementsprechend massiv: Am ersten Tag griffen israelische Kampflugzeuge den Gazastreifen an und töteten gemäß der Doktrin *Schock und Angst* mit dem ersten überraschenden Schlag gleich 400 Menschen. In diesem Waffengang setzte das Militär auch den nach Kriegsrecht verbotenen weißen Phosphor ein, was zu der hohen Opferzahl führte. In nur zwanzig Kampftagen tötete das israelische Militär 1387 Palästinenser in Gaza, darunter 773 Zivilisten. Israel meldete in dieser Zeit neun Todesopfer, drei davon Zivilisten.[244]

Derart aufsehenerregend war der Einsatz, dass die Vereinten Nationen eine Sonderuntersuchungskommission unter Leitung des jüdisch-südafrikanischen Richters Richard Goldstone einsetzten. Der 547-seitige Bericht ergab, dass beide Parteien das Internationale Kriegsrecht verletzt und dabei eventuell auch Kriegsverbrechen verübt hätten. Das israelische Militär habe massiv zivile Infrastruktur zerstört, insgesamt mehr als 3500 Wohnungen, sodass ca. 20.000 Gaza-Bewohner obdachlos wurden. Noch schlimmer waren die zahlreichen getöteten und verletzten Zivilisten. Es habe auch die Hamas israelische Siedlungen mit Raketen beschossen, somit Zivilisten anvisiert.[245]

Goldstones Bericht, der im September 2009 veröffentlicht wurde, führte zu einer beispiellos heftigen Diskussion darüber, inwieweit Israel seine eigenen Kriegshandlungen untersuchen solle. Denn der Bericht machte die ernsthafte und glaubwürdige Untersuchung der genannten Kriegstaten zu einer Bedingung. Anderenfalls würde er an den Internationalen Strafgerichtshof in Den Haag, somit auch an den UN-Sicherheitsrat, weitergeleitet.[246]

Für unseren Zusammenhang von Bedeutung ist hier die Frage, welche

243 Amos Harel u. Avi Issacharoff: *Spider Webs (34 Days)*, Tel Aviv: Miskal – Yedioth Ahronoth Books, 2008, Hebr.

244 Ben-Eliezer 2019, S. 563–567.

245 Ebd.

246 Ebd. Am 29.1.2010 gestand das offizielle Israel die Ermittlung in 150 Fällen ein, wobei es in 36 davon schließlich zu Anklagen kam. Ebd.

israelischen Organisationen die UN-Untersuchungskommission mit Informationen versorgt hatten. Neben *B'Tselem* und dem *New Israel Fund* geriet auch *Breaking the Silence* ins Visier jener, die als Unterstützer der »Ehre der israelischen Armee« hervortraten. Bereits im Juli 2009 veröffentlichte Breaking the Silence eine Dokumentation mit 54 Zeugnissen von am Einsatz beteiligten Kampfsoldaten.[247] Dabei wurden vor allem zwei Arten von Kriegsrechtsverletzungen thematisiert: Zum einen ging es um die Regeln, wann geschossen werden darf, welche laut dem Bericht massiv missachtet worden seien, wodurch auch die hohe Zahl an Toten erklärt würde. Zum anderen sei *Nohal Schachen* (»Nachbarn-Verfahren«) zum Einsatz gekommen, mit anderen Worten seien palästinensische Zivilsten in den Kampfhandlungen instrumentalisiert worden, um die Soldaten zu schützen. Wie bereits erwähnt, war diese Kampfpraxis von Israels Oberstem Gerichtshof 2005 explizit untersagt worden.[248]

Der Bericht von Breaking the Silence löste einen heftigen Aufruhr aus. Denn hier entlarvten am Krieg selbst Beteiligte ihre *eigenen* Missetaten und verrieten dabei auch die militärischen Kampfstrategien. Dies erschwerte die Arbeit des Armeesprechers massiv, da diese Fakten schwer zu bestreiten waren. Die Kampfsoldaten berichteten über massive Menschenrechtsverletzungen, die *sie selbst* verübt hätten, und offenbarten damit Israels strukturelle Gewaltpolitik in Gaza. Wenn früher der Armeesprecher gemäß dem Mythos vom »moralischsten Militär der Welt« von »Einzelfällen« bzw. Missverständnissen hatte sprechen können, so bildeten die nunmehrigen Zeugnisse von Breaking the Silence eine systematische Kriegspolitik ab, welche gezielt gegen palästinensische Zivilisten und zivile Infrastruktur gerichtet war.

Armeesprecher Avi Benajahu war sofort alarmiert, erkannte die Gefahr und setzte, wie so oft bei der israelischen *Hasbara*, auf eine Ablenkung vom *Sachverhalt* durch Hinwendung zur *Motivationsfrage*. Er warf Breaking the Silence vor, eine profitorientierte Firma [sic] zu sein, die auf Geld aus dem Ausland angewiesen sei. Entsprechend sollte man »ihrem Produkt« auch mit Misstrauen begegnen, so der implizierte Schluss.[249]

247 Vgl. https://www.shovrimshtika.org/testimonies/publications/Operation_Cast_Lead_Gaza_2009_Hebr.pdf.

248 Esti Ahronowitz: »Breaking the Silence spricht sich aus«, *Haaretz* 13.11.2010.

249 Ebd.

Dieses Argument in Bezug auf die Finanzierungsquellen der Organisation wurde gegen sie verwendet, um sie zu delegitimieren. Breaking the Silence habe »fremdes Geld« angenommen und diene folglich »fremden Interessen«, so die Schlussfolgerung.

Das israelische Außenministerium reichte sogar eine Beschwerde an Geldgeberstaaten wie die Niederlande und Großbritannien ein und forderte sie auf, Breaking the Silence nicht mehr zu bezuschussen. Der damalige Premierminister Netanjahu machte sich ebenfalls ans Werk und ließ verkünden, er erwarte, dass fremde Regierungen davon absähen, solche Organisationen zu unterstützen. Welches Schweigen müsse gebrochen werden, fragte der Premier in Anspielung auf den Namen der NGO.[250]

Auch die Anonymität der Zeugnisse, die den Grundstein der Arbeitspraxis von Breaking the Silence bildete, wurde beanstandet. Weshalb gäben die Kampfsoldaten ihre Identität nicht preis, wurde vorwurfsvoll gefragt. Dies führte auch bald zu einem erbitterten Machtkampf zwischen der Organisation und der Armee. Wie der Mitbegründer Yehuda Shaul berichtet, »setzte das Militär die Kampfsoldaten von *Gegossenes Blei* unter enormen Druck. Wir wussten, dass wir ihre Identität schützen mussten. Die Gefahr, dass sie sonst vom Militär belangt werden würden, war eine reale. Das konnten wir nicht riskieren.«[251]

Shaul widersetzte sich der Forderung des Militäranklägers, die Namen der Soldaten für Ermittlungen preiszugeben, wie es bei *B'Tselem* zumindest bis zum Waffengang von 2014 üblich gewesen war.[252] Wie Shaul konterte, »konnte das Militär den Einsatz von *weißem Phosphor* und menschlichen Schutzschilden selbst ermitteln.« Schließlich wisse es ganz genau, welche Einheiten diese eingesetzt hätten, so dass die Quellenangaben der einzelnen Soldaten dafür wohl kaum nötig wären. Shaul bringt hier im November 2010 die Essenz der Aufgabe seiner Organisation auf den Punkt: »Wir tun, was die israelische Presse hätte machen sollen:

250 Netanjahus Intervention steigerte das mediale Interesse an Breaking the Silence. Indes erhöhten die Briten ihre Bezuschussung von 30.000 auf 70.000 GBP. Ebd.

251 Ebd.

252 Nach dem militärischen Einsatz vom Sommer 2014 wurde diese Kooperation seitens *B'Tselem* eingestellt. Ihre Weigerung, die Zusammenarbeit mit dem israelischen Militär fortzusetzen, begründete die Menschenrechtsorganisation mit den massiven Menschrechtsverletzungen, die die IDF sich zu untersuchen weigerte.

die Kriegsrealität, die Einzelheiten aus den besetzten Gebieten [der Öffentlichkeit] zu vermitteln.«[253]

Was aber macht die Öffentlichkeit mit diesem Wissen? Welche Auswirkung hat ein solcher Bericht über mögliche Kriegsverbrechen auf Militär, Politik, Massenmedien und Gesellschaft? Kann das zionistische Israel seine Kriegspolitik zur Disposition stellen? Ein weiterer Gaza-Krieg ließ ahnen, welche Wirkung der Bericht von Breaking the Silence schließlich hatte. Das Szenario um Zeugnisse direkt vom Schlachtfeld einerseits und einer hinter seinem Militär »im Dauerkonflikt gefangenen, zivilmilitarisierten Gesellschaft« andererseits wiederholte sich im Sommer 2014. Der Neue Krieg entfachte eine noch heftigere Debatte um Breaking the Silence, denn der im Mai 2015 publizierte 168-seitige Bericht mit 111 Aussagen von mehr als 60 Kampfsoldaten[254] ließ ahnen, wie der 49-tägige Waffengang wirklich ausgefallen war.

Tzuk Eitan (englisch *Protective Edge*) war der bislang zerstörerischste Waffengang der israelischen Armee im neuen Millennium. Am 8. 7. 2014 startete Israel seinen Angriff auf den Gazastreifen im Zuge einer erneuten Eskalation im Juni 2014. Diese war bedingt durch die Bildung einer Regierung der nationalen Einheit in den palästinensischen Gebieten, die Entführung und Ermordung dreier israelischer Jugendlicher aus einer Talmud-Schule in *Gush Etzion* nahe Hebron im Westjordanland durch die Hamas, einen Racheakt der Verschleppung und Ermordung eines palästinensischen Jugendlichen aus Ost-Jerusalem durch jüdische Rechtsradikale, und vermehrten Raketenbeschuss von Hamas aus dem Gazastreifen auf jüdische Siedlungen im Süden Israels.

Im nur siebenwöchigen Kampf töteten die israelischen Streitkräfte allein in Gaza 2251 Palästinenser und verletzten 11.000. Zum Vergleich wurden im Laufe der fünfjährigen Zweiten Intifada in Gaza und im Westjordanland insgesamt ca. 4200 Palästinenser von den israelischen Kräften getötet und mehr als 32.000 verletzt. Israel beklagte im Sommer 2014 den Tod von 69 Soldaten und fünf Zivilisten sowie 2270 Verletzte. In der Zweiten Intifada hatte es 1056 israelische Todesopfer sowie 8022 Verletzte gegeben.[255]

253 Ahronowitz, Breaking the Silence spricht sich aus.
254 https://www.shovrimshtika.org/pdf/TzukEitan.pdf.
255 Ben-Eliezer 2019, S. 534.

Im Zuge des Waffengangs im Jahr 2014 – dem dritten nach dem hier behandelten von 2008/2009 und dem im November 2012 – zerstörten IDF-Kampfeinheiten ca. 18.000 Wohnhäuser, und hunderttausende Gaza-Bewohner wurden gezwungen, ihre Häuser zu verlassen. In der Zweiten Intifada waren es im Vergleich dazu rund 3.000 Wohnhäuser gewesen.[256] *B'Tselem* bestätigte in seinem Bericht vom Januar 2015, dass die massive Häuserzerstörung von Israel als gezielte Kriegspolitik betrieben wurde, der 500 Palästinenser unmittelbar zum Opfer fielen. Wie Ben-Eliezer kommentiert, sei es in Anbetracht der mehr als 6000 Luftattacken und 50.000 Artillerieangriffe nicht verwunderlich, dass ganze Nachbarschaften von Gaza in Trümmer gelegt wurden.[257] Der israelische Soziologe sieht gerade in diesem Waffengang ein Paradebeispiel für den Neuen Krieg, bei dem die palästinensische Zivilbevölkerung zum unmittelbaren Angriffsziel wurde, um die Herrschaft über sie noch stärker zu verfestigen.[258]

Auch diesmal beriefen die Vereinten Nationen eine Untersuchungskommission ein. Eine unabhängige Kommission des UN-Menschenrechtsrats wies in ihrem Bericht von 22. Juni 2015 die Verwüstung des Gazastreifens aus und somit den Verdacht, bei der massiven Häuserzerstörung handle es sich um eine von den israelischen Entscheidungsträgern beabsichtigte Kriegspolitik. Außerdem kritisierte der Bericht die israelische Definition eines legitimen Angriffsziels in einem ohnehin problematischen urbanen Kampf. Der Text schließt auf mögliche Verletzungen des Internationalen Kriegsrechts durch beide Seiten.[259]

Das politische Israel lehnte es strikt ab, dass ein internationales Organ seinen Kriegseinsatz untersuchte, und verweigerte die Zusammenarbeit mit der UN-Untersuchungskommission. Premier Netanjahu ließ einige Tage vor der Veröffentlichung des Abschlussberichts verlauten, die Kommission sei anti-israelisch, es wäre daher Zeitvergeudung, den Bericht zu lesen. Israel setzte nämlich weiterhin auf die Unterstützung der USA in den Vereinten Nationen, um zu verhindern, dass der Bericht dem

256 Ebd., S. 533.
257 Ebd., S. 583.
258 Ebd., S. 585.
259 Eyal Groß: »UN-Bericht: die israelische Definition eines Kriegsziels ist zu weit gefasst«, *Haaretz* 22. 6. 2015: https://www.haaretz.co.il/news/politics/.premium-1.2666376.

UN-Sicherheitsrat bzw. dem Internationalen Strafgerichtshof in Den Haag übermittelt wird.[260] Erst im März 2021 eröffnete der ISGH offiziell eine Untersuchung u. a. des Gaza-Kriegs von 2014.[261] Doch die innerisraelische Debatte um die Legitimität eines solchen Krieges erreichte gegen Ende des Jahres 2015 nicht zuletzt wegen Breaking the Silence einen neuen Höhepunkt.

Breaking the Silence »brechen«

Schon bei der Veröffentlichung ihres Berichts zum Gaza-Krieg im Mai 2015 hatte Breaking the Silence mit Gegenwind gerechnet. Doch dieser wurde immer stärker. Denn schon der Jurist Eyal Groß sah im Bericht eine ausreichende Grundlage, um Israel für die »Verletzung des Internationalen Kriegsrechts« beim Internationalen Strafgerichtshof in Den Haag zu belangen. Dies bezog sich vor allem auf den Schutz unbeteiligter Zivilisten: »Verboten [nach Kriegsrecht] ist nicht nur, unmittelbar Unbeteiligte anzugreifen, sondern auch solche Angriffe, welche in sich die Gefahr bergen, diese mit großer Wahrscheinlichkeit zu treffen.« Wie Groß betonte, gelte dies auch gemäß dem israelischen Gesetz. Das israelische Kriegsrecht reglementiere genauestens die Feuerfreigabe und verbiete es streng, auf Zivilisten zu schießen, geschweige denn, sie mit Absicht ins Kreuzfeuer zu nehmen. Doch die Augenzeugenberichte von Breaking the Silence zur Operation *Tzuk Eitan* legten es nahe, dass dieses Gesetz verletzt worden sei. Dies widerlege außerdem den Mythos von der »moralischsten Armee der Welt.«[262]

Doch was genau wirft man Breaking the Silence vor? Innenpolitisch verlief das Jahr 2015 äußerst angespannt. Im März 2015 gewann Netanjahu erneut, zum vierten Mal, die Wahl, und zwar nach einem sehr engen Kopf-an-Kopf-Rennen mit dem linkszionistischen Bündnis »Zionistisches Lager«. Mit der neuen rechtsradikalen Regierung in Jerusalem rückte das Land weiter nach rechts, womit jegliche Aussicht auf eine Wiederaufnahme des politischen Prozesses mit den Palästinensern erlosch. Dies

260 Vgl. Ravid Barak, *Haaretz* 14. 6. 2015: https://www.haaretz.co.il/news/politics/1.2659492.

261 Vgl. *Haaretz* 3. 3. 2021.

262 Eyal Groß: »Der Bericht von Breaking the Silence erhält Beweise für die Verletzung des Internationalen Kriegsrechts«, *Haaretz* 4. 5. 2015.

sorgte nicht zuletzt für erhebliche Spannungen zwischen Netanjahu und dem US-Präsidenten Barack Obama. Vor dem Hintergrund des Gaza-Krieges von 2014 kulminierte dieser Rechtsruck in der sogenannten *Messer-Intifada*, die im Oktober 2015 ausbrach. Einzelne Palästinenser und Palästinenserinnen, meistens Jugendliche, gingen mit Küchenmessern oder Scheren spontan und unorganisiert auf öffentlichen Plätzen gegen Israelis vor und sorgten erneut für eine sehr angespannte Stimmung, insbesondere in Jerusalem.

In dieser Atmosphäre wurde Breaking the Silence allmählich immer feindseliger begegnet, besonders nach der Veröffentlichung des UN-Berichts Ende Juni 2015. Zunächst waren es die rechten Medien, welche die NGO der Kollaboration mit internationalen Organisationen bezichtigten und als »Nestbeschmutzer« verunglimpften. Diesen schlossen sich dann auch die Mainstreammedien an. Ein prominenter Fernsehmoderator, Avri Gilad, stellte der Direktorin von Breaking the Silence, Juli Novak, in einer hitzigen Debatte allen Ernstes die Frage, was ihr lieber wäre, 1000 tote Palästinenser oder ein einziger toter israelischer Soldat.[263]

Diese populistische Frage nährte sich jedoch von dem, was der Armee-Ethikberater und Verfasser des »Ethik-Kampfcodex für den Krieg gegen den Terrorismus« (2004) im Zuge der Operation *Gegossenes Blei* zur Kampfpraxis Human Shield erklärt hatte: »Wenn es um die Wahl zwischen dem [palästinensischen, unbeteiligten] Nachbarn und dem [israelischen] Soldaten geht«, hatte Assa Kasher kurz nach dem Waffengang postuliert, »hat letzterer Priorität«.[264]

Spätestens in der Zweiten Intifada wurde die Praxis des Einsatzes palästinensischer Zivilisten als menschliche Schutzschilde zur ungeschriebenen Norm. Schon im Mai 2002 reichten mehrere israelische und palästinensische NGOs eine Petition gegen diese Kampfpraxis beim Obersten

263 Vgl. Uri Misgav: »Avri Gilad darf nicht das letzte Wort haben«, *Haaretz* 21. 6. 2015: https://www.haaretz.co.il/blogs/misgav/.premium-1.2665032.

264 Amos Harel: »Prof. Assa Kasher: ›Wenn eine Wahl zwischen dem [palästinensischen] Nachbarn und dem [israelischen] Soldaten getroffen werden muss, hat letzterer Priorität‹«, *Haaretz* 6. 2. 2009. Vgl. dazu Anat Matar: »Was macht [das Phänomen] Assa Kasher möglich?«, *MITAAM* 6, 2006, Hebr.; Matar, ebenfalls Philosophie-Professorin, kritisiert Kasher aufs Heftigste: Sein ethischer Kampfkodex habe schlussendlich Israels verheerenden Krieg gegen die Palästinenser ermöglicht. Dazu verfasste Kasher 2017 im Auftrag des Erziehungsministers Naftali Bennetden einen »Ethik-Kodex für die Akademie«. Laut diesem sollte jede politische Äußerung oder Aktivität an israelischen Universitäten strikt verboten werden. Vgl. Yarden Scoop, *Haaretz* 10. 6. 2017.

Gericht ein. Dieses sprach, wie bereits erwähnt, erst im Oktober 2005 sein Urteil gegen diese Praxis aus, indem es sie für unrechtmäßig erklärte und dem Militär deren Einsatz untersagte. Angesichts dieser Geschichte der gesetzwidrigen Kampfpraxis löste der Bericht von Breaking the Silence zum *Tzuk Eitan* 2015 die heftigsten Reaktionen aus.

Auf dem Höhepunkt der Hetzkampagne gegen Breaking the Silence publizierte die regierungsnahe neozionistische Nichtregierungsorganisation *Im Tirtzu* am 15. Dezember 2015 ein wenige Minuten langes Video, das auch als »Gesetz gegen Nestbeschmutzer« (*Hok HaShtulim*) bezeichnet wurde. In diesem Beitrag werden vier prominente Aktivisten der israelischen Menschenrechtsorganisationen als Agenten des palästinensischen Terrorismus verunglimpft. Die Gesichter Avner Gvaryahus von Breaking the Silence, Hagai Elads von *B'Tselem*, Ishai Menuhins vom Israelischen Verein gegen Folter und Siggi Ben-Ari vom *Hamoked* (Schutzverein für persönliches Recht) wurden als »Gesuchte« markiert, denn sie hätten mit ausländischer Unterstützung »Israels Kampf gegen den Terrorismus« verraten. Interessant dabei sind die erwähnten ausländischen Geldgeberstaaten Niederlande, Deutschland, Schweden und Norwegen, die allesamt Israels Verbündete im Westen sind. Dennoch nahm *Im Tirtzu* die israelischen Menschenrechts-NGOs ins Visier. Diese, so die Botschaft, sollten per Gesetz verboten werden.[265]

Wie reagieren Politik, Medien und Gesellschaft darauf? Anfang 2016 stand Breaking the Silence unter einer regelrechten Attacke und wurde geradezu stigmatisiert.[266] Verteidigungsminister Moshe Jaalon bezeichnete ihre Motive als feindselig. Er wies an, jegliche Kooperation mit der Organisation einzustellen, da diese die Namen der Soldaten nicht preisgebe, weshalb die Armee die Anschuldigungen nicht überprüfen könne. Der Minister für Erziehung und Bildung, Naftali Benett, beschloss ebenfalls konkrete Maßnahmen gegen Breaking the Silence. Er untersagte

265 Im Januar 2016 startete *Im Tirtzu* eine weitere Kampagne, diesmal gegen die linken »Nestbeschmutzer in der Kultur«. Mit der Veröffentlichung von Listen zahlreicher prominenter Kulturschaffender suchte man, linksorientierte Künstler zu stigmatisieren, weil sie angeblich mit israelischen Menschenrechts-NGOs kooperierten und mit »fremdem Geld« »fremde Interessen« verträten. Interessant war insbesondere die Reaktion der Politik: Abgeschreckt von den faschistischen Tönen solcher Aktionen wollte man die Kulturschaffenden unbedingt von Breaking the Silence unterschieden wissen, da erstere »unsere Soldaten nicht anschwärzten«. Vgl. https://www.maariv.co.il/news/israel/Article-523919.

266 Ronit Zach: »Die Stigmatisierten«, *HaMakom* 18.4.2016: https://www.ha-makom.co.il/article/ronit-tzach-yuli-novak.

den Mitarbeitern der Organisation per Verordnung jeglichen Zutritt zu Schulen. Auch Justizministerin Ajelet Schaked, Benetts Parteigefährtin, startete eine Initiative, um die Arbeit der Menschenrechtsorganisation mit juristisch-parlamentarischen Mitteln zu erschweren. Sie brachte das »Breaking the Silence«-Gesetz schließlich im Juli 2018 ins Parlament ein. Sogar Staatspräsident Reuven Rivlin wurde allein für seine Teilnahme an einer *Haaretz*-Konferenz in New York kritisiert, weil auch Vertreter von Breaking the Silence dort sprachen.

Militärberater Assa Kasher meinte, Breaking the Silence sei mit ihrem Bericht zu *Tzuk Eitan* nicht an juristischer oder ethischer *Tikun* (Wiedergutmachung, Verbesserung) interessiert, sondern ausdrücklich an »der Dämonisierung der Armee«.[267] Zwar hielt Kasher die Besatzungsfrage an sich für ein legitimes Thema, die Armee dürfe man jedoch keineswegs miteinbeziehen, schon gar nicht kritisieren. Gemäß dem entpolitisierten Verständnis des Militärs meinte er, dass die Besatzung alleinige Sache der Politik sei.[268]

Doch hat Breaking the Silence ein anderes Ziel vor Augen, als die Besatzung zum Politikum zu machen? Die damalige Direktorin der Organisation, Juli Novak, geriet nach eigener Aussage selbst unter massiven Druck. Sie wurde vom Inlandgeheimdienst *Schin Bet* verhört, was der Premierminister genehmigt haben musste. In der hitzigen Debatte sprach man nicht von ungefähr von »Blitzkampagnen« und »Säuberungskampagnen«.[269] Novak ihrerseits suchte die Debatte zu versachlichen. Sie betonte, dass Breaking the Silence zu Unrecht beschuldigt worden sei, Lügen zu verbreiten, und bekräftigte die Glaubwürdigkeit der Zeugnisse. Auch die Zusammenarbeit mit BDS *(Boycott, Divestment and Sanctions)* sei ihr untergeschoben worden. Doch eine Ablenkung folgte der anderen, so Novak, »[a]ll dies, um bloß nicht über das eigentliche Anliegen von Breaking the Silence sprechen zu müssen: Die Besatzung.«[270]

Der häufig vorgebrachten Rüge, weshalb denn »die dreckige Wäsche

267 Vgl. *Makor Rishon* 28.12.2015: »Assa Kasher: Breaking the Silence ist eine Organisation zur Dämonisierung der IDF.« https://www.makorrishon.co.il/nrg/online/1/ART2/744/990.html.

268 Ebd.

269 Uri Misgav: »Der Blitz über Breaking the Silence: kleine Organisation, großer Spin«, *Haaretz* 17.12.2015.

270 Juli Novak: »Weshalb wir nicht schweigen werden«, *Haaretz* 27.12.2015.

der Besatzung ausgerechnet im Ausland« gewaschen werden solle, begegnete Novak:

> »Zwar richtet sich die Arbeit von Breaking the Silence in erster Linie an Israelis, weshalb sämtliche Berichte sowie auch die Touren und Vorträge [...] in den besetzten Gebieten auf Hebräisch sind, eben um die israelische Öffentlichkeit zu erreichen. Die Arbeit im Ausland beruht jedoch auf der tiefergehenden Einsicht, dass die Besatzung keineswegs allein eine innerisraelische Angelegenheit ist.«

Das Verständnis, wonach die Besatzung eine innerisraelische Angelegenheit sei, sei vielmehr im Sinne der israelischen Rechten, da sie weiterhin ungestört Fakten auf dem Boden schaffen wolle. Ihr liege daran, die Besatzung aus dem israelischen Diskurs zu löschen.[271]

Novak will *die Israelis* aufklären. Sie wies darauf hin, dass Jugendliche inzwischen nicht mehr ausreichend darüber informiert seien, dass die Siedlungen jenseits des international anerkannten Staatsgebietes liegen – und dass sie bald ihr eigenes Leben dafür riskieren müssten. Auf der anderen Seite agiere der Siedlerrat mit allen Mitteln, um jegliche Hoffnung auf ein Ende der Besatzung zunichtezumachen. Hier wäre z. B. Naftali Benetts Erklärung zu nennen, es gebe keine Besatzung, da Israel wohl kaum Besatzer im eigenen Land sein könne.

Die Aktivität ihrer Organisation auch im Ausland begründete Novak damit, dass sie ein Gegengewicht zur effektiven *Hasbara* der israelischen Behörden schaffen musste. Der israelischen Propaganda von Israel als »perfektem Ort« ohne Besatzung und mit den bekannten Slogans »*Ein Breira*« und der »moralischsten Armee der Welt« müsse entgegengetreten werden. Das Ausland solle mehr über Besatzungsgegner innerhalb Israels erfahren. Israel dürfe das Ausland nicht verlieren, denn es sei schon im Begriff, das Land angesichts der hässlichen Besatzung aufzugeben. »Doch Breaking the Silence kann ein anderes Gesicht Israels bieten, ein Israel, das Demokratie, Gleichheit und Freiheit wertschätzt und sich mit der Besatzung nicht abfinden will.«[272]

271 Ebd.
272 Ebd.

Geht es hier um das Image Israels im Ausland? Lässt auch die wohlwollende Aktivistin das israelische Militär außen vor? Tatsächlich argumentiert Novak aus einer *linkszionistischen Perspektive*. Denn für sie wird die Besatzung zwar von militärischer Logik getragen, doch im Kern sei sie *rechtszionistischer* Ideologie geschuldet, sprich dem Mythos von *Groß-Eretz Israel*. Die politischen Parteien der säkularen und religiösen Rechtszionisten hätten diese Ideologie durchgesetzt, weshalb die Besatzung als *ihr* Werk anzusehen sei. Das Militär erscheint in diesem Gebilde als zu schützende, unpolitische Institution. Seine Macht, Autorität und vor allem sein Einfluss auf die Kriegspolitik durch seine ungeahnte Zerstörungskraft in diesem Kolonialkrieg wird ausgeblendet. Als Volks- bzw. Verteidigungsarmee wird das Militär nach linkszionistischem Verständnis ideologisiert und somit sogleich entpolitisiert.

Hierin birgt sich die verblüffende Erkenntnis, dass selbst Breaking the Silence als eine *jüdisch-israelisch-soldatische* Organisation, die die israelische Ordnung herausfordert, im zionistischen Israel effektiv marginalisiert wird. Sie stieß auf heftigsten Widerstand, auch wenn sie im linkszionistischen Diskurs blieb und die Besatzung lediglich als Auswuchs des zionistischen Projektes darstellte. Nicht nur distanzierte sie sich explizit von BDS, sondern rief auch weder zu Kriegsdienstverweigerung auf noch setzte sie darauf, IDF-Offiziere vor den internationalen Strafgerichtshof zu bringen. Im Gegenteil dienten viele ihrer Mitglieder weiterhin als Reservisten in der Armee.[273]

Doch Breaking the Silence verstieß gegen den *zivilmilitaristischen* Code der israelischen Gesellschaft, den Unantastbarkeitscode der Armee. Von einem »Loyalitätscode zu lügen, wenn notwendig« sprach *Haaretz*-Kolumnist Zvi Bar'el: »Breaking the Silence ist ein schwer verkraftbarer Präzedenzfall für eine Nation, welche zum blinden Glauben am heiligen Militär erzogen worden ist.«[274] Dieser Sonderstatus des Militärs macht effektive Kritik an seiner politischen Funktion unmöglich. Auch wenn gelegentlich bestimmte Facetten der Besatzung oder ein bestimmter Krieg (wie etwa 2006 im Libanon) beanstandet werden, bleibt die Armee als

273 Hagai Matar: »Was will man von Breaking the Silence?«, *Siha Mekomit* 14.12.15.

274 Zvi Bar'el: »Der Loyalitätscode«, *Haaretz* 6.12.2015.

Institution für Sicherheit unantastbar. Deshalb darf sie die Sicherheitspolitik weiterhin maßgeblich bestimmen.

In dieser verzwickten Lage rief Besatzungskritiker und Kolumnist Gideon Levy in der hitzigen Debatte aus: »Hurra für die Kollaborateure.«[275] Breaking the Silence müsse mit ihren Zeugnissen unbedingt ins Ausland, meinte er. Denn wenn der Verteidigungsminister sie als »feindselig« etikettiert, der Staatspräsident und mit ihm die gesamte Führung, Militär, Medien und Gesellschaft an den Mythos eines moralischen Militärs glauben, auch wenn dieses Militär tausende Unschuldige tötete, so müsse die Organisation die Wahrheit ins Ausland tragen. Die Wahrheit habe in Israel sowieso keine Chance. Die Soldaten von Breaking the Silence sind für Levy weder Kollaborateure noch Dissidenten, sondern »Helden der Geschichte«. Der israelischen Gesellschaft attestierte Levy hingegen »ein gefährliches Verleugnungsstadium« und »Realitätsverlust«.Diese wolle von nichts wissen, stattdessen bekriege sie diejenigen, die es wissen wollen. »Ich habe es nicht gewusst« werde niemand mehr sagen können, nachdem Breaking the Silence die Wahrheit jedem zugänglich gemacht habe.[276]

Von israelischem Konsens um die Besatzung

Geht es Breaking the Silence vordergründig um die Beendigung der Besatzung, so stellt sich die Frage nach den linkszionistischen politischen Kräften. Verfolgten sie dasselbe Ziel? Wenn das israelische Konzept gescheitert ist, wie es der linkszionistisch argumentierende Journalist Uri Misgav mit Blick darauf suggeriert, dass »sowohl die Intifada der Messer tobte als auch der binationale Staat, die Apartheid sowie die internationale Isolation vor der Tür stehen«,[277] so fragt man sich, weshalb die linkszionistischen Kräfte die Besatzung nicht zum politischen Thema machen.

Auf diesen entpolitisierten Zeitgeist wies *B'Tselem*-Direktor Hagai Elad Ende 2015 hin:[278] Die Regierung Netanjahu biete keine Alternative zur politischen Lage der Besatzung, mithin zu mehr Kontrolle über Millionen von Untertanen. Die linkszionistische Opposition spiele ihrerseits

275 Gidon Levy: »Hurra für die Kollaborateure«, *Haaretz* 17.12.2015.

276 Ebd.

277 Uri Misgav: »Der Blitz über Breaking the Silence: kleine Organisation, großer Spin«, *Haaretz* 17.12.2015.

278 Hagai Elad: »Was beängstigt mich so sehr? (nein, nicht *Im Tirtzu*)«, *Haaretz* 16.12.2015.

mit, indem sie mal Breaking the Silence verunglimpfe, wie Yair Lapid (*Yesh Atid*) es tue, mal wie Yitzhak Herzog (der heutige Staatspräsident, damals Arbeitspartei bzw. Zionistisches Bündnis) noch rechter zu werden versuche als die Rechten. Die linkszionistische Opposition führe sich nach außen aufklärerisch auf, in Wahrheit wisse aber auch sie keine Alternative zur Besatzung. Elad richtete sein Augenmerk auf die *Gewaltstrukturen* der Okkupation und stellte fest, dass die israelische Justiz – ob das Oberste Gericht, die Militäranwaltschaft oder die Staatsanwaltschaft – sich längst als aktive Akteurin bei der Legalisierung der Besatzung erwiesen habe. Dies gelte über all ihre Facetten hinweg, von jüdischen Siedlungen über die Unterdrückung der Palästinenser in Form von Häuserzerstörungen bis hin zu Verwaltungshaft, Folter und Landenteignung. Sämtliche Besatzungsapparate seien in Israel längst juristisch abgesichert, und zwar mit Hilfe zahlloser Verfahren und Urteile. Die israelische Besatzung sei wie keine andere Gewaltordnung längst legalisiert worden.[279]

Diese Legalisierung diene aber nicht nur innenpolitischen Zwecken. Auch im Ausland funktioniere der »legale Schein« effektiv, so dass die staatenlosen Palästinenser der Besatzung völlig ausgeliefert seien. So dürfe jeder israelische Soldat jedes Haus in den besetzten Gebieten fast jederzeit betreten. Im Falle eines Tötungsdelikts gebe es keine juristische Autorität, die diesen aufklären und ahnden könne. Gerade die Debatte um Breaking the Silence zeige eindringlich, wie es um die politische Alternative in Israel bestellt sei. »Weitere 50 Jahre Besatzung machen mir am meisten Angst«, so Elad.[280]

2016 unternahmen Regierung und *Knesset* einiges, um die Besatzung stärker zu etablieren. Schon im Juli 2016 erließ die *Knesset* das sogenannte NGO-Gesetz, *Hok HaAmutot,* das vorgeblich für mehr Transparenz sorgen sollte. Demnach sollte die Bezuschussung der israelischen NGOs durch fremde Staaten offengelegt werden. »[…] Fremde Interessen fremder Länder im Gewand lokaler Organisationen, welche vermeintlich israelische Interessen vertreten, sollten transparenter sein.«[281]

279 Ebd.
280 Ebd.
281 Vgl. »Das Transparenz-Gesetz bei freiwilligen Organisationen« 12.7.2016: https://main.knesset.gov.il/News/PressReleases/Pages/press120716.aspx.

Die politische Stimmung gegen Breaking the Silence war im Frühjahr 2016 schon besonders feindlich. »Die Stigmatisierten« betitelte man ein Interview mit der Direktorin Novak. Darin wurden eine Reihe von Äußerungen von Politikern zitiert, die Begriffe wie »unerträglich«, »zerstörerisch«, »illegitim«, »Israel anschwärzend«, »sicherheitsschädlich«, »Verräter« und »Spione« enthielten.[282] Diese koordinierte Attacke erfolgte als Reaktion auf eine vom investigativen Fernsehsender Channel 2 ausgestrahlte Sendung namens *Uvda* (Fakt), in der Breaking the Silence der Spionage für fremde Länder bezichtigt wurde. Wie sich später herausstellte, basierte der Bericht auf fingierten Angaben, doch weil die öffentliche Meinung gegen die soldatische Organisation schon weitgehend vergiftet war, schienen solche Anschuldigungen der israelischen Öffentlichkeit durchaus plausibel.

In diesem Klima nahm die Dekanin der Ben-Gurion-Universität in Beer Sheva, Prof. Rivka Carmi, die Entscheidung der dortigen Abteilung für Nahoststudien vom Juni 2016 zurück, Breaking the Silence den Berelson-Preis für die Verständigung zwischen Juden und Arabern zu verleihen. Damit gab sie vor allem dem massiven Druck von rechtszionistischen Organisationen nach.[283]

Doch es war im Besonderen die Militärstaatsanwaltschaft, welche die Arbeit von Breaking the Silence gefährdete. »Um Einzelfälle untersuchen zu können«,[284] setzte sie die Organisation unter Druck, die Namen jener Soldaten preiszugeben, die ihre Augenzeugenberichte abgegeben hatten. Das Militär nutzte seine Autorität geschickt gegen die Arbeitsmethoden der Organisation, da es befugt ist, eigene Kriegsrechtsverletzungen aufzuklären. Diese Wende betrachtete der Anwalt von Breaking the Silence, Michael Sfard, als fatal, käme sie doch dem Ende der Arbeit der Organisation gleich. »Sollte Breaking the Silence gezwungen sein, ihre Quellen preiszugeben, wird es keine Zeugnisse mehr geben«, befürchtete er. »Mit der fatalen Konsequenz, dass wir nicht mehr wissen werden, was auf dem Schlachtfeld wirklich geschieht.« Sfard prognostizierte auch, dass

282 Vgl. Ronit Zach: »Die Stigmatisierten«, *HaMakom* 18.4.2016.

283 Or Kashti: »Ben-Gurion-Universität cancelt den Preis für Breaking the Silence: die Organisation sei umstritten«, *Haaretz* 26.6.2016: https://www.haaretz.co.il/news/education/.premium-1.2987728.

284 Vgl. Ronit Zach: »Breaking the Silence-Brechen«, *HaMakom* 22.5.2016: https://www.ha-makom.co.il/post/ronit-tzach-shovrim.

Politiker mit diesem zweischneidigen Schwert der rechtlichen Verfolgung *einzelner* Soldaten über das Ziel hinausschießen werden, da sie damit die ganze Gesellschaft – die ja eine »Nation in Waffen«[285] darstellt – zutiefst verunsichern würde.[286]

Krönung der Verfolgung und Marginalisierung war das sogenannte »Breaking the Silence«-Gesetz vom Juli 2018. Als Schulwesensverordnung autorisierte dieses Gesetz den Erziehungsminister, bestimmten Organisationen die Aktivitäten an israelischen Schulen zu verbieten, sofern diese »Aktivitäten gegen die Ziele der staatlichen Erziehung gerichtet sind, oder gegen die Soldaten, welche einen Konsens der israelischen Gesellschaft genießen.«[287] Der Leitartikel der Tageszeitung *Haaretz* vom 1. 9. 2018 rief daraufhin dazu auf, »für Breaking the Silence zu kämpfen«:

> »Der Kampf gegen Breaking the Silence wird immer systematischer und gröber. Früher beschuldigte man sie der Aktivitäten im Ausland. Doch in den letzten Jahren will man sie gänzlich zum Schweigen bringen, sei es im Ausland oder beim Militär, in Schulen, in öffentlichen Kulturzentren, in Galerien oder Kneipen. Auch die Einreise in die besetzten Gebiete verwehrt man ihr. Die systematische Verfolgung von Breaking the Silence sollte jeden israelischen Demokraten um den Schlaf bringen.«[288]

285 Uri Ben-Eliezer 1994: »›Nation in Arms‹ and the War: Israel in Its First Years«, *Zmanim* 49, Tel Aviv, S. 50–65, Hebr.

286 Michael Sfard: »Ajelet Schakeds private Staatsanwaltschaft«, *Haaretz* 19. 11. 2017.

287 Vgl. »Breaking the Silence-Gesetz« 17. 7. 2018: https://main.knesset.gov.il/News/PressReleases/pages/press17.07.18a.aspx.

288 Leitartikel *Haaretz* 2. 9. 2018: »Für Breaking the Silence kämpfen«: https://www.haaretz.co.il/opinions/editorial-articles/.premium-1.6434418.

4. Neozionismus: Rechtsruck, Okkupation, Nationalstaatsgesetz

Wie ist diese effektive Marginalisierung einer linkszionistisch orientierten Organisation wie *Breaking the Silence* zu erklären, wo es sich hierbei doch nicht nur um eine jüdisch-israelische, sondern zudem um eine soldatische Initiative handelt? Wie erklären sich die harten Strafen gegen Besatzungskritiker – seien es nun soldatische Kriegsdienstverweigerer oder zivile Wehrdienstverweigerer –, wenn doch das politische Hauptthema der 1990er-Jahre die Okkupation und die Palästina-Frage war? Und schließlich stellt sich die Frage, wie es dazu kommen konnte, dass im zionistischen Israel, das über Jahrzehnte hinweg von beiden großen Lagern, dem rechtszionistischen sowie linkszionistischen in Zusammenarbeit mit dem religiösen Zionismus regiert und geprägt wurde, der Begriff »links« bzw. »Linkszionismus« zu einem Schimpfwort verkommen ist?

Einige der Antworten finden sich im *Neozionismus*. Dieser wird im Israel des neuen Millenniums immer relevanter für politische, kulturpolitische, soziale und gesellschaftliche Phänomene. Dies gilt für den parteipolitischen sowie machtpolitischen Rechtsruck ebenso wie für die Serie von rechtskonservativer, mithin rechtszionistischer Gesetzgebung unter den Regierungen Benjamin Netanjahus (2009–2021). Eine Krönung des Neozionismus stellt nicht zuletzt das im zionistischen Israel umstrittene *Grundgesetz: Israel als Jüdischer Nationalstaat* (*Hok HaLeom*; im Folgenden *Nationalstaatsgesetz*) vom Juli 2018 dar. Bemerkenswert ist in diesem Zusammenhang auch der massive Zuwachs an rechtszionistischen, national-religiösen, mithin rechtskonservativen Organisationen, NGOs, Thinktanks und Verlagen, welche immer mehr Einfluss auf Politik und Zivilgesellschaft nehmen. Als die »Samtene Revolution der Rechten«[289] wird diese Verwandlung charakterisiert.

Hierzu sind einige Beispiele zu nennen: NGOs wie *Im Tirtzu (2007), NGO Monitor (2001), Israel Sheli* (Mein Israel, 2010), *Ad Kann!* (Bis Hier! 2013),[290] *Academia Monitoring* (2010), *Shurat HaDin* (2002), *BeTzalmo*

289 Izhar Beer: »Die Samtene Revolution der Rechten: Wie übernahm der Neo-Konservatismus Israels Selbstverständnis, fast ohne dass wir es gemerkt haben«, *Parot Kdoshot* [Heilige Kühe] 16.6.2020.

290 https://www.adkan.org.il/about-en

(2012) und *Blue&White Human Rights* (2013) sind allesamt ausdrücklich rechtszionistisch, rechtskonservativ und regierungsnah. Die einflussreichen Thinktanks *The Institute for Zionist Strategies* (2005) und *Kohelet Policy Forum* (2012) unterstützten den kompromisslosen Kurs der Regierung Netanjahu ideologisch sowie intellektuell und trugen nicht zuletzt zur Verabschiedung des Nationalstaatsgesetzes bei. Forschungszentren wie das *Jerusalem Center for Public Affairs* und das *Argaman Institute* von der Stiftung *Tikvah* verfolgen ausdrücklich einen rechtszionistischen bzw. rechtskonservativen Kurs, ebenso wie die Jerusalemer Hochschule *The Shalem Center* (2013). Viele dieser Einrichtungen werden von der Stiftung *Tikvah* finanziert. Hauptstifter sind vor allem Netanjahus langjährige jüdisch-amerikanische Unterstützer, Sheldon Adelson und Ronald Lauder.[291] Adelson hatte 2007 auch die kostenlose Tageszeitung *Israel HaYom* (Israel Heute) gegründet, welche als inoffizielles Sprachrohr Netanjahus diente. Medienkonglomerate wie *Makor Rishon, Mida, Tchelet, HaShiloh, Sela Meir, Shibolet* sowie der Radiosender Channel 7 und der Fernsehsender Channel 20 (ab 2022: Channel 14) fördern allesamt einen rechtszionistischen, neo-konservativen Kurs – ganz im Sinne Netanjahus und seiner Geldgeber.[292]

Inwiefern sind diese neuen Organe *neo*zionistisch? Den Neozionismus definierte Daniel Rosenberg 2011 als eine »kulturelle, spirituelle und soziale Strömung, welche den Zionismus zu ihrem konstitutiven Prinzip macht.«[293] Diese neue Strömung habe sich aus der Sinnkrise um den Jahrtausendwechsel herausgebildet, als es notwendig erschien, die in die Krise geratene Staatsideologie zu erneuern. Doch hierbei sei der Zionismus nicht allein als *Staats*ideologie im linkszionistischen Verständnis der *Staatlichkeit [Mamlachtiut; Staatssinn]* zu verstehen. In seiner Neo-Variante greife der Zionismus auf ein viel breiteres Spektrum der jüdisch-israelischen Gesellschaft über und werde zu ihrem allumfassenden Identitätsmerkmal. »Das neozionistische Regime versteht die nationalstaatliche Identität jenseits von Gesellschaft und Staat.« Es gehe hier um die »Neuorganisierung der Gesellschaft«, um »neue Verhältnisse von Staat und Gesellschaft«. Das erklärte Ziel sei, »das politische Anrecht

291 Ebd.

292 Ebd.

293 Daniel Rosenberg: »Zum Neozionismus«, *Theory & Criticism* 38/39, Jerusalem 2011, Hebr., S. 302.

des jüdischen Volkes auf [Groß-]Eretz Israel« zu verfestigen.[294] Doch das Ideologische am Zionismus sei nicht mehr, dass er als Mittel zum Zweck diene, sondern dass er zum Selbstzweck, zum Idealbild werde.[295] So sei im neozionistischen Israel der Zionismus zum Leitmotiv der Politik, Gesellschaft und politischen Kultur, zum Selbstverständnis der jüdischen Israelis geworden. Doch war dies vor 2000 wirklich anders?

Von Postzionismus zu Neozionismus

Der Neozionismus entstand aus der politischen Sinnkrise des Zionismus, die sich wiederum im kurzlebigen Phänomen des Postzionismus der 1990er-Jahre widerspiegelte. Der Postzionismus wurde mit Oslo assoziiert, sprich mit der Politisierung der Palästina-Frage und der Aussicht auf ihre historische Lösung. Doch dieser *neue* Begriff wurde unterschiedlich interpretiert. Was das linksliberale bzw. linkszionistische Lager anbelangte, so wollte man den Eindruck erwecken, dass mit Oslo das zionistische Staatsprojekt nun vollzogen sei. Die Zweistaatenlösung wurde dabei im Sinne des zionistischen Israel als ein »jüdischer und demokratischer« Nationalstaat in international anerkannten Grenzen imaginiert. Dagegen wurde der Postzionismus im rechtszionistischen bzw. national-religiösen Lager schlichtweg mit dem Verrat am zionistischen Projekt gleichgesetzt. Denn das Präfix »Post« implizierte den Abschied vom dem Zionismus innewohnenden jüdischen Anspruch auf das Land, und somit die Akzeptanz eines Palästinenserstaats »in Teilen von *Eretz Israel*«.

Doch wie realpolitisch war der Postzionismus wirklich? Wie klein darf *Eretz Israel* für die Linkszionisten sein? Und wie sollte man mit dem jahrzehntealten Siedlungsprojekt auf palästinensischem Boden verfahren? Wie bereits ausgeführt, stellte *Eretz Israel* schon immer eine wichtige ideologische Säule auch des Linkszionismus dar, weshalb das Siedlungsprojekt – allemal in den 1990er-Jahren – *ein Projekt des zionistischen Israels* war und blieb.

Der Postzionismus der 1990er-Jahre war eine Idee, ein gedachter Überbau, der in Zeitschriften, Seminaren, Tageszeitungen und Thinktanks

294 Ebd., S. 305.
295 Ebd., S. 306.

existierte. Als ersehnte, erdachte und angestrebte politische Alternative für eine ebenfalls ersehnte *Post-Konflikt-Ära* war er Ausdruck des »imaginierten Friedens«. Doch während sich die Linkszionisten den Frieden vorstellten und herbeisehnten, war das Friedenswerk den Rechtszionisten ein Dorn im Auge, denn sie setzten die Zweistaatenlösung und somit den Postzionismus mit dem Ende des zionistischen Staatsprojektes gleich. Als »verfrühtes Desaster« des Zionismus wurde es bereits 1996 von dem prominenten Neozionisten Yoram Hazony bezeichnet. »Israels Staatsideologie strebt den Weg des Postzionismus an, damit entzieht sich der Staat sämtlichen spirituellen sowie materiellen Ressourcen«, mahnte er. Diese postzionistische Gefahr müsse gestoppt werden, da sonst der Jüdische Staat zur Auflösung verdammt sei.[296] Doch welche Chance hatte der Postzionismus unter dem Oslo-Regime wirklich?

2005 zieht der israelische Soziologe Uri Ram Bilanz über ein Jahrzehnt Postzionismus und stellt dabei folgende interessante Analyse vor:

> »Der Postzionismus ist natürlich die Nemesis des Neozionismus. Das ist offensichtlich, da die beiden in der zeitgenössischen israelischen politischen Kultur diametral entgegengesetzt sind. [...] Dies ist ein klarer Fall eines ›Kampfes der Kulturen‹ – eine universalistische, kosmopolitische, libertäre Zivilisation auf der Post-Seite und eine partikularistische, chauvinistische, kommunale Zivilisation auf der Neo-Seite. Es ist nicht weit hergeholt zu behaupten, dass dieser Kampf eine späte Inkarnation des aufklärerisch-romantischen Kampfes in der europäischen Kultur der Jahrhundertwende oder eines noch früheren Kampfes zwischen dem Judentum der Aufklärung (*Haskala*) und dem orthodoxen Judentum ist.«[297]

Folgt man Rams These vom »Kampf der Kulturen«, so würde der Linkszionismus eher der Tradition der universalistischen *Haskala* als jener der Nationalbewegung zugeordnet werden. Doch Ram wendet sogleich ein: »Die Denker dieser Schule teilen mit den Neozionisten ihre nationalistischen Annahmen, bekennen sich aber zur liberalen Demokratie.«[298]

296 Yoram Hazony: »Verfrühtes Desaster«, *Tchelet* 1 1996, Hebr.
297 Uri Ram: »Post-Zionist Studies of Israel – The First Decade«, *Israel Studies Forum* 20/2, 2005, S. 35.
298 Ebd., S. 35.

Und so greift Ram zu innerisraelischen Debatten, um die angemessene Bezeichnung des israelischen Regimes angesichts der Besatzungsordnung zu finden: Ist es eine liberale Demokratie,[299] wie Linkzionisten es verstehen, oder eine *ethnische Demokratie*[300] oder gar *Ethnokratie,*[301] wie Postzionisten und radikale Zionismus-Kritiker Israels Staatswesen sehen?[302]

Was für unseren Zusammenhang an Rams Beobachtung von Bedeutung ist, betrifft das liberal-aufklärerische *Selbstverständnis* des Linkszionismus. Dieser hielt und hält noch immer hartnäckig am »Oxymoron von jüdisch und demokratisch« fest, und zwar trotz der immanenten, nicht überbrückbaren Spannung von zionistischem Anspruch auf *Eretz Israel* einerseits und der liberalen, vermeintlich versöhnlichen Rhetorik, also der Friedensideologie, andererseits. Diese Diskrepanz hielte den Realitäten der Jahrhundertwende nicht mehr stand, sondern befeuere vielmehr den Neozionismus maßgeblich.

Wie *utopisch* der Postzionismus auch im Laufe der Jahre war, wird aus Rams Definition ersichtlich:

> »Postzionismus ist die Vision einer zivilen und multikulturellen israelischen Gesellschaft, die eine demokratische Version des Staates Israel sein kann. Einige andere Denker ziehen die Vision eines ›binationalen Staates‹ der eines ›Staates der Bürger‹ vor. Aus einer postzionistischen Perspektive ist die erste jedoch mit den grundlegenden Annahmen des Nationalismus verbunden, die von Natur aus undemokratisch sind. [...] Doch auf prinzipieller Ebene [...] bevorzugen Postzionisten, wie gesagt, den liberalen ›Staat der Bürger‹, in dem die Optionen der Gemeinschaftsbildung um kulturelle (religiöse, nationale, sexuelle

299 Alexander Yakobson u. Amnon Rubinstein: *Israel and the Family of Nations: The Jewish Nation-State and Human Rights,* Jerusalem: Schocken 2003, Hebr.

300 Sammy Smooha: »The Model of Ethnic Democracy: Israel as a Jewish and Democratic State«, *Nations and Nationalism* 8 (4), 2002, S. 475–503.

301 Vgl. Oren Yiftachel: »›Ethnocracy‹: The Politics of Judaizaing Israel/Palestine«, *Constellations* 6/3, 1999, S. 364–390; Oren Yiftachel: *Landed Power. Israel/Palestine between Ethnocracy and Creeping Apartheid,* Tel Aviv: Resling 2021, Hebr.

302 Weitere Widersacher des Postzionismus innerhalb der israelischen Gesellschaft sind nach Ram sozialistische Intellektuelle, welche die postzionistische Bewegung für allzu neoliberal hielten, sowie postkoloniale Kritiker, welche das laut Postzionismus vollendete zionistische Projekt im Kern als kolonialistisches Konzept betrachteten. Und schließlich wird die Kritik am ausschließlich jüdischen Diskurs des Postzionismus laut: Da die israelischen Araber nie zionistisch waren, könnten sie auch nicht postzionistisch werden. Ram 2005, S. 36.

oder andere) Präferenzen auf die Ebene der freiwilligen Zivilgesellschaft delegiert werden.«[303]

War der liberale Linkszionismus der 1990er-Jahre dem Postzionismus zugewandt, wie Hazony befürchtete? Wenn Post- und Neozionismus dieser Zeit echte politische Kräfte der israelischen Politlandschaft widerspiegelten, so wird offensichtlich, wer die Oberhand hatte. Das Verhältnis zwischen Neozionisten und Linkszionisten ergründet der Tel Aviver Politologe Amal Jamal:

»[...] Der Neozionismus ist ideologisch aus dem Mainstream-Zionismus hervorgegangen und stellt nicht nur dessen Fortsetzung, sondern auch eine Externalisierung seiner ursprünglichen Prinzipien, Ideen und Bestrebungen dar. [...] Die kategorische Unterscheidung zwischen dem Mainstream-Zionismus und dem Neozionismus ist unangebracht, und der Unterschied zwischen ihnen ist nicht substanziell, sondern eher eine Frage der Darstellung.«[304]

Dazu werden »jüdische Exklusivität«, der Anspruch auf *Eretz Israel*, das exklusiv jüdische Rückkehrrecht und die Sicherheit genannt. Neozionistische Überzeugungen und Verhaltensweisen verschleierten außerdem effektiv die eigentlichen Motivationen, Rechtfertigungen und die Praxis des Mainstream-Zionismus. Jamal zeigt im Weiteren, wie verstrickt beide Strömungen des jüdischen Nationalismus mit dem Projekt des Siedlerkolonialismus sind, und zwar ideologisch, epistemologisch und praktisch.[305]

Die Dialektik dieser beiden zionistischen Strömungen bezogen auf die Theorie des Siedlerkolonialismus stellt Jamal in Anlehnung an Lorenzo Veracini, den Autor von *Israel and Settler Society* (2006), heraus:

»Seiner Ansicht nach ›*verstärkt* der Kolonialismus *die* Unterscheidung zwischen Kolonie und Metropole, während der Siedlerkolonialismus sie *auslöscht*‹. Der Siedlerkolonialismus ›verwischt seine Spuren und

303 Ebd., S. 37.
304 Amal Jamal: »Neo-Zionism and Palestine: The Unveiling of Settler-Colonial Practices in Mainstream Zionism«, *Journal of Holy Land and Palestine Studies* 16/1, 2017, S. 50.
305 Ebd., S. 50–51.

> arbeitet auf seine Selbstunterdrückung hin‹ […]. Eine der wichtigsten Bestrebungen der Siedler-Kolonisatoren ist es, einheimisch zu werden, und zu diesem Zweck müssen sie eine imaginäre Vergangenheit erfinden, um ihr Tun zu rechtfertigen und einen Weg zu finden, mit den ursprünglichen Einwohnern des Landes umzugehen. Siedler-Kolonisatoren versuchen, ihre Spuren zu verwischen, indem sie versuchen, ›die Bedingungen ihrer Operationen zu verdrängen‹, wie Patrick Wolf 2006 feststellt. Siedler-Kolonialismus ›strebt nach der Auflösung der einheimischen Gesellschaften‹ […]. Siedler-Kolonialismus ist eine Politik der physischen und symbolischen/kulturellen Eliminierung durch Einkreisung, Ghettoisierung, Zermürbung, Erstickung, Abhängigkeit, Identitätsdeformation und Disziplinierung durch Sanktionen.«[306]

Laut Jamals Definition ist das eigentliche Ziel des Neozionismus das folgende:

> »[…] Neozionisten versuchen, die Rechtfertigungen des Zionismus, die Identität des jüdischen Staates, die Bedeutung der jüdischen Souveränität und die Beziehung zwischen dem jüdischen Volk und dem ›Land Israel‹ neu zu definieren. […] Die neozionistische Bewegung ist unverblümt und radikal. Sie ist nationalistisch, messianisch, rassistisch und konfrontativ. Neozionisten behaupten, dass die jüdische Tradition und ihre Werte nicht unbedingt im Widerspruch zur humanistischen Tradition stehen, sondern sogar eine ihrer zentralen Quellen darstellen.«[307]

Indem das Selbstverständnis einer solch messianisch-radikalen, nationalistischen Bewegung ausgerechnet als Bestandteil des humanistischen Judentums gedeutet wird, wird dem Neozionismus eine enorme Wirkungsmacht verliehen. In der Tat befeuerte die Sinnkrise der 1990er sowohl glühende als auch »gewöhnliche« Zionisten, welche das zionistische Israel für die Juden in gleichem Maße als unentbehrlich erachteten. Deshalb

306 Ebd., S. 53.
307 Ebd., S. 48, 50.

müsse der Zionismus durch seine Erneuerung gerettet werden – und das unverblümt, schroff, radikal. Ein bekanntes Beispiel dafür ist die politische Bewegung im Zuge der Ermordung von Premierminister Yitzhak Rabin: Mit *Tzav Pius* (dt. *Gebot zur Versöhnung)* meinte man nicht etwa die Aussöhnung zwischen Juden und Palästinensern, sondern zwischen den jüdischen Gruppierungen in Israel, vor allem zwischen Linkszionisten und Rechtszionisten. Zu erwähnen wäre hier auch, dass sich der Begriff *Tzav Pius* an das *Tzav Gius* anlehnt, den Einberufungsbescheid, den israelische Reservisten bei der Rekrutierung oder Mobilmachung erhalten.

Somit lässt sich der um die Jahrtausendwende einsetzende Rechtsruck mitsamt der neozionistischen Welle folgendermaßen erklären:

> »Neozionistisches Gedankengut [...] ist eine Ideologie und politische Strömung, die eine Mischung aus religiös-messianischen Ideen und praktisch-strategischem Kalkül zur Rechtfertigung ihrer Ansprüche bietet. Dies macht sie zu einer hybriden politischen Strömung, die von Leuten wie Uri Ariel auf der messianischen Seite bis hin zu Leuten wie Benjamin Netanjahu auf der strategischen Seite reicht. Dieses Ideenspektrum ist nicht dichotom, sondern vielmehr dialektisch und kontinuierlich. Messianische Ideen rechtfertigen Sicherheitsmaßnahmen und letztere unterstützen die Verwirklichung der ersteren.«[308]

Die Zusammenarbeit jüdisch-messianischer Idealisten, Strategen und Pragmatiker auf der politischen Ebene ebenso wie die Verflechtungen von sicherheitspolitischen Notwendigkeiten und Überlegungen des Siedlerkolonialismus führten summa summarum zum Erfolg des Neozionismus:

> »[...] durch den Einspruch gegen den klassischen Zionismus enthüllt der Neozionismus die Hauptmerkmale des klassischen Zionismus und ermöglicht es uns zu sehen, wie die innere Dialektik dieser Spannungen die Kontinuität zwischen diesen beiden Denkschulen aufdeckt. Es ist der siedlungskoloniale Charakter des Zionismus und

308 Ebd., S. 52.

des Neozionismus, der ihre Unterschiede eher zu einer Frage der Darstellung als der Substanz macht.«[309]

Jamals erhellende Analyse gibt Aufschluss über den bemerkenswerten Erfolg des Neozionismus. Dieser erwuchs also aus dem Linkszionismus und dessen Sinnkrise:

> »Der Diskurs der Überlegenheit, des Expansionismus, der Ausschließlichkeit und des mehrheitlichen Despotismus ist fast derselbe, auch wenn er sich in der Art und Weise, wie er verschleiert wird, unterscheidet. Der Mainstream-Zionismus hat den Weg für den Aufstieg des Neozionismus geebnet, der sich derselben Ideen, Rechtfertigungen und Praktiken bedient, um seine radikale Weltsicht zu fördern. Die Neozionisten stellen die Mainstream-Zionisten vor die unmögliche Alternative, entweder die Legitimität ihrer Politik zu akzeptieren oder als unglaubwürdig, heuchlerisch oder gar als Verräter an den Überzeugungen, die sie oder ihre ideologischen Väter in der Vergangenheit propagiert haben, dazustehen.«[310]

Demnach haben beide zionistischen Strömungen einen ähnlichen Diskurs und im Grunde die gleichen politischen Ziele. Mehr noch, die angebliche Spannung zwischen diesen beiden Lagern ebnete den Weg für eine radikalere Version und führte zum paradoxen Phänomen der Oppositionslosigkeit in einer konfliktträchtigen Staatsideologie.

Neozionismus und Neoliberalismus in einer Gesellschaft ohne Opposition

Welche Opposition hat der Neozionismus im zionistischen Israel? Diese Frage hat Hilla Dayan, israelische Politologin am Amsterdam University College, in ihrem Aufsatz *Neozionismus, Soziologisches Porträt* beleuchtet. Darin analysiert sie den Neozionismus zweigleisig, nämlich unter dem Blickwinkel der *jüdisch-nationalstaatlichen* wie auch der *neoliberalen*

309 Ebd., S. 55.
310 Ebd., S. 72.

Logik.[311] Ihre These lautet, dass das neue Paradigma des *neoliberal geprägten Neozionismus* die israelisch-jüdische Gesellschaft erfolgreich zu einer »Gesellschaft ohne Opposition« diszipliniert habe. Und dennoch, so Dayans interessante Erkenntnis, müsse der Neozionismus das für ihn so Selbstverständliche stets und immer wieder neu verteidigen, neu erkämpfen.[312]

Wie sie ausführt, suche der Neozionismus als koloniales Projekt die koloniale Ordnung immer expliziter zu normalisieren, diese in Israels selbstverständliche Ordnung zu verwandeln, und zwar im Sinne des neoliberalen Paradigmas. Auch Dayan versteht den Neozionismus eben nicht unbedingt nur als radikalere Version des herkömmlichen Zionismus, sondern auch als Produkt einer neuen sozial-politisch-kulturellen Hegemonie. Dieser sei es schließlich gelungen, die scharfe Kritik gegen Israels koloniale Ordnung zu mildern, indem diese neue Hegemonie auch den Neo-Liberalismus in ihr Projekt integrierte und so einen neuen israelisch-jüdischen Konsens herstellte. Wie ist das gelungen?

Dayan baut ihr Argument auf Gramscis Begriff des *Common Sense* auf, die dynamische und verwandelbare »Logik der Massen«. Den heterogenen Spirit der 1990er-Jahre erklärt sie mit der Öffnung der israelischen Gesellschaft für die Veränderungen in Medien, Politik und Zivilgesellschaft. Es ist die Rede vom »Urknall der 1990er«, der neue Medien, neue sektorale Parteien, die *Mizrahi*-Welle, eine neue, liberale Grundgesetzgebung für Israels verfassungsloses Staatswesen, neue NGOs, einen neuen kritischen Diskurs des Zionismus und dazu auch neue kritische Geschichtsschreibung mit sich brachte.[313]

Dennoch handle es sich hierbei nicht um eine echte Liberalisierung, sondern um einen »Urknall diverser Subjekte und Gestaltungen, welche sich gegenseitig herausforderten und so Israels altes Einheitsparadigma in Frage stellten«.[314] Denn das letzte Jahrzehnt des 20. Jahrhunderts erwies sich nicht zuletzt aufgrund des hybriden Oslo-Regimes sowohl staatsideologisch als auch sicherheitspolitisch als außerordentlich instabil.

311 Hilla Dayan: »Neozionismus: Soziologisches Porträt«, *Theory & Criticism* 52, Jerusalem 2020, S. 87–112, Hebr.; »Neozionism: Portrait of a Contemporary Hegemony«, Settler Colonial Studies, Bd. 9, Heft 1, Routledge 2019.

312 Dayan 2020, S. 107.

313 Ebd., S. 90ff.

314 Ebd., S. 93.

An diesem Scheideweg sei es der einst umstrittenen Siedlerbewegung gelungen, zentrale Kräfte der israelisch-zionistischen Gesellschaft davon zu überzeugen, dass zwischen zionistisch motivierten Siedlungen jenseits des israelischen Staatsgebiets und post-nationalem, säkularem Neoliberalismus und der Globalisierung kein wirklicher Widerspruch bestehe. So konnte die israelische Rechte die chaotische, antagonistische und dazu auch äußerst heterogene Gesellschaft in einem *rhetorisch-utopischen Gewand* ansprechen. Mithilfe von *misrecognition* (Laclau), also Vortäuschung, habe sich der Neozionismus durchgesetzt, indem er die Sinnkrise der 1990er-Jahre ausgenutzt habe, um sich als sichere Alternative anzubieten.[315]

Auch der Staat habe diese *utopische Rhetorik* eingesetzt, um das eigene Scheitern in der Sicherheitspolitik und im Oslo-Friedensprozess *als Erfolg zu verpacken.* Der labilen Sicherheitslage der 1990er begegnete der Staat mit einer Politik der Trennung von den Palästinensern, wie etwa in Form einer Trennmauer, Checkpoints, Kriegspolitik, der Schaffung der Palästinensischen Autonomiebehörde und dem Rückzug aus Gaza. Der Konsens um die Trennungspolitik sei im Sinne des Linkszionismus, denn Trennung war aus israelischer Sicht das eigentliche Ziel des Oslo-Prozesses. »Sie (die Palästinenser) sind dort und wir sind hier« wurde zum linkszionistischen Leitspruch. Dies entsprach auch dem Interesse der überwiegenden Mehrheit in Israel. Doch da nicht nur die politische Zweistaatenlösung ausgeblieben sei, sondern sich darüber hinaus faktisch Apartheidverhältnisse verfestigten, hätten sich die Siedler schließlich durchsetzen und als politische und wirtschaftliche Elite etablieren können. Deshalb sei es ihnen auch gelungen, den Neozionismus zum neuen Selbstverständnis der jüdisch-israelischen Gesellschaft zu machen.

Dieses neue, neozionistische Selbstverständnis ist jedoch alles andere als selbstverständlich. Es müsse sich immer wieder verteidigen, immer wieder rechtfertigen. Und je mehr der Konflikt eskaliere, desto mehr gerate der Neozionismus unter Beschuss, ob nun vonseiten linkszionistischer bzw. linker NGOs, der Besatzungskritiker im Inland oder in der jüdischen Diaspora oder vonseiten internationaler Institutionen wie der Vereinten Nationen oder des Internationalen Strafgerichtshofs in Den

315 Ebd., S. 95ff.

Haag. Diesen innen- und außenpolitischen Realitäten trotze der Neozionismus, indem er weiterhin auf die *ideologische Vereinheitlichung* einer sehr *heterogenen Gesellschaft* abziele, und dies auf immer radikalere und gröbere Weise. Von der jüdischen Diaspora erwartete er dabei unhinterfragte Unterstützung, wenn nicht gar blinde Loyalität, so Dayan.[316]

Durch Disziplinierung und Indoktrinierung im Inland und die Forderung nach Loyalität im Ausland sowohl von jüdischen Einrichtungen als auch von befreundeten Staaten sei es dem Neozionismus schließlich gelungen, die »Gesellschaft ohne Opposition« durchzusetzen, und zwar mit immer radikaleren Mitteln. Dazu gehören eine Reihe von Gesetzen, durch welche die *jüdische Überlegenheit* in *Eretz Israel* festgeschrieben und gezielt gegen linke bzw. auch linkszionistische Gruppierungen und Einrichtungen vorgegangen wird, um die Palästina-Frage buchstäblich aus der Welt zu schaffen.[317]

Der erbitterte diplomatische Kampf, den Israels Ministerpräsident Netanjahu in den Jahren 2009–2016 gegen den auf den Friedensprozess orientierten US-Präsidenten Obama führte, ist ein prominentes Beispiel für dieses Faktum.[318] Netanjahu setzte sich außerordentlich vehement gegen jegliche ernsten Verhandlungen mit der Palästinensischen Autonomiebehörde ein, weil er den Kern solcher Verhandlungen – die Palästina-Frage – keineswegs als offene Frage verstanden wissen wollte. Netanjahus bemerkenswertester Erfolg zeigt sich nicht zuletzt darin, dass die Palästina-Frage in seiner langen Amtszeit gänzlich aus den Wahlkämpfen verschwand. So stellen Okkupation, Siedlungen, Zivilmilitarismus oder Israels Sicherheitspolitik keinen Gegenstand der öffentlich-politischen Debatte in Israel mehr dar.

Hier findet sich ein Erklärungsansatz für das erstaunliche Phänomen einer *Gesellschaft ohne Opposition* angesichts einer äußerst umstrittenen politischen Gewaltordnung. Die über ein halbes Jahrhundert andauernde Besatzung wäre ohne die enge Kooperation der beiden zionistischen Lager nicht möglich gewesen. Das *zionistisch* motivierte Kolonialisierungsprojekt auf besetztem Land jenseits des israelischen Staatsgebiets konnte sich nur deshalb durchsetzen, weil es schließlich von *beiden Lagern* sowohl

316 Ebd., S. 102.
317 Ebd., S. 100–101.
318 Caspit 2018.

ideologisch als auch *pragmatisch* dezidiert verfolgt wurde. Nicht zuletzt deshalb verfügte das zionistische Israel zu Beginn der Zweiten Intifada über ein ultimatives Feindbild, wodurch Israels Kriegspolitik der Jahre 2000–2005 gegen die aufständischen Palästinenser innenpolitisch fast kritiklos blieb. Auch in den weiteren militärischen Einsätzen der Jahre 2006, 2008, 2012 und 2014 ging der Zivilmilitarismus Hand in Hand mit dem zionistischen Verständnis von *Eretz Israel*, daher mit der Entpolitisierung der Palästina-Frage. Deshalb konnte auch Netanjahus Verweigerungshaltung in der Palästina-Frage immer manifester zum israelischen Konsens werden.

Das Phänomen einer *Gesellschaft ohne Opposition* thematisiert der Schriftsteller und Essayist Yitzhak Laor in zahlreichen Beiträgen.[319] Gegenstand seiner Kritik sind dabei meist die Linkszionisten in Medien und Parlament. Diese seien ideologische Komplizen der israelischen Rechten in Politik und *Knesset*. »Mit keinem einzigen nennenswerten Thema fordert die [linkszionistische] ›Opposition‹ die Regierung und das Militär heraus«, beobachtet er. Nur noch auf Facebook könne man in Israel etwas über den Alltag in den besetzten Gebieten erfahren. »Die Studientouren von Breaking the Silence in Hebron sind hier bezeichnend; Wissen [über die Zustände] heißt hierzulande radikal sein. […] Die Medien verschleiern und verleugnen; um den militärischen Weg baut sich indes der nationale Konsens, und zwar trotz eines halben Jahrhunderts Besatzung, trotz der Zerschlagung der palästinensischen Nationalstaatlichkeit, trotz massiver Tötung. Noch immer gibt es keine jüdische Opposition im Sinne der Kriegsdienstverweigerung, nicht einmal bei *Meretz*. Weshalb gelang es Netanjahu, das Nationalstaatsgesetz zu verabschieden? Weil er das kann, er kann es, weil er keine wirkliche Opposition hat«.[320]

Neozionistische Gesetzgebung

Der neozionistische Zeitgeist im neuen Jahrtausend lässt sich nicht zuletzt an einer Reihe von Gesetzen illustrieren, die in der *Knesset* verabschiedet

319 Vgl. Yitzhak Laor: »Bibi kann alles tun, denn er hat keine [wirkliche] Opposition«, *Haaretz* 9. 9. 2018; ders.: »Jüdische und Demokratische Opposition«, *Haaretz* 24. 11. 2015; ders.: »Vakuum, das nur Bibi ERFÜLLT«, *Haaretz* 14. 4. 2015; ders.: »Netanjahus Finsternis«, *Haaretz* 10. 6. 2016.

320 Vgl. Yitzhak Laor, *Haaretz* 9. 9. 2018.

wurden. Inwieweit ist diese neozionistische Gesetzgebung im *zionistischen Israel* bereits verankert? Beide hier zu behandelnden Gesetze treffen das historisch gewachsene Staatsgebilde ins Mark: das *Staatsbürgerschaftsgesetz* aus den Anfangsjahren der Zweiten Intifada und das *Grundgesetz: Israel als Jüdischer Nationalstaat* bzw. Nationalstaatsgesetz, welches auf dem Höhepunkt der rechtskonservativen bzw. rechtsradikalen Regierung Netanjahus im Juli 2018 verabschiedet wurde. Beide Gesetze sind insofern als neozionistisch zu verstehen, als dass sie den *Kern des Konfliktes* – die Diskrepanz zwischen dem zionistischen Anspruch einerseits und der binationalen Geografie und Demografie im Lande andererseits – mit Hilfe radikaler Bevölkerungsgesetzgebung auszuhebeln versuchen.

Folgende These soll hier aufgestellt werden: Besagte Gesetze und die innerisraelische Debatte darum verkörpern *Israels Hadern um sein zionistisches Staatsverständnis angesichts einer immer unwahrscheinlicher erscheinenden politischen Lösung der ur-zionistischen Palästina-Frage.* Zugleich zeugen diese Gesetze wie kaum andere vom Weg der *Einseitigkeit,* den Israel im neuen Jahrtausend eingeschlagen hat. Auf aktivistische und machtorientierte Weise will Israel sein zionistisches Projekt verfestigen. Die *Hitnatkut* (hebräisch für den *einseitigen Rückzug aus Gaza* in 2005) gilt als fester Begriff, wobei auch Ehud Olmerts Rückzugspläne aus dem Westjordanland in den Jahren 2007/08 im Hebräischen als *Hitkansut,* also als ein Zu-Sich-Selbst-Zurückkehren, bezeichnet wurden. Der einseitige Rückzug aus dem Libanon 2000 unter Ehud Barak sowie der Bau der 712 km langen Trennmauer im Westjordanland,[321] der 2002 von einer Regierung der Nationalen Einheit beschlossen wurde, sind weitere Beispiele dafür. In dieser Tradition der *machtorientierten Einseitigkeitspolitik* lässt sich auch die im Folgenden besprochene neozionistische Gesetzgebung einordnen und interpretieren.

Ungeklärte Staatsbürgerschaft

Eine der unmittelbaren Reaktionen auf die Eskalation der Zweiten Intifada im Frühjahr 2002 war die Entscheidung des israelischen Innenministeriums, das in Oslo vereinbarte Verfahren für die

321 Vgl. https://www.btselem.org/separation_barrier

Familienzusammenführung mit sofortiger Wirkung einzustellen. Im Mai 2002 beschloss die Regierung der Nationalen Einheit unter Sharon und Peres eine Notstandsverordnung, welche bis heute weitreichende Auswirkungen für palästinensische StaatsbürgerInnen und ihre Lebenspartner aus den besetzten Gebieten hat.

In jenen stürmischen Zeiten beschloss der besonders aktivistische Innenminister Eli Ishai eine Verordnung im wortwörtlichen Sinne als »Gebot der Stunde«. Dies geschah jedoch nicht ohne die ausdrückliche Rücksprache mit dem Inlandsgeheimdienst *Schin Bet,* der ohnehin eine Schlüsselrolle im Kampf gegen die Intifada spielte.

Die *Knesset* bestätigte das Gebot der Stunde als Notstandsverordnung schon im Sommer 2003. Im Hebräischen wurde dieses nicht von ungefähr bald als Staatsbürgerschaftsgesetz – und nicht etwa als Familienzusammenführungsgesetz – bezeichnet. Denn es ging um die Frage, ob die israelische Staatsbürgerschaft durch Heirat erlangt werden kann. Dies ist nur für nicht-jüdische Staatsbürger Israels relevant, da Juden die israelische Staatsbürgerschaft kraft des Rückkehrrechts (*Hok HaSchvut* 1950) automatisch erlangen, welches jedem Juden der Welt die Einwanderung und Staatsbürgerschaft gewährt.

Das Staatsbürgerschaftsgesetz betraf also hauptsächlich palästinensische Staatsbürger (im Hebräischen »Israels Araber«), welche mit Ehepartnern aus den besetzten Gebieten im Kernland Israel zusammenleben wollen und zu diesem Zwecke die längerfristige Einbürgerung der nicht-israelischen Partner anstreben. Eigentliches Ziel der Verordnung war es, den palästinensischen Ehepartnern aus den besetzten Gebieten das Recht auf Familienzusammenführung mit israelischen Staatsbürgern zu verwehren. Die *Knesset* hat diese Notstandsverordnung als Gebot der Stunde seit 2003 Jahr um Jahr neu verlängert,[322] bis 2021.[323]

Weshalb zögert die *Knesset* nun seit knapp zwei Jahrzehnten, die Verordnung regulär als Gesetz zu verabschieden? Im Juni 2020 forderte der Vorsitzende der *Knesset*-Kommission für Sicherheit und Auswärtige

322 2017 waren ca. 10.000 Personen von dem besagten Gesetz betroffen, wodurch ihnen die Familienzusammenführung verwehrt blieb. Als praktisch Staatenlose mussten sie Aufenthaltsgenehmigungen bei der Besatzungsverwaltung beantragen. Vgl. *Haaretz* 27.2.2017: »15 Jahre für das Verbot einer Familienzusammenführung, Tausende sind staatenlos.«

323 Vgl. *Haaretz* 6.7.2021: »Das Staatsbürgerschaftsgesetz ist annulliert worden«: https://www.haaretz.co.il/news/whatis/.premium-1.9973104.

Angelegenheiten, die Notstandsverordnung nicht mehr zu verlängern, sondern verfassungsgemäß als Gesetz festzuschreiben. Tzvi Hausner wollte nämlich das Staatsbürgerschaftsgesetz mit dem 2018 verabschiedeten Nationalstaatsgesetz als verfassungskonform verstanden wissen. Das neue Grundgesetz sei ausreichend, um Palästinensern das Recht auf Familienzusammenführung gezielt verwehren zu können. Das Nationalstaatsgesetz erlaube es, die Frage der Staatsbürgerschaft und der Einreise im Sinne des zionistischen Israel zu regeln. Dabei hatte der Neozionist nicht nur den ethnischen Konflikt mit dem palästinensischen Volk, sondern auch die Demografie, mithin Geopolitik, im Lande vor Augen, wenn er argumentierte, dass Israel künftig zigtausende Palästinenser werde einbürgern müssen. Dies liefe dem 2018 erlassenen Nationalstaatsgesetz zuwider, weshalb Israel das Staatsbürgerschaftsgesetz nicht nur verabschieden dürfe, sondern dazu sogar verpflichtet sei.[324]

Hausner bringt somit die neozionistische Logik des Nationalstaatsgesetzes auf den Punkt, wonach die über die Jahre hinweg dezidiert offen gebliebene Frage der Staatsbürgerschaftsverwehrung für palästinensische Ehepartner mit dem Nationalstaatsgesetz nun verfassungskonform zu erledigen sei. Damit sollten die diversen, vor allem die verfassungsrechtlichen, Dilemmata eines ethno-nationalen Israels geklärt werden, denn mit dem Nationalstaats-Grundgesetz ließe sich die Frage der Staatsbürgerschaft radikal, geradezu neozionistisch lösen. Doch einen solchen Schritt wagte die *Knesset* lange nicht.[325] Weshalb?

Israels liberales Oberstes Gericht gefangen zwischen Sicherheit, Demografie und Rechtsstaatlichkeit

In den Nullerjahren musste sich vor allem Israels Oberster Gerichtshof mit dem heiklen Staatsbürgerschaftsgesetz befassen. *BAGATZ*, hebräisch

324 Vgl. *Haaretz* 2.6.2020: https://www.haaretz.co.il/news/politics/.premium-1.8887403.

325 Anfang 2022 legte Innenministerin Ajelet Schaked (*Yemina*) ihren Entwurf für ein neues Staatsbürgerschaftsgesetz vor. Wie sie zu verstehen gab, liegt diesem durchaus ein demografisches Motiv zugrunde: vgl. *Haaretz* 9.2.2022: https://www.haaretz.co.il/news/politics/1.10601015; Schaked gelang es am 10.3.2022, eine Mehrheit für ihren Gesetzesentwurf in der *Knesset* zu erlangen, sodass die seit 2003 geltenden Einschränkungen für palästinensische Ehepartner im Großen und Ganzen aufrechterhalten wurden: https://www.haaretz.co.il/news/politi/.premium-1.10666360; Mordechai Kremnizer zufolge legitimiert das neue Staatsbürgerschaftsgesetz den Rassismus, vgl. *Haaretz* 11.3.2022.

für *Oberstes Gericht für Gerechtigkeit*, galt lange als die einzige juristische Instanz für palästinische Staatsbürger und staatenlose Bewohner in den besetzten Gebieten, um Recht und Gerechtigkeit gegenüber dem Staat zu beanspruchen. Das Staatsbürgerschaftsgesetz stellte das Gericht vor neue Herausforderungen und veranschaulicht einmal mehr die Grenzen und Diskrepanzen zwischen dem Anspruch eines »liberalen« Gerichts und der ethno-nationalistischen Staatsideologie.

Schon Ende 2003 wurden die ersten Anträge gegen das Gesetz eingereicht, meistens über die israelisch-arabische Menschenrechtenorganisation *Adala*. Betroffene palästinensische Familien klagten gegen die Unrechtmäßigkeit dieser Verordnung. Erst im Mai 2006 fällte der Oberste Gerichtshof sein Urteil und löste damit eine Grundsatzdebatte zu Israels Bevölkerungspolitik, Sicherheit und Verfasstheit aus.

Wie umstritten, geradezu heikel, das Staatsbürgerschaftsgesetz war, zeigte nicht zuletzt die lange Dauer bis zum ersten Urteil. Erst 2006 sprach das Gericht diesem mit einer knappen Mehrheit von 6 zu 5 Stimmen die Rechtmäßigkeit ab. Doch zugleich lehnte es die Anträge ab, das Gesetz außer Kraft zu setzen, und forderte den Staat stattdessen auf, binnen acht Monaten seine Immigrationspolitik auszuformulieren.

Das Urteil von 2006 zeugt von einem immanenten Dilemma. Gerichtspräsident Aharon Barak plädierte für die Annahme der Anträge unter Verweis darauf, dass das Recht auf Familienleben und Gleichheit vor dem Gesetz verfassungsrechtlich verankert sei und Israels Sicherheitsbedürfnis den Schaden nicht rechtfertigen könne. Barak wollte glauben, dass die israelische Demokratie solchen Menschenrechtsverletzungen Grenzen setzen würde, denn hier handle es sich schließlich um schiere kollektive Bestrafung.

Dagegen hob sein Kollege, Richter Michel Cheshin, den Sicherheitsaspekt hervor. Er bekräftigte, dass der Kriegszustand mit den Palästinensern Israel dazu berechtige, den Bewohnern des Feindeslandes die Einreise in sein Staatsgebiet zu verwehren. Damit wollte der Richter die Palästinensische Autonomiebehörde als eigenständige Entität verstanden wissen. Doch handelt es sich bei diesem Konflikt tatsächlich um einen Kriegszustand zwischen zwei getrennten politischen Entitäten, oder spricht aus Cheshins Worten nicht vielmehr der zionistische Anspruch auf eine jüdische Mehrheit im jüdischen Staat, somit die demografische Frage?

Cheshin selbst wollte darin freilich keine Immigrationsgesetzgebung sehen. »Sollte die *Knesset* eines Tages ein solches Immigrationsgesetz verabschieden wollen, um die jüdische Mehrheit in Israel aufrechtzuerhalten, so wird das Gericht die demografische Überlegung tiefgründig erörtern«, kommentierte er. Dies war 2006 jedoch nicht der Fall.[326]

Doch hängt Sicherheit (Besatzung und Krieg) nicht etwa eng mit Demografie (Siedlungspolitik in den besetzten Gebieten und dazu die notwendige Enteignung palästinensischen Landes) zusammen? Yitzhak Laor echauffierte sich über das Urteil als ein Paradebeispiel für die israelische Verleugnung der Realität. Seien die Palästinenser in den besetzten Gebieten etwa »Bewohner eines anderen befeindeten Staates«?, fragt er. Als Staatenlose unter dem israelischen Besatzungsregime wohl kaum. »Das ganze Urteil verwechselt die ›Staatssicherheit‹ mit ›jüdischer Mehrheit‹ und diese beiden wiederum mit einem formalistischem Verständnis der ›Immigrationspolitik‹, als handelte sich hierbei um europäische Gesetzgebung gegen Immigration aus Dritte-Welt-Ländern«. Die gegebene Situation sei doch eine völlig andere, denn die palästinensische Frage könne wohl kaum in den Diskurs der »Immigration in einen europäischen Staat« hineingepasst werden. Als formalistisch und verlogen bezeichnet Laor den Diskurs, der dem Urteil zugrunde liegt.[327]

Was hier verleugnet wird, ist das über Jahrzehnte hinweg etablierte Besatzungsregime, für das eben der Staat und seine Apparate – inklusive des Obersten Gerichts selbst – mitverantwortlich sind. Dem vermeintlich *liberalen* Gerichtshof galt Laors Kritik, was für den Neozionismus höchst relevant ist. Das Oberste Gericht setzte sich nämlich gerade in den 1990er-Jahren unter dem Vorsitz des für seine liberale Orientierung bekannten Richters Aharon Barak (1992–2006) für eine Gesetzgebung ein, welche *das Individuum* ins Zentrum stellt. Hierbei markierten die beiden Grundgesetze *Würde und Freiheit des Menschen* (1992) und *Freiheit der Beschäftigung* (1992) eine Wende in Israels Verfassungsgeschichte. Während sich die verfassungsähnliche Gesetzgebung bis dahin mit dem *Staatsverständnis,* dessen *Regime* und *Apparaten* befasst hatte,

326 BAGATZ 7052/03: https://supremedecisions.court.gov.il/Home/Download?path=HebrewVerdicts\03/520/070/a47&fileName=03070520.a47&type=4.

327 Yitzhak Laor: »Das Urteil ist ein Augenzwingern«, *Haaretz* 15.5.2006: https://www.haaretz.co.il/opinions/1.1105381.

so verankerten diese neuen Grundgesetze erstmals die Rechte des Einzelnen gegenüber dem Staat.

Die Gesetzgebung von 1992 sollte *alle* Staatsbürger, und zwar *als solche*, vor dem Gesetz gleichstellen und *vor dem Staat* schützen. Die zuweilen als Verfassungsrevolution verstandene liberale Gesetzgebung stieß immer wieder auf Kritik seitens rechtskonservativer und rechtszionistischer Kräfte.

2006 war Aharon Baraks Liberalisierungsprojekt der israelischen Demokratie sichtlich angekratzt. Der noch amtierende Präsident des Obersten Gerichtshofs erkannte die Gefahr von den in Kriegszeiten erlassenen Notstandsverordnungen, doch er weigerte sich zugleich, das Staatsbürgerschaftsgesetz als demografisch, sprich zionistisch, motiviert zu interpretieren. Stattdessen beharrte er auf dem Sicherheitsargument. »Nicht die jüdische Mehrheit bewegte den Gesetzgeber«, betonte Barak im Urteil. Suchte er damit, Israel gegenüber dem Ausland gut zu vertreten, oder fürchtete der liberale Richter um sein Lebensprojekt? Kurz vor seinem Ausscheiden wollte Barak sicher fest daran glauben, dass auch die *Knesset* die israelische Demokratie und die Rechtsstaatlichkeit vor Augen hatte.

Tatsächlich sah sich die Regierung gezwungen, Grundfragen ihrer Bevölkerungspolitik zu klären. 2005 beauftragte der Premier Sharon seinen Innenminister Ophir Pines mit der Bildung einer Kommission für Israels Immigrationspolitik. Dabei sollten auch das Staatsbürgerschaftsgesetz und das Gesetz des Rückkehrrechts für Juden (*Hok HaSchvut*) neu geprüft werden. 2007 suchte die *Knesset*-Kommission für Verfassung und Recht nach Wegen, eine Verfassung zu schreiben, um u. a. die Immigrationsfrage bzw. die Familienzusammenführung zu klären.

Doch weder die Regierung Sharon 2001–2005 noch Ehud Olmert 2006–2008 konnten eine vereinbarte Immigrationspolitik ausformulieren. Auch die Regierungen Netanjahu 2009–2021 scheiterten daran. Dies war nicht von ungefähr, denn im neuen Millennium sieht Israel sein zionistisches Staatsprojekt noch immer im Entstehen, im Werden. Ebenso wie in den Gründungsjahren galt es im Zuge der Zweiten Intifada, mit seiner »endgültigen« Verfasstheit, mithin mit der Definition seines Staatsgebiets, zuzuwarten.[328]

328 Amar-Dahl 2010, S. 109ff.

Doch in der binationalen Lebenswelt blieb die Frage der Staatsbürgerschaft nicht-jüdischer Ehepaare, welche zigtausend PalästinenserInnen aus den besetzten Gebieten betraf, noch lange ungeklärt. Da die Verordnung seit dem Urteil von 2006 in Kraft blieb, tagte der Oberste Gerichtshof 2012 erneut. Unter der Vorsitzenden Richterin Dorit Beinisch (2006–2012) verzögerte sich das Verfahren, denn es schien auch in »Friedenszeiten« ein heißes Eisen zu sein. Erst im Januar 2012 fällte die Kammer das Urteil, das dem Neozionismus den Rücken stärken sollte. Wenn auch nur mit einer knappen Mehrheit von 6 aus 11 Stimmen, so bescheinigte das Oberste Gericht dem diskriminierenden Staatsbürgerschaftsgesetz doch die Verfassungsmäßigkeit.

Ein Leitartikel in *Haaretz* sprach daraufhin von der Gefahr einer israelischen Apartheid. Die liberale Zeitung zeigte sich enttäuscht, weil »dieses Urteil in Friedenszeiten«[329] gefällt worden sei. Dass die Sicherheit dabei im Vordergrund stand, kommentierte selbst der Richter Asher Gronis mit dem später viel zitierten Satz: »Menschenrechte [gemeint: Bürgerrechte] sind kein ausreichender Grund für einen nationalen Selbstmord«. Auch die Aussage der Richterin Miriam Naor, dass das Familienleben zwar schutzwürdig sei, doch das Recht darauf nicht unbedingt in Israel verwirklicht werden müsse, wurde von *Haaretz* kritisiert.[330] Demgegenüber sprach Richter Edmund Levi in seiner Minderheitsmeinung die Befürchtung aus, eine in Kriegszeiten verhängte Notstandsverordnung könne wohl kaum eine gute Basis für eine längerfristige Immigrationspolitik darstellen.[331]

Auch hier stellt sich die Frage, ob Sicherheit *und* Demografie im zionistischen Israel nicht viel stärker zusammenhängen, als linkszionistische bzw. liberale Kräfte es sich eingestehen wollen. Der Leitartikel der linkszionistischen *Haaretz* scheint jedenfalls den neozionistischen Zeitgeist zu verkennen, der sich im Urteil von 2012 manifestiert. »Das Gericht suchte zwar das *Gleichgewicht* zwischen den sicherheitspolitischen Bedürfnissen [des Staates] und den individuellen Bürgerrechten herzustellen«, hieß es da. »Die israelische Öffentlichkeit liest im Urteil jedoch die Demografie: Schutz für die jüdische Mehrheit, Beschneidung der Rechte der

329 Vgl. *Haaretz* 13.1.2012: »Staatsbürgerschaftsgesetz: die Apartheid-Gefahr«.

330 Ebd.

331 Vgl. BAGATZ 466/07 (u.a), 11.1.2012: https://supremedecisions.court.gov.il/Home/Download?path=HebrewVerdicts%5C07%5C660%5C004%5Co30&fileName=07004660_o30.txt&type=2

arabischen Staatsbürger. So fördert das Urteil Israels Weg in den Abgrund der Apartheid.«[332]

In diesem Schlusssatz des *Haaretz*-Artikels kristallisiert sich die Essenz der Diskrepanz heraus: Während dem Gericht *als solchem* linkszionistisch-liberale Erwägungen zugeschrieben werden, die auf das berühmte Gleichgewicht zwischen Staatssicherheit und Bürgerrechten abzielten, unterstellte die Tagezeitung den Israelis ausschließlich jüdisch-nationalstaatliche Interessen. *Doch gilt dieser Gegensatz von linkszionistisch-liberalen Eliten versus jüdisch-nationalistischem Volk auch in der Post-Intifada-Ära? Kann das Oberste Gericht besagtes Gleichgewicht auch dann aufrechterhalten, wenn de facto apartheidähnliche Zustände gelebt werden?*

In dieser Grundsatzdebatte stellt sich die fundamentale Frage: *Wer ist das eigentliche Subjekt des Staates, seine Staatsbürger oder das jüdische Volk?* Wie uns Laor erinnert, unterscheiden sich beide zionistischen Strömungen hinsichtlich dieser Frage kaum. Das Urteil zum Staatsbürgerschaftsgesetz (2012) sei eine Folge der »offenen Wunde« der anhaltenden Diskriminierung palästinensischer Staatsbürger.[333] Nicht zuletzt stütze sich diese Gesetzgebung maßgeblich auf ein Gutachten des linkszionistischen Bürgerrechtlers Amnon Rubinstein, der auch ein prominentes Mitglied der Menschen- und Bürgerrechtspartei *Meretz* ist. Seine Einschätzung lautet: »Jeder Staat [...] hat das Recht, die Immigration aus feindseligen Staaten zu verbieten. [...] Zwar stellt die Palästinensische Autonomiebehörde keinen Staat im herkömmlichen Sinne dar, umso mehr gilt ein solches Immigrationsverbot für eine *feindselige Behörde*«.[334]

Das Gerichtsurteil von 2012 wird als Zäsur verstanden. Laors harsche Kritik galt Israels *juristischer Staatselite*, welche seit 2002 geschwiegen hatte. Auch die *intellektuelle Juristengemeinde* habe 2012 auf dieses skandalöse Urteil kaum reagiert. »Die Vertreibung tausender palästinensischer Ehepartner bahnt sich nun an, und zwar mit stillschweigender Akzeptanz des ›aufgeklärten Lagers‹. Nicht aus Respekt vor dem Obersten Gericht

332 *Haaretz* 13.1.2012: »Staatsbürgerschaftsgesetz: die Apartheid-Gefahr«.

333 Yitzhak Laor: »Das Staatsbürgerschaftsgesetz: Die offene Wunde der Diskriminierung«, *Haaretz* 17.1.2012.

334 Zitiert von Laor: ebd.

schweigt diese Gemeinde, sondern wegen des gemeinsamen Nenners ›der jüdischen Mehrheit‹.«[335] Das jüdische Kollektiv als Staatssubjekt, mithin die jüdische Mehrheit, ist seit jeher das Leitmotiv des zionistischen Staatsprojektes. Dieses Motiv liegt nicht nur dem Urteil des vermeintlich linksliberalen Obersten Gerichts von 2012 zugrunde, sondern wird im neozionistischen Israel immer weiter manifest.

Das Nationalstaatsgesetz 2018: Manifestation des Neozionismus

Der Neozionismus begegnete den Konflikt-Kernfragen des *einen* Nationalstaates in einer binationalen Geografie und Demografie immer stärker mit neozionistisch ausgerichteter Gesetzgebung. Die Regierungen Netanjahu 2009–2021 suchten immer offener und konfrontativer, die Spannung zwischen dem *jüdischen* und dem *demokratischen* Staatswesen im Sinne des Neozionismus zu lösen. So setzten Regierung und *Knesset* auf Gesetzgebung, durch die Israels palästinensische Staatsbürger immer offensichtlicher marginalisiert wurden. Das 2011 verabschiedete sogenannte *Nakba*-Gesetz verkörpert diesen neozionistischen Zeitgeist. Hier entzieht der Staat einer großen Minderheit, welche mehr als 20 % seiner Staatsbürger ausmacht, das Recht, nach eigenem Verständnis an ihre Urkatastrophe des Jahres 1948 zu erinnern und der Opfer der *Nakba* zu gedenken. Dieses als Staatsverordnung verpackte Gesetz autorisiert den Finanzminister, öffentlichen Institutionen die Zuschüsse zu kürzen, sollten diese Aktivitäten fördern, welche »Israel als den demokratischen Staat des jüdischen Volkes« leugnen. Dazu zählen »Aktivitäten gegen die Ehre des Staates und der Fahne und weitere Staatssymbole«. Was dies zum *Nakba*-Gesetz macht, ist die Gleichzeitigkeit beider Erinnerungstage, denn Israels Unabhängigkeitstag und die *Nakba* fallen kalendarisch zusammen. Die Regierung wollte mit dem Gesetz verhindern, dass Israels groß gefeierter Unabhängigkeitstag, der Tag der Staatsgründung, mit der *Nakba* assoziiert wird. Sie untersagt daher die Erinnerungspolitik der Palästinenser per Gesetz. Der erste Entwurf sah ein ausdrückliches Verbot vor, der *Nakba* zu gedenken. Die verabschiedete Version wurde

335 Ebd.

als Kompromiss verstanden, was aber an der Sache und vor allem am Geist des Gesetzes wenig änderte.[336]

Es folgte weitere neozionistische Gesetzgebung: das »Kemnitz-Gesetz« (2012) erleichtert den Abriss illegal erbauter Gebäude (palästinensischer StaatsbürgerInnen); das »Gesetz der Aufnahme-Kommissionen« (2011) ermöglicht kleinen Kommunen, nicht-jüdische Mitglieder zurückzuweisen; das »Absetzungsgesetz« (2016) sieht vor, dass *Knesset*-Abgeordnete mit einer einfachen Parlamentsmehrheit abgesetzt werden können, wenn sie Israels zionistische Staatsräson in Frage stellen; das »Regelungsgesetz« (*Hasdara*, 2017) ermöglichte die rückwirkende Legalisierung von bereits erbauten Siedlungen auf privatem palästinensischem Boden, bis es im Juni 2020 vom Obersten Gericht für unrechtmäßig erklärt wurde.[337] Und dann wäre da noch das »Anti-Terror-Gesetz« (2016), welches vorsieht, dass jedem Widerstand gegen Israels zionistische Politik mit Entschiedenheit zu begegnen ist.

Ebenso aktivistisch im Sinne eines wehrhaftenden Zionismus beschloss die Regierung Netanjahu das Boykott-Gesetz (2012). Dieses stellt eine Reaktion auf die zunehmenden Erfolge der weltweit agierenden BDS-Bewegung bei der Boykottierung israelischer Einrichtungen dar. Das Gesetz ermöglicht es, im Falle eines nachweislich durch Boykottaufrufe entstandenen Schadens die verantwortlichen *Individuen* auf Schadenersatz zu verklagen. Der ursprüngliche Gesetzentwurf von 2011 wurde so weit gefasst formuliert, dass allein der Aufruf zum Boykott als Grundlage für eine Verurteilung ausreichen sollte, doch 2018 ließ das Oberste Gericht den umstrittenen Paragrafen streichen.[338]

Ist das im Juli 2018 verabschiedete Nationalstaatsgesetz ebenfalls ein neozionistischer Akt des *wehrhaften Zionismus*? Gegen wen genau richtet sich dieses Grundgesetz, allein gegen die nicht-jüdischen Minderheiten Israels oder vielmehr gegen die israelische Demokratie? Oder lässt das Gesetz eine *positive Lesart* zu, wie seine Verfechter behaupten, wenn sie sagen, dass es sich dabei um ein verfassungsmäßiges Festschreiben der

336 Vgl. Das sogenannte Nakba-Gesetz, März 2011: https://main.knesset.gov.il/Activity/Legislation/Laws/Pages/LawBill.aspx?t=LawReshumot&lawitemid=326820.

337 Vgl. BAGATZ 1308/17 und 2055/17, 9.6.2020: https://supremedecisions.court.gov.il/Home/Download?path=HebrewVerdicts%5C17%5C080%5C013%5Cv48&fileName=17013080.V48&type=2.

338 Vgl. Das sogenannte Boykott-Gesetz, Juli 2011: https://main.knesset.gov.il/Activity/Legislation/Laws/Pages/LawPrimary.aspx?t=lawlaws&st=lawlaws&lawitemid=2000767.

ohnehin seit jeher praktizierten, zionistischen Staatsräson Israels handele (vgl. Paragraf 1a[339])?

Wenn dem so ist, wie ist die außerordentliche, beispiellos hitzige Debatte zu erklären? Wer genau sind die debattierenden Parteien, und was ist der eigentliche Gegenstand des Disputes?

Das Nationalstaatsgesetz: Disput um Inhalt oder Form?

Die innerisraelische Debatte um das Nationalstaatsgesetz gibt Israels politische Verfasstheit prägnant wieder. Das Grundgesetz zwingt die Staatseliten, sich mit dem eigenen Staatsverständnis, Feindbild, der eigenen Identität und politischen Kultur auseinanderzusetzen und so Antworten für die Zukunft des Landes zu formulieren. Diese im Sommer und Herbst 2018 geführte, lebhafte Debatte gibt Aufschluss darüber, wie es um das *neozionistische Israel* bestellt ist.

Der folgenden Analyse liegt die These zugrunde, dass *das Nationalstaatsgesetz deshalb so kontrovers debattiert wurde, weil es die Essenz der Kluft auftut. Es verkörpert die diskursive Differenz, die diversen Akzente und somit den Kulturkampf zwischen den zwei dominanten zionistischen Lagern.* Es ist ein Kampf um die politische Kultur des Landes. Während der *Linkszionismus* mit dem Grundgesetz sein Verständnis des Staates als jüdisch *und* demokratisch direkt angegriffen sieht, wobei er seinen Staat gleichzeitig als demokratisch, rechtsstaatlich, liberal, universalistisch und somit kompromissbereit verstanden wissen will, sichert der *Rechtszionismus* per Grundgesetz das eigene Staatsverständnis.

Dieses Prinzip ist in den Paragrafen 1a, 1b und 1c des Grundgesetzes[340] ausformuliert, wo mit aller Klarheit und Entschiedenheit erklärt wird,

339 Grundgesetz: Israel als Nationalstaat des jüdischen Volkes
1 – Grundlegende Prinzipien
A. Das Land Israel ist das historische Heimatland des jüdischen Volkes, in dem der Staat Israel gegründet wurde.
B. Der Staat Israel ist die nationale Heimat des jüdischen Volkes, in der es sein natürliches, kulturelles, religiöses und historisches Recht auf Selbstbestimmung wahrnimmt.
C. Das Recht auf Ausübung der nationalen Selbstbestimmung im Staat Israel ist ein einzigartiges Recht des jüdischen Volkes.
Vgl. https://main.knesset.gov.il/EN/activity/Documents/BasicLawsPDF/BasicLawNationState.pdf.

340 Vgl. Fußnote 339.

wer *das Staatssubjekt* ist und wo diese Nationalstaatlichkeit ausgelebt werden soll, nämlich in *Israel als jüdischem Nationalstaat für das jüdische Volk im Lande Israel, also im Land zwischen Mittelmeer und Jordan, sprich in Israel und den besetzten palästinensischen Gebieten.* Jeglichen »Gefahren« des dem *Linkszionismus* zugeschriebenen *Postzionismus,* wie etwa der Zweistaatenlösung oder der noch unwahrscheinlicheren binationalen Staatlichkeit, begegnet das Grundgesetz damit, dass es solche politischen Kompromisse im Nahostkonflikt gleich im ersten Paragrafen strikt ausschließt.

Das Grundgesetz resultiert nicht zuletzt aus dem verfestigten Dauerkriegszustand, mithin dem etablierten Besatzungsregime. Der Initiator des Grundgesetzes ist kein geringerer als Avi Dichter, der ehemalige Direktor des *Schin Bet* und Schlüsselfigur in der Niederschlagung der Zweiten Intifada. Dichter schloss sich nach seinem Ausscheiden aus dem Dienst der 2005 neu gegründeten *Kadima*-Partei unter Ariel Sharon an, welcher aufgrund des Rückzugs aus Gaza aus der Mutterpartei Likud ausgetreten war. 2011 gewann Dichter die Unterstützung seines damaligen Parteichefs, Shaul Mofaz, Generalstabschef und später Verteidigungsminister während der Zweiten Intifada. Und so setzte Dichter das Verfahren in Gang. Im Sommer und Herbst 2014 kam das Gesetz erneut zur Sprache, und zwar in einer äußerst labilen Sicherheitslage im Zuge des Gaza-Krieges. Regierung und *Knesset* führten heftige Debatten um den Gesetzentwurf. Justizministerin Tzipi Livni sowie Finanzminister Yair Lapid, beide Koalitionspartner in Netanjahus Regierung (2013–2015), insistierten auf einen Text, der sich auf Israels Unabhängigkeitserklärung beziehen und so auch Begriffe wie »Demokratie« und »Gleichheit« beinhalten sollte.

Im Herbst 2015, nun unter einer ausdrücklich rechtskonservativen Regierung, wollte die neue Justizministerin Ajelet Schaked aus der national-religiösen Partei »Das Jüdische Heim« ihren Gesetzentwurf voranbringen. Doch angesichts der gerade ausgebrochenen Messer-Intifada zog sich Netanjahu zurück.[341] Im Mai 2017 aber eröffnete sich für die neozionistische Justizministerin Schaked erneut eine Gelegenheit, als eine Ministerkommission für Gesetzgebung Dichters Gesetzentwurf für

341 Vgl. https://www.ynet.co.il/articles/0,7340,L-4715586,00.html.

die Vorabstimmung in die *Knesset* einbrachte.[342] Der Entwurf wurde mit 48 zu 41 Stimmen im zuständigen Ausschuss für Verfassung, Gesetz und Justiz angenommen, um ihn für die erste Lesung vorzubereiten. Dies erfolgte im Mai 2018. Am 19. Juli 2018 gegen drei Uhr nachts – somit kurz vor der parlamentarischen Sommerpause – verabschiedete die *Knesset* das *Grundgesetz: Israel als Jüdischer Nationalstaat* mit einer knappen Mehrheit von 62 zu 55 Stimmen.

Wie erwartet, löste dieser Vorgang einen heftigen Disput im Lande aus, dessen eigentlicher Kern hier geklärt werden soll. Was genau beanstanden Kritiker an diesem Grundgesetz, dessen allgemeinen Geist oder eher Einzelheiten wie die fehlenden Begriffe von *Gleichheit* und *Demokratie*? Oder geht es um den implizierten Ausschluss der arabischen Staatsbürger? Mit anderen Worten soll der Frage nachgegangen werden, wie demokratisch der *Jüdische* Nationalstaat in einer binationalen Geografie und Demografie sein kann, in der darüber hinaus ein einhundertjähriger *nationaler* Konflikt ausgetragen wird.

Linkszionistische Kritik: Kontrollverlust oder Scheindebatte?

Unzählige Beiträge, Artikel, Symposien, Lesungen und Seminare lassen ahnen, wie sehr das Nationalstaatsgesetz den Nerv des zionistischen Israel getroffen hat. Hier wurden Staatsverständnis, Verfasstheit, Identitäten, politische Kultur und nicht zuletzt die ur-zionistische Palästina-Frage erneut infrage gestellt – und damit das nach *israelisch-zionistischer Ansicht* Selbstverständliche. Die linkszionistische Kritik am Gesetz reicht von dem Argument, es sei überflüssig, bis hin zur schieren Rage, es sei provokativ, niederträchtig gegenüber den palästinensischen Staatsbürgern und daher anti-zionistisch.

Den heftigen Protest gegen die im Gesetz festgeschriebene *Ungleichheit* wertet *Haaretz*-Kommentatorin Carolina Landsmann dahingehend, dass das Gesetz für die israelische Rechte als Instrument gegen die urzionistisch angelegte Angst um die jüdische Mehrheit diene. Diese fürchte um Israel als Zufluchtsort für das jüdische Volk und glaube, dieser Furcht

342 Vgl. https://www.ynet.co.il/articles/0,7340,L-4958425,00.html.

per Gesetz entgegenwirken zu können. Die israelische Linke hingegen befürchte, dass mit diesem Grundgesetz der Grundstein für ein Apartheid-Regime gelegt werde, was das Ende ihres jüdischen *und* demokratischen Israel bedeuten würde. Während also die politische Rechte auf die Gleichberechtigung aller Staatsbürger zu verzichten bereit ist, um Israels Identität *wie wir sie heute kennen* aufrechtzuerhalten, sieht die Linke darin gerade die Gefahr, Israels *jetzige Identität* als *demokratischer* jüdischer Staat zu verlieren.[343]

Dies ist die Zwickmühle, die laut Landsmann aus Netanjahus Aktivismus resultiert: »Mit der Angst vor Antisemitismus und Shoah einerseits und mit Hilfe der Anstiftung gegen die [israelischen] Araber andererseits manövrierte Netanjahu die israelisch-[jüdische] Öffentlichkeit in ein scheinbar unlösbares, existenzielles Paradoxon hinein, als müsste sie zwischen zwei Arten von Selbstmord wählen. So möchte Netanjahu die Öffentlichkeit sehen: in einem Dauerpanikzustand.«[344]

»Zwei Arten von Selbstmord« meint hier die Wahl zwischen dem *jüdisch-mehrheitlichen Nationalstaat,* den das Grundgesetz sichern und so nach der Erinnerungskultur des Landes eine zweite Shoah verhindern soll, und der *demokratischen Verfasstheit,* welche wiederum durch das Grundgesetz längerfristig gefährdet sei. Das Gleichgewicht zwischen dem *Jüdischen* und dem *Demokratischen,* welches dem zionistischen Israel seit jeher diente, verliert mit dem neuen Grundgesetz seine Wirkmächtigkeit. Es wirft das demokratische Staatsmerkmal unverblümt über Bord und macht die zionistische Aufgabe der Judaisierung des ganzen Landes nun auch manifest.

Linkszionisten ist dies ein Dorn im Auge. Sie berufen sich auf die Unabhängigkeitserklärung vom 14. 5. 1948 als Israels Gründungsdokument, um die Diskrepanz zwischen dem zionistischen Anspruch und der geopolitischen Realität zu überbrücken. Denn die Unabhängigkeitserklärung lädt die arabischen Bewohner des Landes ein, am Aufbau des Staates mitzuwirken – und das mitten im Krieg, während sich die palästinensische *Nakba* ereignet:

343 Carolina Landsmann: »Der Protest um das Nationalstaatsgesetz: Es geht nicht um Gleichheit, vielmehr um die Identität des Staates Israel«, *Haaretz* 5. 8. 2018.

344 Ebd.

> »Der Staat Israel wird der jüdischen Einwanderung und der Sammlung der Juden im Exil offenstehen. Er wird sich der Entwicklung des Landes zum Wohle aller seiner Bewohner widmen. Er wird auf Freiheit, Gerechtigkeit und Frieden im Sinne der Visionen der Propheten Israels gestützt sein. Er wird all seinen Bürgern ohne Unterschied von Religion, Rasse und Geschlecht soziale und politische Gleichberechtigung verbürgen. Er wird Glaubens- und Gewissensfreiheit, Freiheit der Sprache, Erziehung und Kultur gewährleisten, die Heiligen Stätten unter seinen Schutz nehmen und den Grundsätzen der Charta der Vereinten Nationen treu bleiben.«[345]

Das neue Grundgesetz ignoriert nicht nur gänzlich die arabischen Staatsbürger, sondern lässt auch gängige universalistische Begriffe wie »Gerechtigkeit«, »Freiheit«, »Frieden«, »Gleichheit«, »Gleichberechtigung« außen vor, ganz zu schweigen von internationalen Institutionen wie den Vereinten Nationen. Ein ausgesprochen linkszionistischer Vorwurf lautet, dass solch ein Gesetz den Zionismus selbst gefährden würde, indem es die israelische Demokratie diskreditiere.[346]

Wird die Demokratie hier als Waffe des Zionismus eingesetzt? Auch Staatspräsident Reuven Rivlin befürchtete den Aspekt der Delegitimierung des zionistischen Israel und mahnte, das Grundgesetz könnte »als Waffe in die Hände unserer Feinde spielen, und zwar gegen das jüdische Volk.« Die Beschneidung der Bürgerrechte von Minderheiten in Israel könnte auch die jüdische Minderheit in anderen Staaten unter Beschuss geraten lassen. In diesem Zusammenhang ist vor allem Paragraf 7 zu nennen, der ausdrücklich die Präferenz für jüdische Ansiedlung im ganzen Land als nationale Aufgabe festschreibt.[347] Hinsichtlich der Gefahr für die US-amerikanischen Juden bezeichnete *Haaretz*-Kolumnist Chemi Shalev das Grundgesetz sogar als *Mega-Attentat.*[348]

Dabei wurde vor allem der Geist des Gesetzes beanstandet. Shalev

345 Siehe hierzu die deutsche Übersetzung: https://www.hagalil.com/israel/independence/azmauth.htm.

346 Karin Nahon: »Das Nationalstaatsgesetz trennt den Zionismus von der Demokratie«, *Y-Net* 25.07.2018: https://www.ynet.co.il/articles/0,7340,L-5316420,00.html.

347 Vgl. *Haaretz* 10.7.2018: https://www.haaretz.co.il/news/politi/1.6263723.

348 Vgl. Chemi Shalev: »Das Nationalstaatsgesetz ist ein PR-Mega-Attentat. Dieses könnte das US-Judentum womöglich brechen«, *Haaretz* 22.7.2018: https://www.haaretz.co.il/news/politi/.premium-1.6294173?utm_source=App_Share&utm_medium=Android_Native&utm_campaign=Share.

hielt den ganzen Vorgang für den »niederträchtigsten in der israelischen Geschichte«. Das sei der Sieg eines jüdisch-ethnozentrischen und nationalistischen Israel, das derart von sich selbst überzeugt sei, dass es anderen gegenüber völlige Gleichgültigkeit an den Tag lege. Shalev nahm zwar den Beweggrund zur Kenntnis, dass das Grundgesetz als Gegengewicht zu einem vermeintlich allzu liberalen Obersten Gericht dienen möge, als Ausgleich für die Übergewichtung von Menschenrechten und als Bollwerk gegen das Schwinden des Judentums im öffentlichen Raum, wodurch die Gefahr eines »Staates all seiner Bürger« gebannt werden sollte. Doch all diese Beweggründe stempelte Shalev sogleich als »Fantasien in den glühenden Köpfen [der Verfechter des Grundgesetzes]« ab. Sein verzweifeltes Fazit lautete, dass es sich bei der Verabschiedung des Gesetzes um nicht weniger als die *Unabhängigkeitserklärung der israelischen Rechten* handele.[349]

Ob sie es nun mit Fantasien oder berechtigten Ängsten der Rechten zu tun hatten, zeigten sich linkszionistische Stimmen im Sommer 2018 angeschlagen, geradezu verängstigt. Laut Einschätzung von Amir Fuchs, Jurist am *The Israel Democracy Institute*, wäre nicht einmal der Ideologe des Rechtszionismus Zeev Jabotinsky mit dieser Gesetzgebung einverstanden gewesen. Denn sogar der Erfinder der *Eisernen Mauer* habe in der Gleichstellung der Araber von *Eretz Israel* eine Pflicht des Staates gesehen. Da das »zionistische Prinzip Egalität« fehle, sei das Grundgesetz schlicht *anti-zionistisch*.[350] Auch Yariv Oppenheimer, Direktor von *Peace Now*, argumentierte im Namen zionistischer Prinzipien. Netanjahu wisse ganz genau, dass das Gesetz gegen den Zionismus verstoße, weshalb er den authentischen Protest der Linkszionisten attackiere.[351]

Auch David Grossman legte das Gesetz als gezielte Hetze aus, die gegen Israels Araber gerichtet sei:

> »So lässt sich die Wunde offenhalten. Mit einem Schlag, mit einem einzigen überflüssigen Gesetz, zogen Netanjahu und seine Regierung einem Fünftel der israelischen Staatsbürger den Boden unter

349 Chemi Shalev: »Das Nationalstaatsgesetz ist die Unabhängigkeitserklärung der israelischen Rechten«, *Haaretz* 30.7.2018: https://www.haaretz.co.il/news/politi/.premium-1.6319597.

350 Amir Fuchs: »Zeev Jabotinsky würde das Nationalstaatsgesetz ablehnen«, *Y-Net* 12.7.2018.

351 Yariv Openheimer: »Benjamin Netanjahus Anstiftungskunst«, *Y-Net* 29.7.2018.

> den Füßen weg. Weshalb? Weil sie es können. Weil sie sich sicher sind, dass es keine Macht gibt, die sie stoppen kann. Sie wollen Israels arabische Staatsbürger in den Dauerzustand stetiger existenzieller Unsicherheit versetzen. Unsicherheit hinsichtlich ihrer Zukunft. Sie sollen stets daran erinnert werden, dass sie von der Regierung abhängen, von ihrem guten – oder eben bösen – Willen. Sie sollen hier auf Bewährung leben. Sie dürfen zwar anwesend sein, könnten aber jederzeit zu Abwesenden werden.«[352]

Das Klima der Panik liegt begründet in der gut verdrängten ur-zionistischen Frage der Demografie, die durch das Grundgesetz unverblümt an die Oberfläche gebracht wurde. Auch der damalige Direktor von *The Israel Democracy Institute*, Mordechai Kremnitzer, war wahrlich entsetzt. Er fragte in diesem stürmischen Disput, ob wir es hier nicht mit dem Verständnis zu tun hätten, dass die palästinensischen Staatsbürger »Eindringlinge« seien, also Fremde in diesem Land. Bedeutete das Gesetz in Wirklichkeit nicht etwa »den symbolischen Transfer« bzw. »den Beginn einer echten Vertreibung« aus diesem Lande? Davor warnte er mit allem Nachdruck und appellierte dafür, sich sehr wohl weiterhin aufzuregen. Das bereits verabschiedete Nationalstaatsgesetz sei eine Schande, die nicht länger zu verbergen sei. Denn Absatz 7A – »Jüdische Siedlung: Der Staat« betrachtet die Entwicklung des jüdischen Siedlungswesens als einen nationalen Wert und wird es dementsprechend weiter fördern und unterstützen, was »eine grobe und offenbare Diskriminierung« darstelle.[353] Seine Fassungslosigkeit drückte Kremnitzer wie folgt aus: »Die *Knesset* erklärte dem Staat den Krieg«.[354]

Aus diesen linkszionistischen Texten liest man deutlich die Angst vor dem Verlust der altgedienten israelischen Ordnung. Das linkszionistische

352 David Grossman: »Gleichheit ist kein Privileg«, *Haaretz* 3.8.2018.

353 Mordechai Kremnitzer: »Mit dem Nationalstaatsgesetz ist die Schande nicht mehr zu verbergen«, *Haaretz* 19.7.2018: https://www.haaretz.co.il/news/politi/.premium-1.6290995.

354 Mordechai Kremnitzer: »Das Nationalstaatsgesetz – Die *Knesset* erklärte den Krieg gegen den Staat«, *Haaretz* 23.7.2018: https://www.haaretz.co.il/opinions/.premium-1.6310575.

Israel kam mit dem Nationalstaatsgesetz an seine Grenzen, verlor wortwörtlich den Boden unter den Füßen.[355]

Ist das Nationalstaatsgesetz rückgängig zu machen? Marzouk Al-Halabi, israelisch-palästinensischer Journalist und Autor, erkannte den neozionistischen Zeitgeist des Grundgesetzes. Nicht von ungefähr fehlt im Grundgesetz eine Definition des Territoriums beziehungsweise des Begriffes *Eretz Israel*:

> »Die Urheber des Gesetzes beabsichtigen, der binationalen Demografie zwischen dem Mittelmeer und dem Jordan *eine juristisch-politische Gerichtsbarkeit* aufzuzwingen. Die binationale Gefahr sollte rechtzeitig neutralisiert werden. Auf dem Weg dahin mussten sie [die Neozionisten] einen Premierminister ermorden, Angst und Schrecken im Lande schüren, Gewalt und Sanktionen gegen ihre [politischen] Rivalen ausüben, bis sie allmählich diese niederträchtige Politik salonfähig machten: eine Politik ohne Moral, ohne Erbarmen und ohne Scham. Die Folge ist ein waghalsiger, unbekümmerter Nationalismus.«[356]

Die israelische Rechte zum Nationalstaatsgesetz: Wehrhafter Zionismus?

Waghalsiger, unbekümmerter oder wehrhafter Zionismus? Im rechtszionistischen Lager argumentierte man alles in allem *neozionistisch*: Das Grundgesetz sei als Schutz für den Jüdischen Nationalstaat verabschiedet worden, weil es Israels *zionistische Staatsräson* garantiere. So will man die heikle demografische Frage auf eine Weise geklärt wissen, welche die jüdische Mehrheit in ganz *Eretz Israel,* also zwischen Mittelmeer und Jordan, auch in Zukunft sichern soll. Die endgültige Aufhebung der ur-zionistischen *territorialen* Palästina-Frage ist ein zentrales Anliegen des Neozionismus.

355 Das Argument, das Nationalstaatsgesetz sei ebenso wenig rassistisch wie das für Juden vorgesehene Rückkehrrecht (*Hok HaShvut* 1950), lehnt Emilie Moatti ab. Die Linkszionistin hält den Vergleich nicht nur für unzulässig, sondern bezeichnet ihn geradezu als idiotisch. Sie erklärt allerdings nicht genau, weshalb diese Gesetze nicht vergleichbar seien, wenn sie doch beide auf Israels zionistischer Staaträson beruhen. Vgl. Emilie Moatti: »Weshalb bestehen die Rechten auf das Nationalstaatsgesetz? Weil sie es können«, *Haaretz* 12. 7. 2018.

356 Marzouk Al-Halabi: »Das Nationalstaatsgesetz ist keine Naturkatastrophe«, *Haoketz* 31. 7. 2018.

Doch dies bedeutet zugleich, dass die Besatzungsordnung und der Konfliktzustand stärker verfestigt, ja fest etabliert werden müssen. Das neozionistische Staatsverständnis nimmt somit die konflikthafte politische Ordnung als notwendiges Übel in Kauf, ebenso wie das zionistische Israel über Jahrzehnte hinweg gelernt hat, mit dem Jahrhundertkonflikt zu leben.[357] *In diesem argumentativen Strudel aus zionistischer Staatsräson und zivilmilitaristisch verstandener Besatzungsordnung lässt sich der Aktivismus des wehrhaften Neozionismus nachvollziehen.*

So erklärte die Journalistin Shirit Avitan Cohen in der rechtszionistischen Tageszeitung *Makkor Rishon,* weshalb sie das Gesetz gutheißt. Das Nationalstaatsgesetz spiegele zwar das israelisch-zionistische Selbstverständliche wider, werde jedoch stets beanstandet. Ein desorientiertes Israel sollte ruhig festschreiben, dass der jüdische Nationalstaat allein dem jüdischen Volk gehöre.[358] Laut Avitan Cohen müsse sich der Zionismus unbedingt verteidigen, da seine Gegner die denkbar schlimmste Lösung anstrebten: Der »aufgeklärte Linkszionismus« ziele nicht allein auf die Teilung des Landes ab, sondern strebe gemeinsam mit den arabischen *Knesset*-Abgeordneten darüber hinaus eine politische Konstellation an, in der *sowohl* das Land zwischen den beiden Völkern aufgeteilt *als auch* Israels Kernland in einen Staat aller seiner Bürger verwandelt wird.[359]

Der Verzicht auf Teile *Eretz Israels* und die Abkehr von der jüdischen Nationalstaatlichkeit auch im Kernland stellen für Neozionisten gleich *zwei* zionistische Sünden dar. Dass beide Optionen als das Ende des zionistischen Israel verstanden werden, muss nicht weiter erörtert werden. Doch wenn dieses Szenario der beiden »Gefahren« zusammengenommen für real gehalten wird, so lässt sich nachvollziehen, weshalb das Nationalstaatsgesetz als die ultimative Antwort verstanden wird, sieht es doch vor, jegliche Veränderung der zionistischen Staatsräson effektiv zu verhindern. Entsprechend wird auch vom Obersten Gericht erwartet, dass es »das Gesetz im Sinne des [jüdischen] Volkes in Zion und nicht der [diversen] Minderheiten [Israels] bewerten wird.«[360]

357 Amar-Dahl 2012, 2017.

358 Shirit Avitan Cohen: »Der Protest gegen das Nationalstaatsgesetz: Der Wahlslogan ist bereits formuliert worden«, *Makor Rishon* 12.8.2018: https://www.makorrishon.co.il/opinion/69547/.

359 Ebd.

360 Ebd.

Da Israel keine geschriebene Verfassung hat, sollte das Oberste Gericht seine Minderheiten kraft der Unabhängigkeitserklärung schützen. Auf dieses Gründungsdokument verwies *Haaretz*-Herausgeber Amos Schocken in seiner Kritik am Grundgesetz. Er wollte den Begriff »Nationalstaat des jüdischen Volkes« als »Erfindung der letzten Jahre« verstanden wissen. Die Unabhängigkeitserklärung verwende vielmehr Begriffe wie »jüdischer Staat« oder »jüdisches Heim«, betone somit nicht unbedingt »das jüdische Volk« als Staatssubjekt. Anders als das Staatsmodell vom »jüdischen Nationalstaat für das jüdische Volk«, das Nichtjuden als solche ausgrenzt, biete das Gründungsdokument ein alternatives Staatsmodell, das letztere berücksichtige.[361]

Schockens *linkszionistische* Unterscheidung rief Neozionisten auf den Plan. Die Publizisten Gadi Taub und Nisim Sofer erklärten hierzu: »Wer gegen das Nationalstaatsgesetz ausgerechnet mit der Unabhängigkeitserklärung argumentiert, soll sogleich daran erinnert werden: Das Dokument schreibt gerade das jüdische Selbstbestimmungsrecht fest. Das jüdische Volk hat wie alle anderen Völker auch das natürliche Recht, im eigenen souveränen Staat unabhängig zu sein.«[362] Ein universelles Verständnis des Selbstbestimmungsrechts gelte demnach für Juden erst recht. Die Unabhängigkeitserklärung mache außerdem keinen wirklichen Unterschied zwischen dem »Jüdischen Staat« und dem »Nationalstaat des Jüdischen Volkes«. Beide Begriffe stünden seit je für ein und dasselbe Ziel, ob man nun den Zionistischen Kongress von 1897, die Balfour-Erklärung von 1917 oder das UN-Mandat von 1947 betrachte.[363]

Sprach Schocken den Juden das Selbstbestimmungsrecht im Lande wirklich ab? Wohl kaum. Seine neozionistischen Rivalen interpretierten seine Kritik am Grundgesetz als Angriff auf *das Jüdische, also Partikularistisch-Ethnische, Nationalstaatliche* im Staat. Die in der Unabhängigkeitserklärung erwähnten Prinzipien von Gleichheit, Freiheit, Frieden (allerdings nicht »Demokratie«) stünden für das *Universelle* und gefährdeten in letzter Konsequenz Israels jüdisch-nationalstaatliche

361 Amos Schocken: »Das Nationalstaatsgesetz annullieren«, *Haaretz* 29.3.2019: https://www.haaretz.co.il/opinions/.premium-1.7065245.

362 Gadi Taub, Nisim Sofer: »Ja, [Israel ist] der Nationalstaat des jüdischen Volkes«, *Haaretz* 18.4.2019: https://www.haaretz.co.il/opinions/.premium-1.7138772.

363 Ebd.

Identität. Für Linkszionisten sind diese Prinzipien nicht nur vereinbar mit der zionistischen Staatsräson, sondern unabdingbar für die Zukunft des zionistischen Israel.

Doch »von welcher Gleichheit redet man hier?«, fragte Neve Dromi. Die neozionistische Publizistin blendete die Okkupation gänzlich aus und bezog sich in ihrem Beitrag ausschließlich auf das Verhältnis des Staates zu seinen arabischen Staatsbürgern: »Die Kritiker [am Grundgesetz] wissen ganz genau, dass eine echte Gleichheit, zumindest im Sinne eines nationalen Selbstbestimmungsrechts, unmöglich ist.« Die individuellen Bürgerrechte seien den Arabern Israels gewährt, wenn auch mangelhaft. Doch ihnen auch das Selbstbestimmungsrecht zu gewähren, hieße für Dromi ebenso wie für Neozionisten aller Couleur das Ende Israels: »Wie weit wollen Linkszionisten noch gehen, um das nationale Selbstbestimmungsrecht der israelischen Araber zu unterstützen? Es fragt sich, ob sie überhaupt noch zionistisch sind.«[364]

Diese Interpretation stellt *eine radikale ur-zionistische Frage: Sieht der Zionismus seine Ziele auch bei einer Teilung des Landes zwischen Juden und Arabern erreicht? Oder ist ihm die Vertreibung bzw. Unterdrückung von Nichtjuden aufgrund des Mehrheitsprinzips immanent?* Diese Frage lässt sich 1917, 1947, 1949 bzw. 1967 und 1993 gewiss unterschiedlich beantworten, wobei politische Macht und realpolitische Machbarkeit jeweils wichtige Faktoren darstellen. Doch 2018, im Kontext eines ausschließenden Grundgesetzes, stellt sich die generelle Frage, ob *sich Linkszionisten auch dann zur Gleichberechtigung bekennen würden, wenn dies zugleich hieße, dass das zionistische Israel seine jüdische Mehrheit verliert.* Oder wie Avitan Cohen fragt: Strebt der Linkszionismus tatsächlich beides an, die Gleichberechtigung der palästinensischen Staatsbürger Israels *und* ein nationalstaatliches Palästina in Teilen von *Eretz Israel*?

Wie die vorliegende Untersuchung eingehend erörtert, hat der Linkszionismus gerade im neuen Millennium weder die ideologisch-diskursiven Kapazitäten noch die politische Macht, um solche Optionen durchzusetzen. Die Debatte um das Nationalstaatsgesetz rührt vielmehr aus der Urangst *beider zionistischen* Lager um ihr *gemeinsames* Staatsprojekt. Sie müssen sich mit zwei schwerwiegenden ur-zionistischen Fragen

364 Neve Dromi: »Von welcher Gleichheit redet man hier?«, *Haaretz* 12.8.2018.

auseinandersetzen. Erstens, wie gedenkt das zionistische Israel mit der binationalen Demografie im Lande umzugehen? Eng verbunden damit ist die zweite kardinale Frage, wie es als regionale Macht mit dem hundertjährigen Konflikt zwischen zwei Nationalbewegungen weiterhin verfahren will. Zwar stehen beide Seiten in eklatant asymmetrischen Verhältnissen zueinander, doch beide Völker sind dazu gezwungen, in einem kleinen Land zusammenzuleben.[365] Eine militärische Entscheidung ist jedenfalls nicht erzielbar.

2018 griff das neozionistische Israel zum Äußersten und konnte zumindest im *innerisraelischen* Kulturkampf mit dem Nationalstaatsgesetz einen Erfolg verbuchen. Dieses ist paradoxerweise ebenso umstritten wie selbstverständlich; *selbstverständlich*, weil das Grundgesetz ohnehin Israels zionistische Politik der Judaisierung des Landes widerspiegelt, umstritten, weil diese Politik alles andere als selbstverständlich ist. Aus diesem Grund benötigt sie immer wieder ein präsumtives *Gleichgewicht*, ob in Form eines Friedensprozesses bzw. der Friedensideologie, einer vermeintlich inkludierenden Unabhängigkeitserklärung, eines demokratischen Scheins oder mit Hilfe von Institutionen wie dem Obersten Gericht für Gerechtigkeit.

Neozionismus, das Oberste Gericht für Gerechtigkeit und das Nationalstaatsgesetz: Clash der Kulturen?

Ist das Nationalstaatsgesetz verfassungswidrig? Zu dieser heiklen Frage musste der Jerusalemer Oberste Gerichtshof Ende 2020 tagen. Doch war das Gericht überhaupt befugt, das Grundgesetz für verfassungswidrig zu erklären? Mit diesen Fragen erreichte die innerisraelische Debatte einen Höhepunkt, nicht zuletzt, weil die Linkszionisten ihre letzte Hoffnung auf das Oberste Gericht, mithin auf die Unabhängigkeitserklärung, setzten, um »die israelische Demokratie zu retten«. Angesichts der nicht weniger als 15 Anträge gegen das Grundgesetz tagte das Gericht schließlich am 22.12.2020 – eine aufsehenerregende Sitzung, die auch live gestreamt wurde. Dabei wurden die Kernfragen einer äußerst gespaltenen Gesellschaft thematisiert.

365 Yiftachel 2021.

Die Rechtszionisten, neozionistisch orientiert, scheuten nicht davor zurück, diese letzte Bastion des linkszionistischen Israel politisch wie staatsrechtlich herauszufordern. Schon im Sommer 2018 erklärte Justizministerin Ajelet Schaked vom »Jüdischen Heim«, dass das Oberste Gericht nicht befugt sei, die Verfassungsrechtlichkeit des Grundgesetzes in Frage zu stellen. Dies käme einem Erdbeben gleich, einem Krieg zwischen den Staatsgewalten.[366] Die dezidiert neozionistische Justizministerin begegnete dem Obersten Gericht außergewöhnlich konfrontativ mit dem vermeintlich rechtsstaatlichen Argument, dass Grundgesetze allein Sache der Legislative seien. Nur die *Knesset* als *gewählte* Gewalt, als verfassungsgebende Versammlung, sei befugt, Grundsätze zu formulieren und zu verabschieden.[367]

Auch der Generalstaatsanwalt war dieser Meinung. Schon im Vorfeld äußerste sich Avichai Mandelblit gegen jeglichen Versuch des Gerichts, in dieser Frage einzugreifen. Er sah keine Grundlage hierzu.[368] Der *Knesset*-Vorsitzende Yariv Levin von der Likud-Partei, ein Vertrauter Netanjahus, ließ am Tag der Gerichtssitzung der Präsidentin des Gerichts, Esther Hajut, einen außergewöhnlich scharfen Brief zukommen. Darin argumentierte er, dass das Oberste Gericht seine Autorität von der *Knesset* erhalte, und diese allein sei als legislative Gewalt und verfassungsgebende Versammlung autorisiert, Grundgesetze zu verabschieden. Bereits die Anberaumung einer Gerichtsverhandlung als solches, so Levins Vorwurf, fordere Israels demokratische Grundsätze bezüglich der Souveränität des Volkes, der Gewaltentrennung und der Rechtsstaatlichkeit heraus.[369]

Es sei hier dahingestellt, wie stichhaltig Levins Argument ist. Von Belang ist, dass die neozionistischen Kräfte ihren Feldzug gegen die »alte Ordnung« immer selbstbewusster führen, wobei sie zugleich wehrhaft und opferhaft auftreten. Dabei meinen sie, nicht nur im Namen der jüdischen Identität, sondern auch der israelischen Demokratie zu sprechen. So prangerte Journalist Assaf Malach von *Israel Hayom* die »Ursünden der Verfassungsrevolution« an, denn »die einfache Wahrheit wird allzu gern verdrängt: Das Nationalstaatsgesetz ist eine Folge der stetigen Zerstörung

366 Vgl. *Haaretz* 5.8.2018.

367 Taliya Sason: »Ajelet Schaked macht Israel zu einer Bananen-Republik«, *Haaretz* 8.8.2018.

368 Vgl. *Haaretz* 3.12.2018.

369 Vgl. *Haaretz* 22.12.2020.

der israelischen Demokratie, und zwar vonseiten der juristischen Aristokratie.« Diese habe auf dem Trümmerhaufen der israelischen Demokratie ein universalistisches Verfassungsregime gegründet.[370]

Auch Journalist Netanel Fischer las das neue Gesetz als Replik auf die altgedienten Eliten, wie er im neozionistischen *Forum Kohelet* schrieb: »Weder Rassismus noch Beschneidung der Minderheitenrechte, auch nicht das Ende der israelischen Demokratie bedeutet das Grundgesetz.« Es sei vielmehr eine Antwort auf die Abschaffung der jüdischen Identität in großen Teilen der israelischen Gesellschaft, was mit dem Trend der israelischen Eliten, »liberale und radikal globale Werte zu fördern«, erklärt wird.[371]

Das vermeintlich »liberale, radikal global« orientierte Oberste Gericht geriet mit dem Grundgesetz wahrlich an die Grenzen seiner Kapazitäten, wenn es darum ging, Israels jüdisch-nationalstaatlicher *und* rechtstaatlich-demokratischer politischer Ordnung das nötige Gleichgewicht zu verleihen. Das neue Grundgesetz versetzte das Gericht in eine unmögliche Lage, in ein tragisches Dilemma: Annulliert es das Grundgesetz, würde Israels jüdische Nationalstaatlichkeit, somit Israels zionistische Staatsräson, für verfassungswidrig erklärt. Sollte das Gericht hingegen die Anträge ablehnen und das neue Grundgesetz somit zum Bestandteil der zukünftigen Verfassung werden lassen, würde Israels höchste Instanz die Diskriminierung nicht-jüdischer Staatsbürger nun verfassungsmäßig legalisieren.

Das Nationalstaatsgesetz illustriert eindringlich das Paradoxon des zionistischen Israel: das Selbstverständliche – Israels zionistische Staatsräson – stößt immer auf die binationale Geopolitik und Demografie. Das *linkszionistische* Israel benötigt daher weiterhin das altgediente Instrument des Gleichgewichts, ob in Form der scheinbar liberalen Verfassung[372]

370 Assaf Malach: »Die Ursünde: die Verfassungsrevolution«, *Israel Hayom* 1.8.2018: https://www.israelhayom.co.il/opinion/575927.

371 Netanel Fischer: »Das Nationalstaatsgesetz ist die Antwort auf die [juristischen] Eliten«, *Y-Net* 31.7.2018: https://www.ynet.co.il/articles/0,7340,L-5320219,00.html.

372 Zwar kritisiert Ahron Barak, ehemaliger Präsident des Obersten Gerichts, das Nationalstaatsgesetz vor allem hinsichtlich seines Timings und der Tatsache, dass es die Gleichheit ganz außen vor ließe, womit es die im Grundgesetz festgeschriebene Würde des Menschen tangiere. Doch Barak glaubt, das Grundgesetz ließe sich durchaus neu schreiben, sodass der Geist des Gesetzes im Sinne der jüdischen Nationalstaatlichkeit für das jüdische Volk beibehalten werden könne. Es handle sich um ein wichtiges Grundgesetz, das allerdings innerhalb Israels Verfassungswerk als letztes hätte verabschiedet werden sollen. Vgl. Tagung zum Nationalstaatsgesetz in Herzlia, *Haaretz* 19.12.18.

oder der Friedensideologie. Das *neozionistische* Israel hingegen betrachtet besagtes Instrument nicht nur als ausgedient, sondern als echte Gefahr für eben diese Staatsräson der jüdischen Nationalstaatlichkeit im Lande Israel. Die Debatte um das Nationalstaatsgesetz spiegelt die tiefen Gräben wider, die zwischen den beiden zionistischen Lagern bezüglich ihres Staatsprojekts in einer auf Gewalt basierenden politischen Ordnung und Kultur klaffen. Ist das Oberste Gericht die richtige Adresse für den innerisraelischen Kulturkampf?[373] Ob es dem Linkszionismus zu Hilfe eilen wird, indem es das Nationalstaatsgesetz für verfassungswidrig erklärt, darf an dieser Stelle stark angezweifelt werden.[374]

373 Or Besok, Meni Mautner: »Das Nationalstaatsgesetz ist keine Sache für das Oberste Gericht«, *Haaretz* 14.12.2020: https://www.haaretz.co.il/opinions/.premium-1.9369937.

374 Tatsächlich fällte am 8.7.2021 das Jerusalemer Oberste Gericht sein Urteil und lehnte sämtliche Anträge gegen das Nationalstaatsgesetz ab, und zwar mit zehn zu einer Stimme: Die Mehrheitsmeinung bestritt, dass das Grundgesetz als Bestandteil einer künftigen Verfassung »Israels demokratisches Merkmal« widerlege. Der Paragraf 1 zum jüdisch-nationalen Selbstbestimmungsrecht wurde für kompatibel mit den individuellen und soziokulturellen Rechten der nichtjüdischen Staatsbürger erklärt. Auch Paragraf 7, der die jüdische Besiedlung festschreibt, wurde vom Gericht nicht unbedingt als Diskriminierungsinstrument gegenüber Nichtjuden gewertet. Demgegenüber erklärte die Minderheitsstimme des israelisch-arabischen Richters George Kra die Paragrafen 1, 4 und 7 für verfassungswidrig, da sie »der demokratischen Staatsidentität zuwiderliefen« und Israels demokratische Verfasstheit erschütterten. Vgl.: BAGATZ: 5555/18, 8.7.2021: https://supremedecisions.court.gov.il/Home/Download?path=HebrewVerdicts/18/550/055/v36&fileName=18055550.V36&type=2.

5. Benjamin Netanjahu und das neozionistische Israel

Benjamin Netanjahu prägte das neozionistische Israel wie kaum ein anderer israelischer Politiker. Der umstrittene Premier hatte nicht nur in seiner ersten Legislatur 1996–1999 den historischen Oslo-Friedensprozess effektiv gebremst. In den Jahren 2009–2021 gelang es ihm darüber hinaus, die politische Kultur des Landes tief greifend zu prägen, nicht zuletzt, weil er den israelischen Diskurs über die Palästina-Frage exorbitant zu verlagern wusste. Den herkömmlichen politischen Disput zwischen dem Rechtszionismus und dem Linkszionismus verschob Netanjahu dahingehend, dass während seiner Regierungszeit der Begriff »links« – im israelischen Kontext »linkszionistisch« – immer illegitimer, immer »gefährlicher« für das *zionistische* Israel wurde. *Smol* verkam im letzten Jahrzehnt zu einem regelrechten Schimpfwort, in manchen Kreisen sogar zum Synonym für »Verrat«. Diese Verschiebung des politischen Diskurses ist auch ein Grund für die präzedenzlose Regierungskrise der Jahre 2019–2021.

Die politische Person Netanjahu stellt den Dreh- und Angelpunkt dieser Krise dar. Obwohl die Staatsanwaltschaft im Februar 2019 gegen den amtierenden Premier eine Anklage u. a. wegen Bestechlichkeit und Veruntreuung erhob – 2020 begann ein Verfahren im Jerusalemer Gerichtshof –, bestand Netanjahu darauf, das Land weiterhin zu regieren. Dies tat er auch im Rahmen der sogenannten Übergangsregierungen. In den wiederholt abgehaltenen Parlamentswahlen im April und September 2019 konnte die jeweils gewählte *Knesset* keine Regierung vereidigen. Deshalb wurden für März 2020 neue Wahlen angesetzt. Diesmal gelang Netanjahu im Mai eine Regierungsbildung mit dem Vorsitzenden von Bündnis *Blau Weiß*, Benny Gantz, wobei die Koalition nicht zuletzt aufgrund des Gerichtsverfahrens gegen den Premier nur ein knappes Jahr hielt. So wurden die Israelis im März 2021 erneut an die Urne gebeten, auch diesmal mit knappem Ausgang.

Obwohl Netanjahu seinen politischen Rivalen die Regierungsbildung mit allen ihm zur Verfügung stehenden Mitteln erschwerte, glückte sie letzteren doch, wenn auch nur mit größter Mühe. Nach acht zähen Verhandlungswochen, einem erneuten elftägigen Krieg in Gaza und verheerender Eskalation im Westjordanland und Jerusalem bis hin zu bürgerkriegsähnlichen Zuständen in Israels Städten gelang es dem Vorsitzenden der zweitgrößten Partei der Mitte *Yesh Atid*, Yair Lapid, die Regierung mit einer Koalition aus acht Parteien zu bilden. Lapid konnte dies jedoch nur mit einer ebenfalls präzedenzlosen Koalitionskonstellation mit der rechtsradikalen Partei *Yemina* erzielen. Obwohl diese nur sechs Sitze in der *Knesset* hatte, sollte deren Vorsitzender, Naftali Benett, für die ersten zwei Jahre als Premier amtieren. Danach sollte Lapid den Posten des Ministerpräsidenten übernehmen. (Doch weil die Regierung Benett-Lapid nur eine knappe Mehrheit von 60 zu 59 Stimmen im Parlament erreicht hatte, wurde sie nach nur einem Jahr von der *Knesset* aufgelöst.) Mit der Vereidigung der neuen Regierung der großen Koalition am 13. Juni 2021 jedenfalls schien die beispiellose Regierungskrise vorerst beendet.

Netanjahu, nun Oppositionsführer, wusste um die Fragilität solch einer politischen Konstellation. In seiner *Knesset*-Rede am Vereidigungstag der neuen Regierung und auch am Tag darauf in einer ersten Sitzung der Oppositionsparteien (den zwei religiösen Parteien und einer rechtsradikalen national-religiösen Partei) tat er in aller Deutlichkeit seine Pläne für ein baldiges Comeback kund:

> »1995 und 2005 führte ich die Opposition mit harter Arbeit zum Sieg. Dies wird auch diesmal geschehen – nur zügiger. [...] Davon bin ich felsenfest überzeugt. Dies ist mein Glaube, dies ist meine Sendung. Wir werden diese [soeben erst vereidigte] Regierung viel schneller ersetzen, als sie [ihre Mitglieder] denken. Die Schwachstellen dieser Regierung sind nicht zu übersehen. [...] Sie ist voller Widersprüche, und mit solchem Hass [unter ihren Mitgliedern] wird sie ohnehin nicht von Dauer sein.«[375]

Netanjahus bemerkenswerte Kampfansage, die seine politischen Rivalen ungemein verängstigte, bedarf der zeithistorischen Erklärung. In welch einer politischen Kultur konnte solch ein Politikertypus entstehen? Mit

375 *Haaretz* 14.6.2021.

welchem Demokratieverständnis beansprucht Netanjahu nach insgesamt 15 Jahren an der Staatsspitze erneut die Macht? Was hat dies mit dem Rechtsruck im neuen Jahrtausend zu tun? Prägte der neozionistische Netanjahu das Land, oder ist er selbst ein *Produkt* der in diesem Buch herausgearbeiteten nationalen bzw. sicherheitspolitischen Dauerkrise der israelischen Ordnung? Mit anderen Worten: Wusste Netanjahu die Brüche und Krisen des israelischen Politsystems so zu nutzen, dass er den Rechtsruck, mithin den Neozionismus, förderte, um an der Macht zu bleiben? Oder ist Netanjahu in erster Linie ideologisch motiviert und nutzt seine machtpolitische Überlebenskunst, um rechtszionistische Politik durchzusetzen? Wie verhalten sich der machtpolitisch orientierte Netanjahu und das auch von ihm geprägte neozionistische Israel zueinander?

Machtbesessener *und* Neozionist

Netanjahus turbulente Politbiografie ist eng verbunden mit Israels strukturimmanent krisenhafter politischer Ordnung, die wiederum den Nährboden für solch einen präzedenzlosen, geradezu skrupellosen »starken Führer« bereitet hat. Dieser wusste, die mannigfaltigen Widersprüchlichkeiten und tief sitzenden Risse in Gesellschaft und Politik zu nutzen, womit er am Wahltag wiederholt Erfolg erzielen konnte. Doch zugleich setzte Netanjahu auf Elitenentmachtung und forderte damit das Politsystem tief greifend heraus, wodurch sich die strukturimmanenten Gräben noch stärker auftaten. Solche politisch-gesellschaftlich-sozialen Machtverschiebungen verschärften die Spannungen zwischen den Gesellschaftsgruppen, und auf eben diesen Spannungen errichtete Netanjahu seine Machtbasis. So konnte er das neozionistische Staatsprojekt immer intensiver vorantreiben, was freilich eine nationale und sicherheitspolitische Sackgasse mit sich brachte. Diese Sackgasse versprach er stets als »starker Führer« meistern zu können.

Um die dieser Sackgasse zugrunde liegende Sinnkrise des zionistischen Israel wusste Netanjahu wie kaum ein anderer. Der Dauerkonflikt bot dem ambitionierten Politiker schon Mitte der 1990er-Jahre die Kulisse, um die Macht zu ergreifen. Er bediente sich einer Rhetorik der Angst und Hetze, um seine politischen Rivalen zu delegitimieren. Diese Taktik setzte er im Laufe seiner langen politischen Karriere immer wieder ein und prägte damit eine politische Kultur, in der politische Rivalen als Feinde, zuweilen auch als Verräter, stigmatisiert werden. Die der israelischen Gesellschaft inhärenten Risse zwischen Links und Rechts, zwischen Säkularen und Orthodoxen, zwischen Juden und Arabern, zwischen Israelis und Palästinensern erreichten in Netanjahus Regierungszeit eine neue Dimension.[376]

Er als politische Person ist jedoch nicht nachvollziehbar außerhalb des Kontextes der im israelischen Diskurs stets verdrängten ur-zionistischen Palästina-Frage mitsamt ihren weitreichenden Konsequenzen von *Besatzung, Dauerkriegszustand, Zivilmilitarismus* und *Neozionismus*. Da die linkszionistische Friedenspolitik der 1990er-Jahre für gescheitert erklärt und als solche verinnerlicht worden war, eröffnete sich der Weg für den Neozionismus und dessen ultimativen Führer. Netanjahu genoss das größte Vertrauen der Israelis immer dann, wenn es um diese Frage heikel wurde. Dies gilt für 1996 nach dem politischen Mord an Premierminister Rabin wegen dessen Friedenspolitik, und zwar sogar nachdem Netanjahu selbst gegen ihn gehetzt und infolgedessen massiv an Zustimmung verloren hatte; für 2009 in einem sicherheitspolitisch äußerst labilen Jahrzehnt (Zweite Intifada 2000–2005, Libanon-Krieg 2006 und Gaza-Krieg 2008–2009); für Januar 2013 infolge eines weiteren Krieges in Gaza im November 2012, den er selbst als Premier genehmigt hatte; für März 2015 nach einem vierten Gaza-Krieg im Sommer 2014 und der besonders heiklen Lage, welche die »Intifada der Messer« 2015–2016 nach sich zog. Die Israelis hielten ihn für den starken Mann, für einen »Zauberer«, wie Netanjahu zuweilen auch genannt wird. Er selbst wollte sich verstanden wissen als die einzige für diesen Posten geeignete Person, da es sich bei Israel schließlich um ein schwer regierbares Land handle.[377]

Die hitzige innerisraelische Debatte um Netanjahus Person erklärt sich vor allem damit, dass die linkszionistischen Parteien ihn lange nicht absetzen konnten, nicht zuletzt, weil sie weder sicherheitspolitische noch

376 Ben Caspit: *The Netanyahu Years*. Miskal – Yedioth Ahronoth Books and Chemed Books, Israel 2018 (hier verwendete digitale Version: IVRIT), Hebr., S. 396ff. Vgl. Chaim Levinson: »Netanjahus Legacy: Bibi-Land«, *Haaretz* 14.6.2021: https://www.haaretz.co.il/news/politi/.premium.HIGHLIGHT-MAGAZINE-1.9901433.

377 Caspit 2018, S. 931; Anshel Pfeffer: *BIBI. The Turbulent Life and Times of Benjamin Netanyahu*, London: C. Hurst & Company 2018, S. 569.

staatsideologische Alternativen zu formulieren wussten. Dies zeigte sich in der linkszionistischen Friedenspolitik der 1990er-Jahre. Netanjahu meinte, diesen Konflikt »günstiger« für die Israelis verwalten zu können als etwa ein Rabin oder Peres. Letztere führten nicht nur Feldzüge im Libanon, sondern hatten auch mit blutigen palästinensischen Terrorwellen zu kämpfen. Netanjahu gelang es als Premier in »seinem« Jahrzehnt tatsächlich, den Konflikt so zu managen, dass die Zahl der israelischen Opfer verglichen mit den Nullerjahren zurückging.[378] Da die linkszionistischen Parteien keine echte politische Alternative anboten, erschien Netanjahu als der bessere Konfliktmanager. *Und so konnte Netanjahu seine Macht umso mehr verfestigten, je krisenhafter die sicherheitspolitische Lage erschien.*

Auf diesen Umstand wies auch der Essayist Yitzhak Laor 2017 hin. »Netanjahu wirkt als Gigant, weil ihn Zwerge herausfordern«, formulierte er. Netanjahu werde umso stärker, je mehr die israelische Gesellschaft versinke. Dies tue sie, weil sie die Gräuel der Besatzung immer stärker verdränge und ihn als den Mann benötigte, der sich für sie der Palästinenser entledigte. »Der Vater Netanjahu wächst, um [...] die Zukunftslosigkeit zu vertuschen. Dies tut er mit *unserer* Sackgasse, die *seine* Macht wiederum sichert.«[379]

Die politische Krise um Netanjahu gibt erhellenden Aufschluss über Israels Sinnkrise. Als das Land den neozionistischen Weg einschlug, manövrierte es sich endgültig in die politische Sackgasse. Israels geschichtsträchtiger *Deadlock* lässt sich treffend durch die Politbiografie jenes Mannes erzählen, der von der politischen Macht nicht ablassen kann oder will.

Netanjahus politischer Werdegang

Paradoxerweise gilt ausgerechnet der langjährige Premier sowohl in der israelischen Öffentlichkeit als auch seinem Selbstverständnis nach als eine Art »israelischer Außenseiter«. Netanjahu gehörte schon immer zwei Welten an. Einerseits genoss er eine klassisch zionistische Sozialisation: 1949 in Jerusalem geboren, kommt er aus einer osteuropäisch-zionistischen

378 Pfeffer 2018.

379 Yitzhak Laor: »Weshalb Netanjahu? Weil die Besatzung zur Sackgasse geworden ist«, *Haaretz* 27.6.2017. (Meine Betonung, TA).

Familie, die 1920 nach Palästina immigrierte. Sein Großvater war ein Rabbiner und bekannter Redner, der später für die zionistische Organisation *Jewish Fund* tätig wurde. Sein Vater, ein Historiker für Jüdische Geschichte, arbeitete kurze Zeit mit dem Gründer der revisionistischen Bewegung, Zeev Jabotinsky, in New York zusammen. Beide Biografen Netanjahus betonen den beträchtlichen Einfluss dieser Herkunft, insbesondere den des Vaters.[380] Der junge Netanjahu wuchs im Jerusalem der 1950er-Jahre auf und diente fünf Jahre lang in *Sajeret Matcal*, einer Eliteneinheit der israelischen Armee. Wie viele israelische Familien hat auch seine einen Verlust zu beklagen, denn sein Bruder Jonathan kam 1976 bei einem Militäreinsatz ums Leben.

Andererseits war Israel nicht unbedingt Netanjahus einzige Heimat. Denn in den USA, wo er mit seiner Familie seine Jugend und Studentenzeit verbrachte, fand er eine zweite Heimat. Dort begann er auch seine politische Laufbahn. In den Jahren 1984–1988 vertrat er Israel in den Vereinten Nationen. 1988 kehrte er im Alter von 39 Jahren nach Israel zurück und schloss sich der Likud-Partei an. In den Jahren 1988–1992 vertrat er seine Partei in der *Knesset* und diente auch als Vizeaußenminister. 1993 griff er dann zum Likud-Vorsitz. Ben Caspit erklärt Netanjahus rasanten Erfolg mit einer Mischung aus Charisma, rhetorischem Können, jahrelanger Erfahrung vor der Kamera, guten Englischkenntnissen und sehr guten Kontakten in die USA.[381]

Die Opposition gegen den Oslo-Friedensprozess bot Netanjahu die erste große Chance. In den Jahren 1993–1995 führte der neue Likud-Chef eine Hetzkampagne gegen die Regierung Yitzhak Rabin, die stark auf die Person des Premiers abzielte. Da Netanjahu Verhandlungen mit den Palästinensern sowie jegliche Option der Gebietsrückgabe verteufelte, sah vor allem die Siedlerbewegung in ihm den richtigen Mann für ihre Zwecke. Noch bevor Rabin am 4.11.1995 ermordet wurde, stellte *Haaretz*-Kolumnist Doron Rosenblum fest, dass in Anbetracht der Hetze gegen den Friedensprozess die eigentliche Probe für die israelische Demokratie nicht der historische Machtwechsel von 1977, sondern der von 1992 sei.

380 Caspit 2018, S. 1758; Pfeffer 2018, S. 498–499; vgl. auch Mazal Mualem: *Cracking The Netanyahu Code*. Kinneret, Zmora, Dvir Publishing House Ltd. Israel 2022, Hebr. (hier verwendete digitale Version), S. 20ff.

381 Caspit 2018, S. 1754ff.

Einige Wochen vor dem Mord schrieb Rosenblum prophetisch, dass in diesem »Guerillakrieg gegen die Regierung Rabin der letzte Schuss noch nicht gefallen ist.«[382]

Dieser »Guerillakrieg« wurde insbesondere mit den gut orchestrierten Kundgebungen geführt, die anlässlich Oslo II im September 1995 vom Likud und dem Siedlerrat initiiert wurden. Dabei wurde Rabin mit palästinensischem *Kafia*-Tuch und in SS-Uniform abgebildet. Auch ein mit dem Schriftzug »Zionismus« versehener Sarg wurde präsentiert, um Rabins Friedenspolitik mit dem Ende des zionistischen Israel gleichzusetzen. Netanjahus erbarmungsloser Kampfstil galt in der politischen Kultur der 1990er-Jahre als neues Mittel. Nicht zuletzt infolge dessen erschütterte Rabins Ermordung durch einen jüdischen Extremisten das ganze Land. Auch Netanjahu selbst gab sich überrascht. Er befürchtete sein politisches Aus und dachte ernsthaft über einen Rücktritt nach. Doch ließ er sich von seinen Beratern überzeugen, sich gänzlich von dem Mord zu distanzieren, käme ein Rücktritt doch einem Schuldeingeständnis gleich.[383]

So rüstete er sich stattdessen für den bevorstehenden Wahlkampf gegen Rabins Nachfolger. Shimon Peres hätte zu diesem Zeitpunkt die Friedenspolitik fortsetzen können, um wiedergewählt zu werden. Auch die US-Clinton-Administration setzte sich mit Hinblick auf die Fortsetzung der Friedenspolitik stark für Peres ein. Doch der eingefleischt sicherheitspolitisch orientierte Establishmentsmann des Linkszionismus wählte einen anderen Weg.[384] Im Januar 1996 genehmigte er die Tötung eines Hamas-Terroristen in Gaza und im April einen Waffengang im Libanon. Die Terrorismuswelle, die infolge dieser sicherheitspolitischen Entscheidungen über israelische Städte hereinbrach, bot dem »Terrorismus-Experten«[385] Netanjahu die Chance, sich als »starker Mann« zu positionieren.

Netanjahus knappen Wahlsieg im Mai 1996 erklärt Caspit mit Fleiß, politischem Geschick, Professionalität und einem fokussierten Wahlkampf.[386] Doch gewiss spielte auch seine ausgesprochen große

382 Doron Rosenblum: »Im Guerillakrieg gegen [die Regierung] Rabin ist der letzte Schuss noch nicht gefallen«, *Haaretz* 22.9.1995 (1.11.2017).

383 Caspit 2018, S. 413.

384 Amar-Dahl 2010.

385 Benjamin Netanyahu: *A Place Among the Nations*, Bantam Books 1993 (Tel Aviv: Yedioth Ahronoth 1995).

386 Caspit 2018, S. 414ff.

Risikobereitschaft eine Rolle. So stimmte die *Knesset* 1992 über ein neues Wahlsystem der »Zwei-Stimmzettel« für die direkte Wahl des Premiers und der Partei ab. Netanjahu unterstützte diese Reform im *Grundgesetz: Die Regierung,* und zwar gegen die ausdrückliche Position seiner Partei. Der noch regierende Likud hätte die Mehrheit in der *Knesset* gehabt, um diese Reform zu blockieren. Doch Netanjahu ging 1992 seinen eigenen Weg und sorgte mit seiner Stimme dafür, dass die nächsten Wahlen in Direktform abgehalten würden. Im Jahr 1996 wird diese Reform dem gutaussehenden, eloquenten Rhetoriker schließlich zum Posten des Premiers verhelfen. Doch Anfang 1992 war Netanjahus Position im Likud noch lange nicht gesichert. Hätte der Likud im Sommer 1992 die Arbeitspartei besiegt, hätte der trotzige Neuling kaum eine Chance gehabt, Fuß zu fassen.

Diese Taktik, *auf des Messers Schneide zu gehen,* wurde zu Netanjahus Markenzeichen. Er tat dies als Oppositionsführer 1993–1995 bis zum fatalen Ausgang in einem politischen Mord ebenso wie 1996 im Wahlkampf gegen Peres, als er mit ebenfalls neuem Kampfstil zu aggressiven Wahlslogans wie »Netanjahu ist gut für die Juden« und »Peres wird Jerusalem teilen« griff. In den Jahren 2009–2021, vor allem jedoch in der Regierungskrise der Jahre 2019–2022, brach Netanjahu alle Rekorde politischer Tricks und Kniffe. Nicht zuletzt deshalb konnte er auch während besagter Regierungskrise seine Macht sehr lange halten. Und es ist dieselbe Taktik, mit der er auch im Jahr 2023 die Macht beansprucht.

Netanjahus Politkunst zeugt von einem tief greifenden Wissen um die Zerrissenheit der israelischen Politik und Gesellschaft. Bereits 1996 bildete er vor dem Hintergrund des neuen Wahlverfahrens der Zwei-Stimmzettel einen politischen Verbund aus israelisch-jüdischen Randgruppen, der nicht-zionistische Orthodoxe oder Nationalreligiöse, säkulare Russen oder *Mizrahi*[387] (*Gesher*) und religiöse *Mizrahi* (*Shass*) umfasste. Mithilfe dieser »Underdogs-Koalition« sicherte sich Netanjahu deren Zweitstimme für seine Kandidatur als Ministerpräsident. Er formte aus diesen Minderheiten geschickt einen politischen Block, der ihre jeweiligen politisch-kulturell-religiösen Orientierungen überwand. Auf diese Weise band er sie längerfristig an sich und machte sie zur »israelischen

387 Der Begriff Mizrahi wird im Weiteren näher erläutert. Alles in allem handelt es sich hierbei um eine große jüdisch-israelische Bevölkerungsgruppe, deren Herkunft die arabisch-muslimische Welt ist.

Rechten«, für manchen gar zum »Zweiten Israel«, das sich gegen das linkszionistische »Erste Israel« abhob.[388]

Eine solche Dualität bedurfte 1996 jedoch des *herkömmlichen* israelischen Links-Recht-Diskurses. Laut dem Soziologen Lev Grinberg wurde dieser *mythische* Diskurs im Zuge des politischen Mordes an Rabin paradoxerweise abgeschwächt, und zwar ausgerechnet von Peres, der ja auf die »Einheit des Volkes« gesetzt hatte. Da aber Netanjahus Strategie die Polarisierung war, bediente er sich des an kulturell-religiöser Symbolpolitik orientierten mythischen Diskurses, indem er sich selbst als »Retter« von Nation/Staat/Land, der »gut für die Juden« sei, in Kontrast zu seinem politischen Rivalen/Feind Peres stellte, der »Jerusalem aufteilen« würde. Gemäß diesem mythischen Diskurs wurden die Kategorien der »Juden« und der »Israelis« einander im Kontext eines struktur-immanenten Konflikts gegenübergestellt.[389]

Grinberg weist hier auf eine bittere Ironie hin: Während Peres im Sinne der »Einheit des Volkes« mit dem umstrittenen Oslo-Friedensprozess zögerte und letztlich eine Kehrtwende einleitete, sah Netanjahu gerade in der Verschärfung der Unterschiede zwischen Rechten und Linken seine Chance, gewählt zu werden – und zwar auch nach dem Mord an Rabin, den Peres zwecks inner-jüdisch-israelischer Versöhnung im Wahlkampf 1996 gänzlich entpolitisiert hatte.[390] Die Polarisierung der Gesellschaft zwecks Elitenentmachtung machte Netanjahu zu seinem Markenzeichen, zu seiner Strategie des Machterhalts.

Netanjahus Projekt der Entmachtung der linkszionistischen Eliten

Zu Netanjahus einschneidendstem historischen Beitrag zählt die Entmachtung der linkszionistischen Staatseliten.[391] 2021 gewannen die zwei

388 Vgl. Avishai Ben Haim: »Unser Staat ist uns gestohlen worden«: Dokumentation zu Israels 70-jährigem Jubiläum. Channel 10, 2018.

389 Grinberg 2007, S. 166

390 Ebd.; Amar-Dahl 2010.

391 Ende der 1990er Jahre erkannte der israelische Soziologe Baruch Kimmerling diese Transformationen der israelischen Gesellschaft. Vgl. Baruch Kimmerling: *The End of Ashkenazi Hegemony*, Keter Publishing House, Jerusalem 2001, Hebr.; Baruch Kimmerling: *The invention and decline of Israeliness – state, society, and the military*, Berkeley 2001.

linkszionistischen Parteien *HaAvoda* und *Meretz* jeweils nur sieben der insgesamt 120 Parlamentssitze, sodass eine linkszionistische Regierung heutzutage kaum mehr vorstellbar ist. Mit der Zuspitzung des mythischen Diskurses hat Netanjahu den Begriff »*Smol*« – womit nicht nur *links*, sondern insbesondere auch *linkszionistisch* gemeint ist – dezidiert und erfolgreich degradiert, zu seiner Nemesis und damit zum ultimativen Gegner des rechten Blocks gemacht.

In den Jahren 2019–2022 kommen Netanjahus eigentliche Herausforderer entweder aus den Parteien der Mitte wie *Yesh Atid* bzw. *Blau Weiß* oder aus ausdrücklich rechtszionistischen Parteien wie *Yemina*, *Neue Tikva* und *Israel Betenu*. An dieser politischen Parteienlandschaft zeigt sich, dass der historische oder *mythische* Links-Rechts-Disput längst entschieden ist, auch wenn die arabische Partei *Ra'am* notgedrungen an der neuen Regierung mitbeteiligt wurde.

Die demografische Verwandlung der israelischen Gesellschaft wurde von Staatspräsident Reuven Rivlin (2014–2021) in einer viel beachteten Rede angesprochen, die auch als »Stämme-Rede« bezeichnet wird.

Nach Netanjahus viertem Wahlsieg 2015 thematisierte Rivlin, ehemaliger *Knesset*-Vorsitzender und Likud-Mitglied, vor allem die soziokulturelle und soziopolitische Bedeutung solch einer Veränderung. Wie er beobachtete, habe sich die einst aus einer dominanten zionistisch-säkularen Mehrheit und etlichen Minderheiten bestehende Gesellschaft zu einer *vierstämmigen Gesellschaft* gewandelt. Bei diesen vier Stämmen handle es sich um die Gesellschaftsgruppen der Nationalreligiösen, der Säkularen, der Orthodoxen und der Araber Israels. Diese »neue israelische Ordnung« sei ein Resultat demografischer Verschiebungen, die sich laut Rivlin auch in der Abwesenheit eines »gemeinsamen Ethos« äußern. Was der Präsident damit meinte, ist das *zionistische* und damit einhergehend das *zivilmilitaristische* Ethos, das weder den jüdischen Orthodoxen noch den Arabern Israels eigen sei: »Früher fungierte *Zahal* [die israelische Armee] als unabdingbares Instrument der israelischen Identität. Doch in der neuen israelischen Ordnung absolvierte fast die Hälfte der Israelis den Militärdienst nicht.«[392]

392 Vgl. englische Version: President Reuven Rivlin Address to the 15th Annual Herzliya Conference »Israeli Hope: Towards a New Israeli Order« 7.6.2015: https://www.runi.ac.il/research-institutes/government/ips/herzliya-conference/hc2015/publications/

Hier stellt sich die Frage nach der *israelischen* Identität im *zionistischen* Staatsverständnis und dem gegenseitigen Verhältnis von Israelismus, Zionismus und Judentum. Wie soll der jüdische Staat mit ausdrücklich nicht-zionistischen Gruppen umgehen, wenn diese doch immer mehr an politischer Macht gewinnen? Israel wusste schon immer die Orthodoxen und vor allem die Araber Israels zwecks seines zionistischen Staatsprojekts der Judaisierung des Landes effektiv zu marginalisieren. Dies setzte sich auch nach der Eroberung der Palästinensergebiete 1967 und dem Beginn des Oslo-Prozesses der 1990er-Jahre fort. Auch dabei hatte die mit dem Siedlungsprojekt einhergehende Besatzung und Sicherheit absoluten Vorrang.

Dieser »alten« Ordnung diente der herkömmliche, mythische Rechts-Links-Diskurs allemal. Beide zionistischen Lager setzten besagtes Projekt zwar gemeinsam um, *debattierten* jedoch darüber, wie zukunftsorientiert es angesichts der binationalen Demografie im Lande sei, vor allem jedoch, wie dieses Projekt gegenüber der Weltgemeinschaft völkerrechtlich zu vertreten sei. Mitte und Ende der 1980er-Jahre, als der Palästina-Konflikt erneut entbrannte, waren diese Fragen politisiert worden. Während die Rechtszionisten ihr Siedlungsprojekt allen Zwängen zum Trotz vorantreiben wollten, griffen immer mehr Linkszionisten zum wichtigen Instrument der Friedensideologie. Diese diente insofern der »alten« israelischen Ordnung, als dass sie sowohl Israel nach außen als lebendige, pluralistische und kompromissbereite Demokratie darstellte als auch nach innen Hoffnung und Perspektive gab. Jedenfalls hielt die Friedensideologie den Druck vom politischen Israel ab und gab ihm so kostbare Zeit, um mit dem Siedlungsprojekt in den besetzten Gebieten voranzuschreiten.

Das Paradebeispiel für die Friedensideologie als Instrument der »alten« Ordnung ist der Friedensprozess der 1990er-Jahre: Während in diesem Jahrzehnt innenpolitisch heftig debattiert wurde – bis hin zum politischen Mord an einem Ministerpräsidenten dessen Friedenspolitik wegen –, intensivierte das politische Israel das Siedlungsprojekt exorbitant: Der Bau von Umgehungsstraßen für die Siedler ging mit der Verdreifachung der Siedlerzahl in den Palästinensergebieten einher.

Auch der »imaginierte Friede« von Oslo ist Teil dieser Friedensideologie. Der israelische Diskurs verlagerte sich von der dominanten

Sicherheitsfrage hin zur vermeintlich pluralistischen »Post-Konflikt-Ordnung«. In dieser Ordnung wurden gerade die Randgruppen politisch immer relevanter, ob nun die Nationalreligiösen oder die Orthodoxen (Ashkenazi oder *Mizrahi*), die *Mizrahi* (säkular oder religiös) oder die russischen Neuimmigranten. Sie organisierten sich parteipolitisch und waren bestrebt, ihre Anliegen auch in Parlament und Regierung zu vertreten.

Netanjahu wusste diese neu aufkommenden politischen Kräfte zu seiner Machtbasis zu machen. Anders als Rivlins Gesellschaftsaufteilung in Zionisten versus *Nicht*-Zionisten, unterteilte Netanjahu die israelische Gesellschaft in das linkszionistische Alt-Establishment und die einstigen »Randgruppen«. Doch wie hat Netanjahu diese so unterschiedlich orientierten Gruppen zur politisch dominanten »israelischen Rechten« zusammengeschweißt? Warum folgten sie ausgerechnet ihm?

Diese Frage stellte kurz nach Netanjahus Abwahl 1999 auch die orthodoxe Philosophin Tzvia Greenfield. Weshalb unterstützten nationalreligiöse bzw. orthodoxe Parteien ausgerechnet den »säkularen, leichtsinnigen Nihilisten«, der nicht nur in zweiter Ehe eine Nichtjüdin geheiratet hatte, sondern nach eigenem Eingeständnis auch in seiner dritten Ehe fremdgegangen ist?[393] Mit seiner durchaus säkular-zionistischen Sozialisation erscheint Netanjahu auf den ersten Blick kaum als der Mann für eine jüdisch-orthodoxe Politik. Greenfield kommt hier zu einer bemerkenswerten These, welche für die Elitenentmachtung von Belang ist: In Netanjahu als dem »Vertreter der Wut-Ära«[394] hätten die diversen religiösen Kräfte den richtigen Mann für *ihren* »religiösen Auftrag«[395] gesehen, der darin bestand, das zionistische bzw. säkulare Israel in der gegebenen Form aufzuheben. Diese Kräfte hätten erkannt, wie gezielt und »skrupellos« Netanjahu nach Macht strebe, wie »gottlos« er sei, sodass sie in ihm den richtigen Mann für den »historischen Auftrag des Rachefeldzugs« sahen. Dieser Auftrag bestünde darin, »die [politischen] Ziele des säkularen [Staats-]Projektes, die Friedenspolitik und das [säkular-weltliche] Oberste Gericht, zu bekämpfen.«[396]

393 Tzvia Greenfield: *Cosmic Fear: The Rise of the Religious Right in Israel*, Miskal Yedioth Ahronoth Books and Chemed Books 2001, Hebr., S. 17.

394 Ebd., S. 16.

395 Ebd., S. 18.

396 Ebd., S. 34–35.

Die Protagonisten sind hier vor allem die *nicht-zionistischen* Orthodoxen *und* die *zionistischen* Nationalreligiösen. Den gemeinsamen Nenner dieser unterschiedlichen religiösen Strömungen machte Greenfield an deren feindseliger Haltung gegenüber den beiden Projekten des linkszionistischen, säkularen Israel fest: am Oslo-Friedensprojekt und dem »liberalen« Obersten Gericht. Diese beiden Prestigeprojekte des möchtegern-liberalen Israel seien für die Religiösen ein »rotes Tuch«.[397]

Bekämpfte Netanjahu das linkszionistische Israel also, um diese »Randgruppen« zu gewinnen? Greenfield dazu: »Ob bewusst oder nicht wurde Netanjahu zum ›Prinzen der Dunkelheit‹«. Er habe die tief sitzenden Gefühle vieler religiösen Gruppen gefördert, die sich vom herkömmlich säkularen, zionistischen Projekt entfremdet hätten; diese hätten sogar den jüdischen Staat in der bekannten Form der israelischen Ordnung auflösen wollen.[398]

Ob die Entmachtung linkszionistischer Kräfte sogleich die Auflösung des jüdischen Staates bedeuten würde und ob dies auch das Ziel der Nationalreligiösen bzw. Netanjahus selbst war, sei hier dahingestellt. Tatsache ist jedoch, dass Greenfield bereits 2000 Netanjahus *längerfristige Machtstrategie* erkannte: Elitenentmachtung mithilfe der ursprünglichen *religiösen* Kritiker des Zionismus, damit auch mithilfe der *benachteiligten Unterschichten* der Gesellschaft.

Solch eine große Underdog-Gruppe zu formen, die zudem auch diverse Gesellschaftsgruppen der israelischen Juden mit arabisch-muslimischer Herkunft mit einschloss, war Netanjahus wohl raffiniertester Schachzug. Die *Mizrahim* stellen nicht nur demografisch die größte Minderheitengruppe dar, sie haben auch eine äußerst angespannte Beziehung zum linkszionistischen Staatsestablishment. Tatsächlich ist der Riss zwischen den *Mizrahim* und dem als *Aschkenasi* apostrophierten Staatsestablishment der heikelste, und dies nicht zuletzt, weil er noch immer allzu gern verleugnet wird.

Hinzu kommt, dass sich diese Gräben eben nicht mit der Staatsideologie oder der Religion erklären lassen. Vielmehr ging und geht es noch immer um latente, soziokulturelle Ressentiments, welche schließlich in

397 Ebd.
398 Ebd., S. 19.

sozialer und ökonomischer Diskriminierung mündeten: Demütigungen in den ersten Jahren, Unterdrückung in Erziehung und Bildung, Ausbeutung am Arbeitsplatz, Benachteiligung bezüglich der Staatsressourcen. Da diese Wunde sehr lange offen blieb, weil die schmerzhafte Geschichte dieser Beziehung über die Jahre hinweg kaum verarbeitet wurde, gelang es Netanjahu, sie gekonnt für sich zu instrumentalisieren.

Dennoch ist es immer wieder erstaunlich, wie der aschkenasische, wohlhabende und dazu auch ultrakonservative, neoliberale Netanjahu die *Mizrahi*-Unterschichten als stabile Machtbasis aufrechterhalten konnte. Der Tel Aviver Soziologe Nissim Mizrachi sorgte 2019 für eine hitzige Debatte, als er vor dem Hintergrund der Regierungskrise seine These ausbreitete: »Israels homogenste, abgeschlossenste Gruppe ist das linksliberale Lager, die pluralistischste hingegen sind die traditionsbewussten *Mizrahim*«.[399] Letztere seien viel offener, viel toleranter als die vermeintlich Linksliberalen. Die politische Sackgasse erklärte der Soziologe des Liberalismus jedoch mit der Identitätspolitik. Der Linkszionismus strebe ein demokratisch-säkular-westliches Israel mit jüdischer Orientierung an, die Rechtszionisten hingegen setzten auf die lokale, jüdisch-nationale Identität. Da letztere die soziokulturelle Wahl der *Mizrahim* seien, hätten diese auch denjenigen Kandidaten gewählt, der dazu stünde, ob es sich dabei um Menachem Begin, Benjamin Netanjahu oder um einen Naftali Benett handelte, wobei allesamt aschkenasischer Herkunft sind.[400]

Das Wahlverhalten der *Mizrahim* erklärt der Soziologe außerdem mittels seiner Kritik am israelischen Liberalismusverständnis. In seinem viel beachteten Aufsatz »Jenseits des Gartens und Dschungels: Zu sozialen Grenzen des israelischen Menschenrechtsdiskurses«[401] bezeichnet Mizrachi das globale Projekt des Liberalismus auch im israelischen Kontext als eine gescheiterte Vision. In Israels Gesellschaftsordnung sei das Liberalismusversprechen an die *Mizrahim* immer wieder gebrochen worden, weshalb es nicht verwunderlich sei, dass sie sich am Gegenmodell des konservativen, jüdisch-nationalen, lokalen Patriotismus orientierten.[402]

399 *Haaretz Magazine* 26.12.2019: »Tel Aviver Soziologe Nissim Mizrachi vor dem Hintergrund eines dritten Wahlgangs«: https://www.haaretz.co.il/magazine/.premium-MAGAZINE-1.8317698.

400 Ebd.

401 Nissim Mizrachi: »Jenseits des Gartens und Dschungels: Zu sozialen Grenzen des israelischen Menschenrechtsdiskurses«, *MA'ASE MISHPAT* 4, 2011, Hebr., S. 51–74.

402 Mizrachi 2011; vgl. auch *Haaretz Magazine* 26.12.2019.

Einen protestorientierten Erklärungsansatz vertreten auch die israelisch-amerikanische Kulturwissenschaftlerin Ella Shohat und der israelische Poet und Aktivist Sami Shalom Shetrit. Für Shohat stellt die Likud-Loyalität eine Art Revolte gegen die aschkenasische Elite nach Jahrzehnten der Diskriminierung dar.[403] Shetrit erklärt diese Loyalität auch mit dem »*Mizrahi*-Komplex«, also mit der strukturellen Ausgrenzung der historischen Arbeiterpartei *Mapai*. Der Likud habe sich als Wahlpartei für die *Mizrahim* angeboten, weil er als große Volkspartei im Vergleich zu kleinen Minderheitsparteien einen höheren Grad an Integration und Identifikation in und mit Politik und Gesellschaft ermöglicht habe.[404]

Denn *Mizrahi* ist schließlich eine *israelische* Kategorie, wie der israelische Historiker Yehuda Shenhav in seiner bahnbrechenden Arbeit über die arabischen Juden herausarbeitet.[405] Diese Kategorie sei erst aus dem Zusammenstoß zwischen den jüdischen Immigranten aus arabisch-muslimischen Ländern und den aschkenasisch-zionistischen Staatseliten entstanden. Die Gewinnung der Juden aus dem Orient für ein jüdisch-zionistisch-europäisches Projekt sei von vornherein damit verbunden gewesen, dass sich diese ihrer *arabischen* Identität ansatzweise oder gänzlich entledigen. Daher gründeten die *Mizrahim* ihre neue, israelische Identität entweder auf dem *ethnisch-nationalen* Judentum oder auf der *jüdischen* Religion. So wird der Rechtsruck vieler *Mizrahi*-Wähler damit erklärt, dass der Mix aus Nationalismus, Ethnizität und Religion im zionistischen Israel jegliche Annäherung zwischen den Palästinensern und den *Mizrahim* unmöglich machte, würde eine solche Annäherung doch ihre nunmehr *israelische* Identität gefährden.[406] Mit diesem Identitätskomplex erklärt Mizrachi die ungebrochene Loyalität vieler *Mizrahim* zum zionistischen Staatsnarrativ.[407]

Die israelische Psychoanalytikerin Sharon Shetrit schreibt dieses loyale Wahlverhalten einem »sonderbaren *Mizrahi*-Komplex« zu. Die Verehrung, Identifikation und Liebe zu Netanjahu führt sie auf eine

403 Vgl. Mizrachi 2011, S. 62; siehe auch Ella Shohat: »Mizrahim in Israel. Der Zionismus aus Sicht seiner jüdischen Opfer«. In: dies., *Die Mizrahi Revolution: drei Essays vom Zionismus und Mizrahi*, Jerusalems alternatives Informationszentrum, 1999, Hebr., S. 11–63.

404 Vgl. Mizrachi 2011, S. 62.

405 Vgl. Yehouda Shenhav: *The Arab-Jews: Nationalism, Religion and Ethnicity*, Tel Aviv 2003, Hebr., S. 2.

406 Ebd.

407 *Haaretz Magazine* 26.12.2019.

»Identifikationsfalle« zurück, bei der die *Mizrahim* eine zwiespältige Haltung gegenüber dem Aschkenasi an den Tag legen würden. Während sie ihn einerseits als Teil der Elite verehrten und glorifizierten, hassten sie ihn zugleich für seinen Rassismus und die damit verbundene strukturelle Diskriminierung. Die Identifikationsfalle bestehe also darin, dass die *Mizrahim* den gegen sie gerichteten Rassismus verinnerlicht hätten, weshalb sie sich nicht davon befreien könnten. Vom »Gespenst der unbewussten Verehrung und Glorifizierung der Aschkenasim« ist die Rede, was zugleich in den tradierten Hass auf *alle* Aschkenasim mündet. Eben diesen tradierten Hass habe Netanjahu benutzt, indem er *die Aschkenasim* mit *den Linken* gleichgesetzt und so die *Mizrahim* für sein Projekt der Elitenentmachtung instrumentalisiert habe.

Netanjahu habe die *Mizrahim* zu seinen Komplizen gemacht, so Shetrits These. Dem aschkenasisch-säkularen Alphatier und eingefleischten Vertreter der reichen und überheblichen Staatseliten sei es gelungen, eine raffinierte Version der alten *Mapai* zu werden. Denn auch er hat tatsächlich mehrere *Mizrahi*-Politiker gefördert und zu Ministern in seiner Regierung ernannt. Allerdings habe er dies nur unter der Bedingung getan, dass sie *ihm* als Person und eben nicht der Partei als solcher loyal blieben. Ihm hätten sie zu dienen. So habe Netanjahu schließlich eine tiefe Wunde der israelischen Gesellschaft für seine Zwecke missbraucht.[408]

Der »Vertreter der Wut-Ära« setzte also auf den in der israelischen Gesellschaftsordnung tief verwurzelten Kulturkampf. Den *Aschkenazi-Mizrahi*-Kulturkampf versteht der Historiker Shenhav im dialektischen Verhältnis von Nationalismus, Ethnizität und Religion. Das zionistische Säkularisierungsprojekt wollte die Juden *und* das Judentum nationalisieren, doch das ganze Projekt sei von vornherein auf die jüdische Theologie angewiesen gewesen, bezog es sich doch auf die Bibel, das verheißene Land und vor allem auf das Staatssubjekt des »Juden« gemäß dem jüdischen Halacha-Gesetz. Zu dieser national-religiösen kam die *ethnische* Spannung hinzu, denn um innerhalb der jüdisch-israelisch-zionistischen Gesellschaft den säkularen, progressiven Zionismus von der *religiös* verstandenen Zion-Sehnsucht der arabischen Juden zu unterscheiden,

408 Sharon Shetrit: »Loyal um jeden Preis: Warum wählen die Mizrahim immer wieder Netanjahu?«, *Haaretz* 10.12.2020.

sei in Israel die Kategorie *Mizrahi* entstanden. Somit sei die Spannung zwischen Religiosität und Säkularität im nationalen Projekt ungelöst geblieben.[409]

Dass der geschichtsträchtige, israelisch-arabische Nationalkonflikt stets im Hintergrund tobte, verschärfte diesen multi-komplexen Kulturkampf noch, was durchaus im Sinne Netanjahus war. Sein Biograf Pfeffer kommentiert dazu:

> »Er hat nur dank des zersplitterten israelischen Konsenses und seines Geschicks, bestimmte Gemeinschaften und Teile der Gesellschaft gegeneinander aufzuhetzen, so lange regiert. Er hat unglückliche Koalitionen aus unzufriedenen Politikern aufgebaut, die wie er davon überzeugt sind, dass sie, egal wie lange sie an der Macht sind, immer noch Außenseiter sind, welche einer mythologischen Elite gegenüberstehen. […] Netanjahu hat die Spaltung der israelischen Gesellschaft nicht verursacht. Der Likud hat sie von den Gründervätern Israels geerbt. Aber während der erste Führer der Partei, Menachem Begin, […] seine Karriere dem Versuch widmete, diese Klüfte zu überbrücken und die Nation zu vereinen, hat Netanjahu jeden möglichen Spalt aufgerissen.«[410]

Netanjahu und die Palästina-Frage

Wie kaum ein anderer entpolitisierte Netanjahu die Palästina-Frage und drängte den israelisch-palästinensischen Konflikt von der Tagesordnung, mithin aus dem politischen Diskurs. Nicht zuletzt darin besteht sein historischer Beitrag zum Neozionismus. Viel entschlossener und effektiver als seine Vorgänger suchte er die ur-zionistische territoriale Frage aus dem politischen Alltag zu entfernen. Dabei verbuchte er einen nicht zu unterschätzenden Erfolg. Unter seinen Regierungen der Jahre 2009–2021 wurde der Konflikt sukzessiv aus dem politischen Diskurs verdrängt. Und in der Tat stellte er in den Wahljahren 2019–2022 kein politisches Thema mehr dar – ungeachtet dessen, dass die Spannungen

409 Shenhav 2003, S. 118.
410 Pfeffer 2018, S. 570.

mit den Palästinensern in Gaza, im Westjordanland und in Ost-Jerusalem bekanntlich stets auf der sicherheitspolitischen Tagesordnung blieben.

Dieses Paradoxon gehört zur Hauptanomalie der israelischen Ordnung und bedarf einer Erklärung. Netanjahu hatte sich schon in seiner ersten Legislaturperiode 1996–1999 dafür eingesetzt, den politischen Prozess mit den Palästinensern zu bremsen. Doch 1999 wurde er auch deshalb abgewählt, weil eine Mehrheit den Oslo-Prozess befürwortete. Ein Jahrzehnt später konnte Netanjahu seinen neozionistischen Kurs in einer »Gesellschaft ohne Opposition« schon zügiger verfolgen. Nun galt die Palästina-Frage nicht mehr als politisch relevant.

Damit steht Netanjahu in einer langen Tradition zionistischer Politik. So bemängelte Yitzhak Epstein schon 1907 in seinem berühmten Artikel »Die verborgene Frage«, dass die zionistische Bewegung die »arabische Frage« verdränge.[411] Auch Hannah Arendt erkannte 1945 das sorgenerregende Muster der frühen Zionisten, wie sie »die Mittelmeervölker ignorieren und nur nach den fernen Großmächten Ausschau halten«.[412] 1996 erklärte der in der Tradition des politischen Zionismus stehende Shimon Peres in Bezug auf die Verdrängung der altansässigen Bewohner Palästinas schon durch die früheren Zionisten: »Die Macht des Zionismus basierte auch auf Unwissen. Man kann keinen Traum haben, wenn man über alle Fakten verfügt.«[413] Peres selbst prägte über fünf Jahrzehnte hinweg die israelische Palästina-Politik mit und trug erheblich zur Entpolitisierung des Konflikts bei. Der politische Oslo-Friedensprozess stellte eben die Ausnahme in der Konfliktgeschichte dar.[414]

Netanjahus Projekt, die Palästina-Frage aufzuheben, ergibt sich jedoch auch aus seinem Programm der Entmachtung linkszionistischer Staatseliten. 2019 beobachtete Yitzhak Laor hierzu:

> »Zu Beginn des neuen Jahrtausends wusste Netanjahu um die Bedeutung der jüdischen Kolonisation der besetzten Gebiete. Er sah sich

411 Yitzhak Epstein: »Die verborgene Frage«, *HASHILOH*, Odessa 1907, Hebr.; vgl. auch Yitzhak Epstein: »Die wichtigste Frage zur Siedlung des Landes«, Jaffa 1918, Hebr.: https://benyehuda.org/read/10580#ch164.

412 Hannah Arendt: »Zionism Reconsidered«, *The Menorah Journal* 33/2, 1945, S. 162–196.

413 Robert Littell: *Gespräche mit Shimon Peres – Arbeit für den Frieden*, Frankfurt/Main 1998, 31.

414 Amar-Dahl 2010, S. 328ff.

> gezwungen, alles auf den Kopf zu stellen. Er hatte keinerlei Respekt für die [linkszionistischen] Offiziere der Arbeiterbewegung, auch nicht für ihre ›Werte‹ oder ihre Schriftsteller. [...] Er setzte sich dafür ein, sich der [linkszionistischen] Altlast ein für alle Mal zu entledigen: ›weg mit dem [Thema] Besatzung‹, ›weg mit Oslo‹, [weg] ›mit den Palästinensern, [und weg mit der] Siedler-Kritik‹. [...] Trotz *realer* Besatzung und massiver Tötung von Palästinensern, zu der von jüdischer Seite wohlgemerkt geschwiegen wurde, gelang es Netanjahu, *die verheerende Bedeutung der Besatzung aufzuheben. Mit Medienhass, Ignoranz, Dämonisierung und Shoah verwandelte Netanjahu Israels größtes Problem zu seinem ultimativen Sieg.* [...] *Nun schweigen unsere leeren Straßen.*«[415] [meine Betonung TA.]

Das Rätsel Netanjahu steckt in ebendiesem Paradoxon, dass es ihm gelang, den *realen* und *stets tobenden* Konflikt aus dem politisch-diskursiven Alltag zu entfernen. Er konnte wiederholt ausreichend Zuspruch unter den Israelis finden, weil er beteuerte, sich *für sie der brisantesten ur-zionistischen Frage entledigen zu können, und dies sogar zu einem einigermaßen erträglichen Preis.* Nach dem blutigen Jahrzehnt 2000–2009 waren die Israelis bereit, ihm zu folgen.

Netanjahus Strategie war, sich von der Friedensideologie seiner Vorgänger Rabin, Peres, Barak, Sharon und Olmert zu verabschieden. Zwar führten alle genannten Ministerpräsidenten Kriege, doch zugleich setzten sie auf einen politischen Prozess gemäß ihrer Friedensideologie. Netanjahu hingegen weigerte sich immer vehementer, US-amerikanischem Druck nachzugeben und neue Verhandlungen mit den Palästinensern aufzunehmen. In dem Zweikampf der Jahre 2009–2015 zwischen Netanjahu und dem US-Präsidenten Barack Obama gab letzterer schließlich auf. Auch die Europäer und Palästinenser gaben nach. Zwar hielt Netanjahu kurz nach seinem Amtsantritt im Juni 2009 eine versöhnliche Rede, in der er von der Zweistaatenlösung sprach, und beschloss daraufhin sogar einen zehnmonatigen Siedlungsstopp. Doch all dies tat er auf amerikanischen Druck hin, wobei er die altbekannte Friedensideologie nur beschwor, um dem wachsenden Groll der Obama-Administration

415 Yitzhak Laor: »Nun schweigen unsere leeren Straßen«, *Haaretz* 30.4.2019.

entgegenzutreten. Auch 2013–2014 beauftragte Netanjahu seine Justizministerin Tzipi Livni, alles Erdenkliche zu unternehmen, damit die Gespräche ins Leere führten.[416]

Im Jahr 2015 war die Palästina-Frage mit seiner erneuten Wiederwahl und der Bildung einer rechtsradikalen Regierung in Jerusalem gänzlich vom Tisch. Diese Regierung verabschiedete sich nun ganz offen und mit erstarktem neozionistischem Selbstbewusstsein von der Friedensideologie. Die Politik sah sich nicht mehr zuständig. Als der Konflikt immer wieder eskalierte (2012 und 2014 in Gaza, 2015–2016 in Jerusalem, 2018, 2019 und 2021 erneut in Gaza), wurde das Militär ganz im Sinne des Zivilmilitarismus mit dessen Austragung betraut. Das Hauptaugenmerk lag dabei ausschließlich auf den israelischen Verlusten. Deshalb zählt man das vermeintlich »ruhige Jahrzehnt« 2009–2021 tatsächlich zu Netanjahus Erfolgen.[417]

Erfolg wird hier wohlgemerkt aus dem neozionistischen Blickwinkel definiert. Denn den Konflikt zu entpolitisieren heißt zugleich, die *reale* Besatzung zu etablieren, was die Zivilmilitarisierung der Politik und Gesellschaft nach sich zieht. Durch diese Konstellation von Gewaltstruktur gekoppelt an Kriegsbereitschaft wird dem Neozionismus wiederum erneuter Vorschub geleistet. Schließlich nährt sich der Neozionismus von der vertrackten politischen Lage, dient als »die ultimativ zionistische Antwort« auf *die* »ungelöste ur-zionistische Frage«. Deshalb ideologisiert, ja mythologisiert der Neozionismus schließlich das zionistische Staatsprojekt.

Dieses mythische Verständnis hat sich auch Netanjahu zu eigen gemacht. Er wollte sich als »starker Mann« verstanden wissen, der sich selbst enormem Druck widersetzen kann, weshalb er auch seine eigene Arbeit ideologisiert hat und es noch immer tut. Pfeffer schreibt hierzu: »Um Premierminister Israels zu werden, so glaubt er, braucht man ein Gespür für Geschichte, eine Vision für die Zukunft und die Stärke, unerträglichem Druck standzuhalten. Er kennt nur einen Mann mit diesen Eigenschaften.«[418]

An diesem historischen Auftrag will Netanjahu festhalten, denn vermeintlich könne nur er ein Land mit dermaßen vertrackten, de facto

416 Caspit 2018, S. 1481ff.
417 Aluf Benn: »Netanjahus Errungenschaften sind Israels Verfehlungen«, *Haaretz* 14.6.2021.
418 Pfeffer 2018, S. 569.

unlösbaren, da strukturimmanenten, politischen Problemen kraft seines Engagements retten. Dieses ideologisierte Verständnis seiner Arbeit verängstigt seine politischen Rivalen, weil Netanjahu daraus enorme Kraft schöpft, um seine Macht immer wieder neu zu erkämpfen.

Auch in seinem Kampf gegen einen palästinensischen Staat und gegen die iranische Nuklearkapazität ist Netanjahu mit Engagement und Sendungsbewusstsein dabei, ob nun mit israelischer Militärgewalt wie in den Jahren 2010–2012 oder mit diplomatischem Widerstand gegen die Bemühungen der internationalen Gemeinschaft wie 2014–2015. Ob im historischen Auftrag seines Vaters, des ultra-konservativen, kompromisslosen Revisionisten, oder aus seiner eigenen, düsteren Weltanschauung einer ständig bevorstehenden Shoah – Netanjahu selbst traut niemand anderem zu, das komplizierte Land besser zu führen als er selbst. Seine Kritiker mögen seinen Fanatismus, seinen Messianismus verspotten, ihm die Hartnäckigkeit verübeln, mit der er auf der Macht beharrt und so die Staatsinstitutionen, mithin das verbliebene demokratische Wertsystem, an den Abgrund führt.[419] Vor allem aber haben sie Angst vor seiner Person.[420]

***

Die Angst ist hier entscheidend und dazu auch begründet, denn wie in diesem Buch zu zeigen versucht wurde, ist Israel noch immer mit seinem »größten Problem« konfrontiert. Die Regierungskrise von 2019–2022 konnte nur deshalb dermaßen ausarten, weil der Führer des »Zweiten Israel« das »Erste Israel« tatsächlich weitestgehend entmachtet hatte. Netanjahu »nahm das Land als Geisel«, so wird ihm oft vorgeworfen, weil die Staatseliten in Politik, Medien und Justiz keine Antwort auf den »Giganten« hatten. Es ist symptomatisch, dass das Oberste Gericht es im Mai 2020 im Zuge des dritten Wahlgangs nicht wagte, Netanjahu seines Amtes zu entheben,[421] nicht zuletzt, weil auch einige seiner Mit-

419 Yossi Verter, *Haaretz* 1.7.2021.

420 Yossi Levi: »Lass ihn doch mit Amnesty gehen«, *Haaretz* 17.6.2021.

421 Netanel Bendel: »BAGATZ wies die Petitionen gegen den Koalitionsvertrag und die Bildung einer von Netanjahu geführten Regierung zurück«, *Haaretz* 6.5.2020: https://www.haaretz.co.il/news/law/1.8825565.

glieder eingeschüchtert worden waren.[422] Ebenso wurden die Mitglieder der neuen Koalition als *Knesset*-Neuabgeordnete im Vorfeld im Mai 2021 massiven Einschüchterungskampagnen ausgesetzt, und zwar bis zur Regierungsbildung am 13. Juni.[423] Das vergiftete Klima erreichte im Sommer 2021 einen neuen Höhepunkt.

Und dennoch hat die neue *Knesset* es nicht fertiggebracht, sich auf einen Gesetzentwurf zu einigen, der einem u. a. wegen Bestechlichkeit bereits Angeklagten den Weg zur Kandidatur für das höchste Amt des Landes versperrt hätte. Die Regierung Naftali Bennett (*Yamina*) erwies sich schließlich auch als viel zu gespalten, als dass sie selbst überleben hätte können. Bereits Ende Juni 2022, nach nur einem Jahr, musste sich die 24. *Knesset* auflösen. Dabei spielte Netanjahus Likud eine Schlüsselrolle, da sie sich als Opposition nicht nur weigerte, die Arbeit in den *Knesset*-Ausschüssen zu übernehmen, sondern der Likud auch einzelne Abgeordnete der regierenden Partei *Yamina* massiv unter Druck setzte, die Koalition zu kündigen. Und da die Regierung ohnehin nur eine knappe Mehrheit im Parlament hatte, waren ihre Tage schon gezählt, als der Likud den ersten Erfolg verbuchte.[424] Und so gelang es Netanjahu, den 5. Wahlkampf in dieser vierjährigen Regierungskrise zu dominieren und im November 2022 erneut für den Posten des Ministerpräsidenten zu kandidieren – und das, während ein Gerichtsverfahren gegen ihn anlief (und 2023 weiterhin anläuft).

Mitten in diesem Politkrimi 2021 eskalierte der Palästina-Konflikt im Mai erneut. Wie im Oktober 2000 brannte es an mehreren Fronten gleichzeitig. In Gaza, im Westjordanland und in Ost-Jerusalem kam es

422 Yossi Verter: »Netanyahu No Longer Wants a Unity Government, He Wants to Crush the Supreme Court«, *Haaretz* 17.4.2020: https://www.haaretz.com/israel-news/.premium-netanyahu-no-longer-wants-a-unity-government-he-wants-to-crush-the-supreme-court-1.8776776; Yossi Verter: »Netanyahu Is Now More Desperate and Dangerous Than Ever Before«, *Haaretz* 6.4.2021: https://www.haaretz.com/israel-news/elections/.premium.HIGHLIGHT-netanyahu-is-now-more-desperate-and-dangerous-than-ever-before-1.9685937; https://www.haaretz.co.il/news/law/1.8820378.

423 Vgl. *Haaretz* 31.5.2021: »Der Schabak verstärkt die Sicherheit um Bennett, Lapid und Schaked«: https://www.haaretz.co.il/news/politi/.premium-1.9861961; »Lapid: Bennett, Schaked und ich benötigen zusätzliche Sicherheit«: https://www.haaretz.co.il/news/politi/1.9860937; Zvi Bar'el: »A Government of Fumigation and Purification«, *Haaretz* 2.6.2021: https://www.haaretz.com/opinion/.premium-a-government-of-fumigation-and-purification-1.9865839.

424 Vgl. https://www.haaretz.com/israel-news/2022-04-06/ty-article/israels-ruling-coalition-loses-majority-as-whip-steps-down/00000180-5ba6-d718-afd9-dfbe97720000; und: https://www.haaretz.co.il/news/politi/2022-04-06/ty-article/.premium/00000180-5b92-d615-a9bf-dfd2eaaf0000.

erneut zu einem Krieg zwischen Israel und der Hamas. Auch in mehreren Städten im Kernland Israels kam es zu bürgerkriegsähnlichen Zuständen zwischen jüdischen und arabischen Staatsbürgern.

Wie 2000 war auch 2021 die allumfassende Angst spürbar. Aus israelischer Sicht war es vor allem die Angst um die Zukunft der nationalstaatlichen Existenz, des zionistischen Staatsprojekts und der altbekannten israelischen Ordnung. Denn die im israelischen Diskurs gut verdrängte Palästina-Frage war nun mit aller Wucht wieder präsent und machte einmal mehr deutlich, wie dieses »verborgene, größte Problem« des zionistischen Israel mit dem harten innenpolitischen Kampf gegen den »gespenstischen« Premier in den Übergangsregierungen zusammenhängt. Der Mann, der diesem Problem dezidiert aus dem Weg gegangen war und damit die alten linkszionistischen Lösungskonzepte ad acta gelegt hatte, musste sich in den buchstäblich letzten Tagen seiner Regierung erneut damit befassen. Obwohl Netanjahu nicht unbedingt als Kriegstreiber gilt, tat er schließlich, was die israelischen Entscheidungsträger in solchen Krisen für gewöhnlich tun: Er überließ dem Militär das Feld, um einen neuen Krieg zu führen. Denn auch er ist dem israelischen Zivilmilitarismus verbunden, gemäß dem Krieg und Besatzungsordnung unabdingbar sind, um Israels nationalstaatliche Sicherheit bzw. politische Ordnung zu gewährleisten.

Doch vor allem prägte Netanjahu ein neozionistisches Israel, ein selbstbewussteres Israel, das sich weigert, sich seiner anormalen Gewaltordnung zu stellen. Das Paradoxe dabei besteht darin, dass das Land unter Netanjahu trotz seiner offensiven Ablehnung der Friedensideologie einen rasanten wirtschaftlichen Aufschwung erlebte und seine internationalen Beziehungen immer mehr ausweiten konnte.[425]

Denn ihm ist auch gelungen, das *israelische Konfliktnarrativ* im Ausland intensiv und effektiv zu vermarkten. Zwar tat und tut dieses israelische Konfliktnarrativ dem tobenden Konflikt keinen Abbruch, doch Netanjahu bot den Israelis damit eine Art »Normalität«, wie trügerisch

425 So Pfeffer: »Zu seinen Gunsten [lässt sich sagen], dass das Israel, das er seinen Nachfolgern hinterlässt, reicher, stärker und durch Handel und diplomatische Allianzen besser mit der Welt verbunden sein wird. Aber es wird auch intern stärker polarisiert und weiter denn je davon entfernt sein, sich mit der anderen Nation, mit der es ein Land teilt, zu arrangieren. Solange Israel nicht mit sich selbst und mit den Palästinensern in Frieden lebt, wird es das Israel Netanjahus bleiben, selbst wenn er nicht mehr da ist.« Pfeffer 2018, S. 583.

sie auch sein mag.[426] Deshalb konnte er seine Machtbasis sehr lange und ziemlich stabil aufrechterhalten. Daher regiert der umstrittenste Premier mit Unterbrechungen schon über 15 Jahre und damit länger als all seine Vorgänger. Der »Retter der jüdischen Nation« verängstigt das Mainstream-Israel zutiefst, weil der »Außenseiter-Politiker« bereits im Begriff war, die altbekannte »israelische Ordnung« auf den Kopf zu stellen, was ihm teilweise auch gelungen ist.

Doch ist Netanjahu mit seinem autoritäreren Regierungsstil nicht etwa eine nachvollziehbare Antwort auf diese historisch gewachsene, konflikthafte israelische Ordnung? Diese Ordnung machte schließlich die *Okkupation eines Nachbarvolkes* und damit *die Zivilmilitarisierung* der *eigenen Gesellschaft* zu den Leitmotiven ihrer Staatsstrukturen, damit ihrer nationalstaatlichen Existenz.

Am Scheideweg von 2000, fünf Jahrzehnte nach der Staatsgründung, weigerte sich das politische Israel, sein eigenes Staatskonzept zu revidieren. Damit entschied es sich, die Besatzung aufrechtzuerhalten und den israelisch-palästinensischen Konflikt in seine politische Ordnung zu integrieren. Je mehr sich das Land in den Konflikt verstrickte, umso weniger konnten sich Politik und Gesellschaft dem Zivilmilitarismus entziehen. Je stärker der Zivilmilitarismus die Oberhand gewann, umso tödlicher ging das Militär in die Neuen Kriege. Der binationalen Demografie im Lande begegnete der Staat nicht zuletzt mit Gesetzgebung, wie dem Staatsbürgerschaftsgesetz oder dem Nationalstaatsgesetz. Damit öffnete das neozionistische Israel selbst die Tür für die Apartheid.[427]

In dieser vertrackten Lage konnte sich der Neozionismus immer weiter durchsetzen, mit ihm auch dessen »ultimativer« Führer, der in der *Ideologisierung des eigenen Staatsprojektes* die ultimative Lösung sah:

> »Netanjahu ist kein Kriegshetzer. […] Er ist der Premierminister mit den niedrigsten Opferzahlen in der Geschichte Israels. […] Aber die Zeit seines Israel läuft ab. Die Besetzung einer anderen Nation […]

426 Yoav Groveis: »Netanjahu, die Lüge, die wir uns erzählen«, *Haaretz* 10.12.2019.

427 Vgl. B'tselem-Bericht Januar 2021: https://www.btselem.org/hebrew/publications/fulltext/202101_this_is_apartheid; vgl. Bericht von Amnesty International, Februar 2022: https://www.amnesty.org/en/documents/mde15/5141/2022/en/; https://www.amnesty.org/en/latest/campaigns/2022/02/israels-system-of-apartheid/.

untergräbt die israelische Demokratie und die Menschenrechte in einem alarmierenden Tempo. Netanjahu hat keinerlei Pläne, um dieser Erosion entgegenzuwirken, außer mit dem Schüren von Rassismus und Angst, [...] denn er lässt sich nur von einem düsteren Blick auf die jüdische Geschichte inspirieren. Es gibt nichts zwischen dem unmittelbaren Überleben und der jahrhundertelangen Bedrohung.«[428]

428 Pfeffer 2018, S. 571. Vgl. dazu Caspit 2018, S. 933; siehe auch: Boaz Evron: »Die Shoah-[Gedenkpolitik] als Gefahr für das [jüdisch-israelische] Volk«, *Ithon* 77, Mai-Juni 1980: https://kotar.cet.ac.il/KotarApp/Viewer/Popups/PrintPages.aspx?nBookID=94894002&nPageStart=103&nPageEnd=106.

Verwendete Literatur

Amar-Dahl, Tamar: *Shimon Peres. Friedenspolitiker und Nationalist.* Paderborn: Ferdinand Schöningh 2010.

Amar-Dahl, Tamar: *Das zionistische Israel. Jüdischer Nationalismus und die Geschichte des Nahostkonflikts.* Paderborn: Ferdinand Schöningh 2012.

Amar-Dahl, Tamar: *Zionist Israel and The Question of Palestine. Jewish Statehood and the History of the Middle East Conflict.* Berlin/Boston: De Gruyter Oldenbourg 2017.

Arendt, Hannah: »Zionism Reconsidered«, *The Menorah Journal* 33/2, 1945, S. 162–196.

Barghouti, Omar: *Boykott – Desinvestment – Sanktionen. Die weltweite Kampagne gegen Israels Apartheid und die völkerrechtwidrige Besatzung Palästinas.* Köln 2012 (Chicago 2011).

Beer, Izhar: »Zur Berichterstattung von Yassir Arafats Tod«, *KESHEV* The Center for the Protection of the Democracy in Israel, 2005.

Benjamin, Walter (1940): »Über den Begriff der Geschichte«, 7. These. In: *Sprache und Geschichte. Philosophische Essays.* Stuttgart: Reclam 2019.

Ben-Eliezer, Uri: »›Nation in Arms‹ and the War: Israel in Its First Years«, *Zmanim* 49, Tel Aviv 1994, S. 50–65, Hebr.

Ben-Eliezer, Uri: *War Rather Than Peace. One Hundred Years of Nationalism and Militarism in Israel.* Ben Shemen: Modan Publishing House 2019, Hebr.

Bergman, Ronen: *Ve-HaRashut Netuna: Die Palästinensische Autonomiebehörde als Fließband für Terrorismus und Korruption.* Tel Aviv: Yedioth Books 2002 (hier verwendete IVRIT-Version).

Bergman, Ronen: *Der Schattenkrieg. Israel und die geheimen Tötungskommandos des Mossad.* München: Deutsche Verlags-Anstalt 2018.

Caspit, Ben: *The Netanyahu Years.* Miskal – Yedioth Ahronoth Books and Chemed Books, Israel 2018, Hebr. (hier verwendete digitale Version: IVRIT).

Coren, Elina: »Gemeinsam kämpfen: das Militär, die Zeitungen und das ›selbstverständliche‹ Töten von Palästinensern«, *MITAAM* 2005, Hebr.

Dayan, Hilla: »Neo-Zionismus: Soziologisches Porträt«, *Theory & Critisicm* 52, Jerusalem 2020, S. 87–112, Hebr.

Dayan, Hilla: »Neozionism: Portrait of a Contemporary Hegemony«, *Settler Colonial Studies*, Bd. 9, Heft 1, Routledge 2019.

Dor, Daniel: *Newspapers Under the Influence.* Tel Aviv: Babel 2001, Hebr.

Dor, Daniel: *Behind »Defensive Shield«.* Babel 2003, Hebr.

Dor, Daniel: *Intifada Hits the Headlines. How the Israeli Press Misreported the Outbreak of the Second Palestinian Uprising.* Indiana University Press 2004.

Dor, Daniel: *The Suppression* of *Guilt. The Israeli Media and the Reoccupation of the West Bank.* London: Pluto Press 2005.

Drucker, Raviv: *Hara-kiri. Ehud Barak and the Moment of Truth.* Tel Aviv: Miskal – Yedioth Ahronoth Books and Chemed Books 2002, Hebr., http://drucker10.net.

Elgazi, Gadi: »Hinter der Mauer«. In: Adi Ophir (Hg.), *Real Time – Al-Aqsa Intifada and the Israeli Left,* Jerusalem: Keter Publishing House Ltd. 2001, S. 240–241, Hebr.

Epstein, Yitzhak: *»Die verborgene Frage«, HASHILOH*, Odessa 1907, Hebr.

Epstein, Yitzak: *Die wichtigste Frage zur Siedlung des Landes*. Jaffa 1918, Hebr.

Jamal, Amal: »Neo-Zionism and Palestine: The Unveiling of Settler-Colonial Practices in Mainstream Zionism«, *Journal of Holy Land and Palestine Studies* 16/1, 2017, S. 47–78.

Gadamer, Hans-Georg: *Wahrheit und Methode. Grundzüge einer philosophischen Hermeneutik*. Tübingen 1990.

Grinberg, Lev: *Imagined Peace, Discourse of War. The Failure of Leadership, Politics and Democracy in Israel, 1992–2006*. Tel Aviv: Resling Publishing 2007, Hebr.

Gordon, Neve: »Rationalising Extra-Judicial Executions: The Israeli Press and the Legitimisation of Abuse«, *The International Journal of Human Rights,* Vol. 8, No 3, 2004, S. 305–324.

Greenfield, Tzvia: *Cosmic Fear: The Rise of the Religious Right in Israel.* Miskal Yedioth Ahronoth Books and Chemed Books 2001, Hebr.

Grossman David: »Mit dem Stottern stoppen«. In: Adi Ophir (Hg.), *Real Time – Al-Aqsa Intifada and the Israeli Left,* Jerusalem: Keter Publishing House Ltd. 2001, S. -124–127, Hebr.

Hagemann, Steffen: *Die Siedlerbewegung. Fundamentalismus in Israel.* Schwalbach/Ts.: Wochenschau 2010.

Harel, Amos u. Avi **Issacharoff**: *The Seventh War.* Tel Aviv: Miskal, Yedioth Ahronoth Books and Chemed Books 2004, Hebr. (hier verwendete digitale Version: IVRIT).

Harel, Amos u. Avi **Issacharoff**: *Spider Webs (34 Days)*. Tel Aviv: Miskal, Yedioth Ahronoth Books 2008, Hebr. (hier verwendete digitale Version: IVRIT).

Hamami, Rima u. Salim **Tamari**: »Anatomie einer weiteren Erhebung«. In: Adi Ophir (Hg.), *Real Time – Al-Aqsa Intifada and the Israeli Left,* Jerusalem: Keter Publishing House Ldt. 2001, S. 69–89, Hebr.

HaCohen, Ran: »Mapping die Siedlungen«. In: Adi Ophir (Hg.), *Real Time – Al-Aqsa Intifada and the Israeli Left,* Jerusalem: Keter Publishing House Ldt. 2001, S. 138–146, Hebr.

HaCohen, Ran: »Baraks Legacy«, 2001: https://original.antiwar.com/hacohen/2001/03/23/baraks-legacy/.

Hazony, Yoram: »Verfrühtes Desaster«, *Tchelet* 1 1996, Hebr.

Kimmerling, Baruch: »Militarismus in der israelischen Gesellschaft«, *Theory & Criticism* 4, Jerusalem 1993, S. 123–141, Hebr.

Kimmerling, Baruch: *Politizid. Ariel Sharons Krieg gegen das palästinensische Volk.* Kreuzlingen/München: Heinrich Hugendubel 2003.

Kimmerling, Baruch: *The End of Ashkenazi Hegemony*. Jerusalem: Keter Publishing 2001, Hebr.

Kimmerling, Baruch: *The invention and decline of Israeliness – state, society, and the military*. Berkeley 2001.

Kipnis, Yigal: *1982: Lebanon, The Road to War*. Kinneret, Zmora, Dvir Publishing House Ltd. 2022, Hebr.

Khalidi, Rashid: *The Hundred Years' War on Palestine. A History of Settler Colonial Conquest and Resistance.* London: Profile Books 2020.

Littell, Robert: *Gespräche mit Shimon Peres – Arbeit für den Frieden,* Frankfurt am Main 1998.

Landau, Idan: »Der akademische Boykott, Scherbenhaufen und Klischees«, 12.11.2012, Hebr.: idanlandau.com.

Landau, David: *Arik. The Life of Ariel Sharon.* Kinneret Zmora-Bitan, Dvir Publishing House Ltd. 2015, Hebr.

Laor, Yitzhak: »Wir rufen die palästinensische Führung auf, den Konflikt ohne Gewalt zu schlichten. Zur Rolle der linkszionistischen Intellektuellen beim Konsensbau zu Beginn der Intifada«. In: ders., *Things That Are Better (Not) Kept Silent.* Tel Aviv: Babel 2002, S. 78–108, Hebr.

Laor, Yitzhak: »The right of Return (of the Colonial): On the Role of the ›Peace Camp‹ and its French Sponsors«. In: ders., *The Myths of Liberal Zionism.* London/New York: Verso 2009, S. 36–71.

Matar, Anat: »Was macht Assa Kasher möglich?«, *MITAAM* 6, 2006, Hebr.

Mizrachi, Nissim: »Jenseits des Gartens und Dschungels: Zu sozialen Grenzen des israelischen Menschenrechtsdiskurses«, *MA'ASE MISHPAT* 4, 2011, S. 51–74, Hebr.

Mualem, Mazal: *Cracking The Netanyahu Code.* Kinneret, Zmora, Dvir Publishing House Ltd. 2022, Hebr.

Nahim, Hamsa Muhamad: »Die Intelligenzija reproduziert ein veraltetes Narrativ«. In: Adi Ophir (Hg.), *Real Time – Al-Aqsa Intifada and the Israeli Left,* Jerusalem: Keter Publishing House Ltd. 2001, S. 224–237, Hebr.

Netanyahu, Benjamin: A Place Among the Nations. Israel and the World. Bantam Books 1993 (Yedioth Ahronoth 1995).

Pfeffer, Anshel: *BIBI. The Turbulent Life and Times of Benjamin Netanyahu.* London: C. Hurst & Company 2018.

Ram, Uri: »Post-Zionist Studies of Israel – The First Decade«, *Israel Studies Forum* 20/2, 2005.

Rosenberg, Daniel: »Zum Neo-Zionismus«, *Theory & Criticism* 38/39, Jerusalem 2011, Hebr.

Shapira, Avraham (Hg.): *Siah Lohamim.* Ahduth Publishers 1967, Hebr.

Shapira, Avraham u.a. (Hg.): *Soldier Speak – A Record of Conversation and Reflection.* Jerusalem: Carmel 2018, Hebr.

Shenhav, Yehouda: *The Arab-Jews: Nationalism, Religion and Ethnicity.* Tel Aviv 2003, Hebr.

Shohat, Ella: »Mizrahim in Israel. Der Zionismus aus Sicht seiner jüdischen Opfer«. In: dies., *Die Mizrahi Revolution: drei Essays vom Zionismus und Mizrahi,* Jerusalems alternatives Informationszentrum 1999, S. 11–63, Hebr.

Smooha, Sammy: »The Model of Ethnic Democracy: Israel as a Jewish and Democratic State«, *Nations and Nationalism* 8 (4), 2002, S. 475–503.

Yakobson, Alexander u. Amnon **Rubinstein**: *Israel and the Family of Nations: The Jewish Nation-State and Human Rights.* Jerusalem: Schocken 2003, Hebr.

Yiftachel, Oren, »›Ethnocracy‹: The Politics of Judaizaing Israel/Palestine«, *Constellations* 6/3, 1999, S. 364–390.

Yiftachel, Oren, *Landed Power. Israel/Palestine between Ethnocracy and Creeping Apartheid*. Tel Aviv: Resling 2021, Hebr.

Weizman, Eyal: »Urban Warfare: Walking Through Walls«. In: ders., *Hollow Land: Israel's Architecture of Occupation*. London/New York: Verso 2007, S. 185–220.

Weizman, Eyal: »Durch die Wände gehen«, *MITAAM* 15, 2017, S. 60–86, Hebr.

Weizman, Eyal: »Targeted Assassinations: The Airborne Occupation«. In: ders., *Hollow Land. Israel's Architecture of Occupation*. London/New York: Verso 2017, S. 237–258.

Zertal, Idith: *Refusal. Conscientious Objection in Israel*. Tel Aviv: Hakibbutz Hameuchad 2018, Hebr.

Zuckermann, Moshe: *Shoah in the Sealed Room. The »Holocaust« in Israeli Press During the Gulf War.* Tel Aviv 1993, Hebr.

Zuckermann, Moshe: »Angst-Sehnsucht und Friedensideologie«. In: Adi Ophir (Hg.), *Real Time – Al-Aqsa Intifada and the Israeli Left*, 2001, S. 265–274, Hebr.

Zuckermann, Moshe: »Ideologie des Friedens«. In: ders., *Sechzig Jahre Israel: Die Genesis einer politischen Krise des Zionismus*. Bonn: Pahl-Rugenstein 2009, S. 107–116.

Artikel israelischer Publizistik:

Ahronowitz, Esti, *Haaretz* 13. 11. 2010: »Breaking the Silence spricht sich aus«.

Al-Halabi, Marzouk, *Haoketz* 31. 7. 2018: »Das Nationalstaatsgesetz ist keine Naturkatastrophe«.

Avitan Cohen, Shirit, *Makor Rishon* 12. 8. 2018: »Der Protest gegen das Nationalstaatsgesetz: Der Wahlslogan ist bereits formuliert worden«.

Bar'el, Zvi, *Haaretz* 6. 12. 2015: »Der Loyalitäts-Code«.

Bar'el Zvi, Haaretz.com 2. 6. 2021: »A Government of Fumigation and Purification«, Engl.

Beer, Izhar, *MEKOMIT* 3. 6. 2017: »Fünfzig Jahre Lügen und Verschleierung: Die israelische Presse im Dienst der Besatzung«, Hebr. Online-Version.

Beer, Izhar, *Parot Kdoshot* [Heilige Kühe] 16. 6. 2020: »Die Samtene Revolution der Rechten: Wie übernahm der Neo-Konservatismus Israels Selbstverständnis, fast ohne dass wir es gemerkt haben«.

Bendel, Netanel, *Haaretz* 6. 5. 2020: »BAGATZ wies die Petitionen gegen den Koalitionsvertrag und die Bildung einer von Netanjahu geführten Regierung zurück«:
https://www.haaretz.co.il/news/law/1.8825565.

Benn, Aluf, *Haaretz* 14. 6. 2021: »Netanjahus Errungenschaften sind Israels Verfehlungen«.

Besok, Or u. Meni **Mautner**, *Haaretz* 14. 12. 2020: »Das Nationalstaatsgesetz ist keine Sache für das Oberste Gericht«.

Blumental Tuvia, *Y-Net* 14. 06. 2006: »Werden wir boykottiert? Boykottieren wir zurück«.

Caspit, Ben, *Maariv* 5. 9. 2002: »Israel ist nicht ein Staat mit eigener Armee, vielmehr eine Armee, die einen Staat hat«.

Dromi, Neve, *Haaretz* 12. 8. 2018: »Von welcher Gleichheit redet man hier?«.

Drucker, Raviv, *Haaretz* 25.6.2018: Rezension zu Ehud Baraks Buch: »My Country, My Life«.

Elad, Hagai, *Haaretz* 16.12.2015: »Was beängstigt mich so sehr? (nein, nicht *Im Tirtzu*)«.

Evron, Boaz: »Die Shoah-[Gedenkpolitik] als Gefahr für das [jüdisch-israelische] Volk, *Ithon* 77, Mai-Juni 1980.

Fischer, Netanel, *Y-Net* 31.7.2018: »Das Nationalstaatsgesetz ist die Antwort auf die Eliten«.

Fox, Amir, *Y-Net* 12.7.2018: »Zeev Jabotinsky würde das Nationalstaatsgesetz ablehnen«.

Groß Eyal, *Haaretz*, 22.6.2015: »UN-Bericht: die israelische Definition eines Kriegsziels ist zu weit gefasst«.

Groß, Eyal, *Haaretz* 4.5.2015: »Der Bericht von Breaking the Silence weist Zeugnisse für die Verletzung des Internationalen Kriegsrechts auf«.

Grossman, David, *Haaretz* 3.8.2018: »Gleichheit ist kein Privileg«.

Groveis, Yoav, *Haaretz* 10.12.2019: »Netanjahu, die Lüge, die wir uns erzählen«.

Haaretz 18.9.2011: »11 Jahre für den Untergang der Linken«.

Haaretz 17.1.2012: »Das Staatsbürgerschaftsgesetz: Die offene Wunde der Diskriminierung«.

Haaretz 14.4.2015: »Vakuum, das nur Bibi ERFÜLLT«.

Haaretz 24.11.2015: »Jüdische und Demokratische Opposition«.

Haaretz 10.6.2016: »Netanjahus Finsternis«.

Haaretz 27.6.2017: »Weshalb Netanjahu? Weil die Besatzung zur Sackgasse geworden ist«.

Haaretz 9.9.2018: »Bibi kann alles tun, denn er hat keine [wirkliche] Opposition«.

Haaretz 30.4.2019: »Nun schweigen unsere leeren Straßen«.

Harel, Amos, *Haaretz* 6.2.2009: »Prof. Assa Kasher: ›Wenn die Wahl zwischen dem [palästinensischen] Nachbarn und dem [israelischen] Soldaten liegt, letzterer hat Priorität‹«.

Hass, Amira, *Haaretz* 1.10.2010: »Ein Jahrzehnt für die Intifada. Schießen und Reagieren: Die Intifada als Duell-Chronik«.

Kashti, Or, *Haaretz* 26.6.2016: »Ben-Gurion-Universität cancelt den Preis für Breaking the Silence: die Organisation sei umstritten«.

Kimmerling, Baruch: »Wenn schon dann ein [umfassender] Boykott«, *Haaretz* 17.05.05.

Kremnitzer, Mordechai, *Haaretz* 19.7.2018: »Mit dem Nationalstaatsgesetz ist die Schande nicht mehr zu verbergen«.

Kremnitzer, Mordechai, *Haaretz* 23.7.2018: »Das Nationalstaatsgesetz – Die *Knesset* erklärte den Krieg gegen den Staat«.

Landsmann, Carolina, *Haaretz* 5.8.2018: »Der Protest um das Nationalstaatsgesetz: Nicht um Gleichheit, vielmehr um die Identität des Staates Israel geht es dabei«.

Landsmann, Carolina im Gespräch mit dem Tel Aviver Soziologen Nissim Mizrachi, *Haaretz Magazin* 26.12.2019: »Sind Likud-Wähler Idioten? Warum wählen die *Mizrahim* Bibi?«.

Laor, Yitzhak, *Haaretz* 15.5.2006: »Das Urteil ist ein Augenzwinkern«.

Levinson, Chaim, *Haaretz* 14.6.2021: »Netanjahus Legacy: Bibi-Land«.
Levi, Yossi, *Haaretz* 17.6.2021: »Lass ihn doch mit Amnesty gehen«.
Levy, Gidon, *Haaretz* 17.12.2015: »Hurra für die Kollaborateure«.
Lidor, Yuval, *Makor Rishon* 30.5.2007: »Großbritannien erklärte Israel den akademischen Boykott«.
Malach, Asaf, *Israel Hayom* 1.8.2018: »Die Ursünde: die Verfassungsrevolution«.
Matar, Hagai, *Siha Mekomit* 14.12.2015: »Was will man von Breaking the Silence?«
Miron, Dan, *Yedioth Ahronoth* 24.10.2000: »Worum geht es beim Kampf?«
Mishal, Shaul, *Haaretz* 23.12.2002: »Im Lande der verloren gegangenen Illusionen«.
Misgav, Uri, *Haaretz* 21.6.2015: »Avri Gilad darf nicht das letzte Wort haben«.
Misgav, Uri, *Haaretz* 17.12.2015: »Der Blitz über Breaking the Silence: kleine Organisation, großer Spin«.
Moatti, Emilie, *Haaretz* 12.7.2018: »Weshalb bestehen die Rechten auf das Nationalstaatsgesetz? Weil sie es können«.
Nahon, Karin, *Y-Net* 25.07.18: »Das Nationalstaatsgesetz trennt den Zionismus von der Demokratie«.
Novak, Juli, *Haaretz* 27.12.2015: »Weshalb wir nicht schweigen werden«.
Openheimer, Yariv, *Y-Net* 29.7.2018: »Benjamin Netanjahus Anstiftungskunst«.
Oz, Amos, *New York Times* 28.7.2000: »The Specters of Saladin«, Engl.
Pedatzur, Reuven, Haaretz.com 21.10.2011: »Dissent and Conquer«, Engl.
Pfeffer, Anshel, *Haaretz* 27.11.2003: »[Israelische] Akademiker werden sich für Israel in ausländischen Campus einsetzen«.
Ram, Uri, *Y-Net* 28.4.2005: »Es ist die Besatzung, Idiot, nicht der Boykott«.
Raporport, Meron, *Haaretz* 6.5.2005: »Der Verstoßene«, Interview mit Ilan Pappé.
Ravid, Barak, *Haaretz* 14.6.2015: »Netanjahu zum Bericht über *Tzuk Eitan*: Zeitvergeudung«.
Reinhart, Tanja, *Y-Net* 4.5.2005: »Warum ausgerechnet wir?«
Rosenblum, Doron, *Haaretz* 22.9.1995 (1.11.2017): »Im Guerillakrieg gegen [die Regierung] Rabin ist der letzte Schuss noch nicht gefallen«.
Sason, Taliya, *Haaretz* 8.8.2018: »Ajelet Schaked macht Israel zu einer Bananen-Republik«.
Shalev, Hemi, *Haaretz* 22.7.2018: »Das Nationalstaatsgesetz ist ein PR-Mega-Attentat. Dieses könnte das US-Judentum womöglich brechen«.
Shalev, Hemi, *Haaretz* 30.7.2018: »Das Nationalstaatsgesetz ist die Unabhängigkeitserklärung der israelischen Rechten«.
Shetrit, Sharon, *Haaretz* 10.12.2020: »Loyal um jeden Preis: Warum wählen die Mizrahim immer wieder Netanjahu?«
Schocken, Amos, *Haaretz* 29.3.2019: »Das Nationalstaatsgesetz annullieren«.
Taub, Gadi u. Nisim **Sofer**, *Haaretz* 18.4.2019: »Ja, [Israel ist] der Nationalstaat des jüdischen Volkes«.
Sfard, Michael, *Haaretz* 19.11.2017: »Ajelet Schakeds private Staatsanwaltschaft«.
Verter, Yossi, haaretz.com 17.4.2020: »Netanyahu No Longer Wants a Unity Government, He Wants to Crush the Supreme Court«, Engl.
Verter, Yossi, Haaretz.com 6.4.2020: »Netanyahu Is Now More Desperate and Dangerous Than Ever Before«, Engl.

Yuval, Amnon, *Hagada* 24.1.2003: »Die halbe Wahrheit ergibt ein entstelltes Bild«.
Zach, Ronit, *HaMakom* 18.4.2016: »Die Stigmatisierten«.
Zach, Ronit, *HaMakom* 22.5.2016: »Breaking the Silence-Brechen«.

Dokumentationen israelischer Medien:

Ben Haim, Avishai: »Unser Staat ist uns gestohlen worden«. Dokumentation des Chanel 10 zu Israels 70-jährigem Jubiläum, 2018.
Burstein, Igal: »Yeshayahu Leibowitz in Maalot«, 1981, Hebr. (youtube.com).
Druker, Raviv: HAMAKOR: »Hinter der Zweiten Intifada: Sharons Männer und die Köpfe der Sicherheitsbehörde sprechen«. Dokumentation des Chanel 10, 2013.
Moreh, Dror: »The Gatekeepers«. Dokumentation in 5 Folgen. *KAN*: Israeli Public Broadcasting Corporation, 2013.
Rosner, Israel u. Matti **Friedman**: »Krieg ohne Namen«. Dokumentation in 3 Folgen. *KAN*: Israeli Public Broadcasting Corporation, 2020.

Weitere Quellen:

Haaretz Magazine 20.10.2000: »Left in Distress«.
Leitartikel *Haaretz* 2.9.2018: »Für Breaking the Silence kämpfen«: https://www.haaretz.co.il/opinions/editorial-articles/.premium-1.6434418.
Haaretz 31.5.2021: »Der Schabak [*Schin Bet*] verstärkt die Sicherheit um Bennett, Lapid und Schaked«: https://www.haaretz.co.il/news/politi/.premium-1.9861961.
Haaretz 31.5.2021: »Lapid: Schaked, Bennett und ich benötigen zusätzliche Sicherheit«: https://www.haaretz.co.il/news/politi/1.9860937.
Haaretz 6.4.2022: »Israel's Ruling Coalition Loses Majority as Whip Steps Down«: https://www.haaretz.com/israel-news/2022-04-06/ty-article/israels-ruling-coalition-loses-majority-as-whip-steps-down/00000180-5ba6-d718-afd9-dfbe97720000.
Haaretz 6.7.2021: »Das Staatsbürgerschaftsgesetz ist annulliert worden«: https://www.haaretz.co.il/news/whatis/.premium-1.9973104.
Haaretz, 2.6.2020: »(Zvi) Hausner forderte, das Verbot der Familienzusammenführung [der palästinensischen Staatsbürger] auf der Grundlage des Nationalstaats-Grundgesetzes zu reglementieren«:
https://www.haaretz.co.il/news/politics/.premium-1.8887403.
Haaretz 13.1.2012: »Staatsbürgerschaftsgesetz: die Apartheid-Gefahr«: https://www.haaretz.co.il/opinions/editorial-articles/2012-01-13/ty-article-opinion/0000017f-e269-d568-ad7f-f36b10e30000.
Haaretz 10.7.2018: »Rivlin gegen das Nationalstaatsgesetz: ›Dem jüdischen Volk liefe Gefahr, unsere Feinde würden das Gesetz als Waffe gegen uns einsetzten‹«: https://www.haaretz.co.il/news/politi/1.6263723.
Y-Net 25.4.2005: »Den britischen Boykott kommentiert Universitäts-Präsident«:
https://www.ynet.co.il/articles/0,7340,L-3077060,00.html.
Y-Net 24.09.06: https://www.ynet.co.il/articles/0,7340,L-3307426,00.html.
Makor Rishon 28.12.2015: »Assa Kasher: Breaking the Silence ist eine Organisation

für die Dämonisierung der IDF«: https://www.makorrishon.co.il/nrg/online/1/ART2/744/990.html.
Maariv 29.2.2016: »›Im Tirtz‹ entschuldigt sich für die ›Nestbeschmutzer in Kultur‹-Kampagne«: https://www.maariv.co.il/news/israel/Article-523919
archives.gov.il: Londoner Abkommen 11.4.1987: ISA-PMO-StateDocumentsDep-0011uey. Hebr.
Bericht von Theodor Or Kommission, August 2003: http://uri.mitkadem.co.il/vaadat-or/, Hebr.
Declaration and Programme of Action: World Conference Against Racism, Racial Discrimination, Xenophobia and Related Intolerance, New York 2002: https://www.un.org/en/conferences/racism/durban2001: § 63, § 65.
»Das Transparenz-Gesetz bei freiwilligen Organisationen« 12.7.2016: https://main.knesset.gov.il/News/PressReleases/Pages/press120716.aspx
Das Nakba-Gesetz, März 2011: https://main.knesset.gov.il/Activity/Legislation/Laws/Pages/LawBill.aspx?t=LawReshumot&lawitemid=326820.
Das Boykott-Gesetz, Juli 2011: https://main.knesset.gov.il/Activity/Legislation/Laws/Pages/LawPrimary.aspx?t=lawlaws&st=lawlaws&lawitemid=2000767.
Das Nationalstaatsgesetz, Juli 2018:
https://main.knesset.gov.il/EN/activity/Documents/BasicLawsPDF/BasicLawNationState.pdf.
»Breaking the Silence-Gesetz«, Juli 2018: https://main.knesset.gov.il/News/PressReleases/pages/press17.07.18a.aspx.
BAGATZ 37799/02, 6.10.2005: https://hamoked.org.il/document.php?dID=179_update.
BAGATZ 5555/18, 8.7.2021: https://supremedecisions.court.gov.il/Home/Download?path=HebrewVerdicts/18/550/055/v36&fileName=18055550.V36&type=2
https://www.hagalil.com/israel/independence/azmauth.htm.
https://www.shovrimshtika.org/pdf/TzukEitan.pdf.
https://www.btselem.org/hebrew/separation_barrier.
https://www.betzlem.org/human_shields.
https://www.btselem.org/hebrew/publications/fulltext/202101_this_is_apartheid.
https://www.amnesty.org/en/documents/mde15/5141/2022/en/.
https://www.amnesty.org/en/latest/campaigns/2022/02/israels-system-of-apartheid/.

Helga Baumgarten

Kein Frieden für Palästina

Der lange Krieg gegen Gaza.
Besatzung und Widerstand

ISBN 978-3-85371-496-6, br., 192 Seiten, 19,90 €
E-Book: ISBN 978-3-85371-895-7, 15,99 Euro

Eyal Sivan/Armelle Laborie

Legitimer Protest

Plädoyer für einen kulturellen
und akademischen Boykott Israels

ISBN 978-3-85371-436-2, br., 184 Seiten, 17,90 €
E-Book: ISBN 978-3-85371-862-9, 14,99 Euro

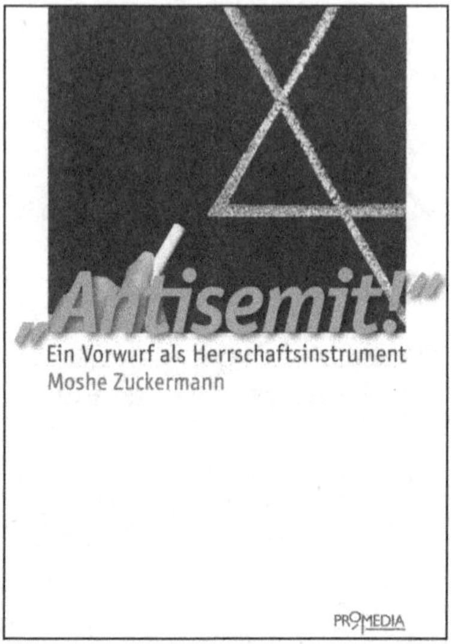

Moshe Zuckermann

»Antisemit!«

Ein Vorwurf als Herrschaftsinstrument

ISBN 978-3-85371-318-1, br., 208 Seiten, 15,90 €
E-Book: ISBN 978-3-85371-820-9, 12,99 Euro

Moshe Zuckermann

Israels Schicksal

Wie der Zionismus seinen Untergang betreibt

ISBN 978-3-85371-375-4, br., 208 Seiten, 17,90 €
E-Book: ISBN 978-3-85371-823-0, 14,99 Euro